eory and Practice of

urism Planning and Design

旅游规划设计的

理论与实践

康勇卫　梁志华

陈晓刚◎编著

经济管理出版社

ECONOMY & MANAGEMENT PUBLISHING HOUSE

图书在版编目（CIP）数据

旅游规划设计的理论与实践/康勇卫，梁志华，陈晓刚编著．—北京：经济管理出版社，2024.3

ISBN 978-7-5096-9628-6

Ⅰ．①旅…　Ⅱ．①康…②梁…③陈…　Ⅲ．①旅游规划—研究—中国　Ⅳ．①F592.1

中国国家版本馆 CIP 数据核字（2024）第 054309 号

组稿编辑：许　艳
责任编辑：许　艳
助理编辑：丁光尧
责任印制：张莉琼
责任校对：张晓燕

出版发行：经济管理出版社
　　　　　（北京市海淀区北蜂窝 8 号中雅大厦 A 座 11 层　100038）
网　　址：www. E-mp. com. cn
电　　话：（010）51915602
印　　刷：北京晨旭印刷厂
经　　销：新华书店
开　　本：720mm×1000mm/16
印　　张：16.5
字　　数：333 千字
版　　次：2024 年 4 月第 1 版　　2024 年 4 月第 1 次印刷
书　　号：ISBN 978-7-5096-9628-6
定　　价：68.00 元

前　言

当前，国土空间规划思潮、全域旅游发展理念正深刻影响着旅游规划工程实践，旅游规划与设计正在进入新常态。如何在新常态下制定出科学合理的总体规划路线图以及富有创意的设计作品是旅游规划学人亟须应对的新课题。在新时代，人工智能技术正深度融入旅游行业，正在不断促成可能的蝶变、裂变，也由此衍生出一些旅游新业态。与此同时，旅游者群体消费也悄然发生着变化，诸如高层次的旅游体验需求、更广范围的旅游行程，以上种种变化均为新的旅游规划提供了参考。

教育部门重视高校的"金课"建设，并提出"两性一度"总体评价标准。近期，教材建设标准也被重视起来，教育部成立教材局，打造教材建设的"精品工程"。《全国大中小学教材建设规划（2019-2022年）》中也提出，高等教育教材重在学术理论创新。近年来，教育部门加大了对研究生教材质量的审核力度，相应建立了教材编写审核和选用审核制度。可以说，高质量的研究生专业教材将走向标准化，将从教学内容、教学方法和考核方式等方面回应"金课"建设目标。

我国历来重视研究生教材建设，早在1987年，应编写教材之需，《学位与研究生教育》刊文探讨研究生教材建设，其后出现了教材编写主题的相关论文（蔡子安，1991；王宏元，1995）。进入21世纪后，研究者对已出版的教材提出了诸多新的思考，例如，提出了研究生教材建设应以学科发展为中心（于书洁和曹薇，2000），以及研究生教材建设的三层次模式（张小红，2009）。研究者对研究生实验课程的教材建设也有深入的思考（赵晟锌等，2020）。

近年来，国外原版教材的引介给我国本土教材以有益补充，特别是对研究生教材建设有借鉴之处，例如，戴维·L.埃杰尔和贾森·R.斯旺森于2017年出版了《旅游政策与规划：昨天、今天与明天》。研究论文方面，孙益等（2018）梳理了德国、日本、美国、英国、法国的教材建设情况，提出了一系列建议，如设立专门机构管理研究生教材建设工作、重视基础课程教材的设计与编写、规范专业课程教材的选择与使用、注重教材的电子化等。

关于《旅游规划与设计》教材相关主题研究，徐尤龙（2019）依据"两性一度"标准，探讨了《旅游规划原理》"金课"建设之道。黄震方等（2020）在"金课""两性一度"标准的基础上，将旅游管理类专业的"金课"标准与建设要求进行了拓展，具体表达为"六性一度"的"钻石"模型。但"金课"建设背景下研究生教材建设方面的相关系统研究还比较少。

笔者已经出版了两本供本科生使用的教材，即《旅游地理学》《旅游法学教程》，这两本教材内容均涉及旅游规划与政策主题。两本教材积极回应旅游产业发展的时代之问，即旅游管理专业应该培养什么人的问题。从教材订阅情况看，已得到同仁的认可，也有兄弟院校将此书列为专业必读书目。四年过去了，旅游产业及专业研究都发生了很大的变化，有必要进行再次修订，当前正在酝酿此事。

还有另一件事情摆在眼前，那就是研究生课程《旅游规划与战略》配套教材的编写，而且时间比较紧迫。近年来，笔者承担了《旅游规划与开发》《风景园林遗产保护与旅游规划》《旅游规划与战略》的教学任务，授课对象涵盖本科生、研究生群体。几轮下来，积累了一些教学资料，形成了部分教学心得，于是就有了编写研究生层次教材的想法。

事实上，研究生阶段一般没有配套的系统教材，因为研究生的教学是启发性的，注重发散思维，而教材则在一定程度上约束了发散性研讨活动的开展。应该说，研究生教材与本科生教材在很多方面存在不同，比如内容要增加一些思考性、研究性的话题，从而有利于规划主题文章思路的形成。本教材编著者有这个勇气想在该方面做一次尝试。特别是在近年来的旅游规划实践中，编著者发现编制规划文本研究性成分的比重在加大，规划技术也有所提升，但系统的指导教材却比较少。

在翻阅了大量中外旅游规划教材或专著后，发现存在以下三种体例：一是某个区域的系统规划可成一本专著；二是由规划文本组成部分体例；三是对相关研究的系统梳理，旨在梳理规划相关原理。但介于教材与专著之间的编著体例安排比较少。事实上，当前旅游规划教学需要这样的参考材料，既可以给规划以规范，又可以给规划以理论指导。

目前面世的"旅游规划设计"主题教材以本科层次为主，侧重规划案例剖析、具体规划文本编制内容的分章陈列以及规划软件绘图等方面。在研究生课程教学中，以案例剖析为多，较为系统的参考教材甚少，学生要形成一个系统的规划体系就比较难。

编著该教材的根本目的是规范旅游管理教学标准，提高课堂教学质量，打造示范"金课",提升未来旅游规划类人才的实战能力。该课程要实现"金课"建设目标,课程思政元素、规划战略、规划战术、热点话题应成为重要议题。

本教材积极回应旅游规划中的实际问题,着眼于高质量教材建设,以实现"金课"建设目标。本教材内容聚焦应用性教材建设目标,关注课程思政。研究结果或者出版的教材将对该主题专业硕士论文的写作予以示范性指导,为学术型研究生的论文选题提供参考。本教材重视旅游规划知识的产业转化能力,不回避规划新近理论成果。本教材重视教学辅助材料库的建设及数字化展现形式,以此实现教材更新、课程目标与人才培养的"三统一"。教材更多聚焦创意设计与全域旅游规划主题,尝试打破规划内容编排的传统,为微观层面创意规划设计项目的顺利实施以及旅游规划的可行性评估提供参考,由此提高学生对旅游规划执行力的深入理解。

本教材的编著拟解决以下三个方面的问题:

(1)编写一部研究生"金教材"。"金教材"聚焦教材建设质量,即内容创新应体现最新研究进展、最新理论、最新前沿及实践成果,在拓展新形态方面应体现新形态的教学资源,建设案例库、资源库①。当前,研究生课程的基础课、公共课有教材供选用,方向课、专题课往往教材较少,旅游专业教材也面临这种情况。部分专业硕士生并没有系统学过旅游管理专业课程,仅靠几次按部就班的集中授课,难以实现研究生知识体系的有效建构,也不能实现课程教学目标。因此,编写这样的教材非常有必要,无形中将解决研究生系统学习不充分的问题。

(2)理论与实践对接的问题。现有规划教材内容落后于行业发展实际。对于快速变化的旅游教学来说,及时更新或出版教材将成为常态。现已面世教材的内容大多是多年前旅游规划的思考及配套案例,用来指导当前全新规划显然不合适,应对未来规划教学一线更不妥。因此,教材的创新应成为常态,特别是与产业对接紧密的应用性课程教材应常态化更新,比如数字化教材以及线上线下相结合的课程教材。

(3)提高教学质量。当前,教学多以故事导入,理论总结收尾,因此,内容更新调整的可能性较小。事实上,旅游规划作品只有进行时,少有完成时,应从动态发展的视角看待某个规划作品,教材编著过程也是如此。因而情景模拟法(规划动态发展视角)成为课程教学的必选手段。从旅游目的地可持续发展视角

---

① 吴岩同志 2022 年 8 月 1 日在同济大学所作题目为《服务中国式现代化,建好金专、金课、金师、金教材》的报告中指出,"金师"应是精于道术、精于学术、精于技术、精于艺术、精于仁术。具体来说,道术应有大胸怀、大格局、大境界;学术指学科深厚、专业精湛;技术体现在育人水平高超、方法技术娴熟;艺术指有滋有味、有情有义;仁术指有温度的爱、有穿透力的爱。

来看，教材建设中的学生视野将得到拓展，对相关问题的看法将越发深入。这有利于解决该课程"金课"建设问题，从而提高该课程的教学质量。

　　本书编写分工如下：第一章、第二章、第四章、第五章第四节、第八章、第九章由康勇卫负责编著，第五章第一至三节由乔学忠编著，第六章、第七章由陈晓刚编著，第三章、第十章由梁志华编著，康勇卫负责全书的体例设计、统稿、校订。在编写过程中，参考了部分研究者、规划师的成果，书中可能并未一一列出，在此一并表示感谢。本书得到江西省学位与研究生教育教学改革研究项目（"'金课'背景下的研究生教材建设研究——以《旅游规划与设计》为例"，编号：JXYJG-2021-055）的支持，在此表示感谢。由于作者水平有限，编写时间仓促，书中错误和不足之处在所难免，恳请广大读者批评指正，以便后期再版时予以改正。

康勇卫

2023 年 1 月 10 日

目　录

第一章　旅游规划设计原理与方法

　　2014 年 2 月，习近平同志在北京市规划展览馆考察时提出，规划科学能产生最大的效益，规划失误会导致最大的浪费，规划折腾是最大的忌讳。对于大型旅游规划项目来说更是如此，不允许失败，因为失败成本太高。由此可见规划前系统、周密思考的重要性。随着旅游消费大众化、需求品质化、竞争国际化、发展全域化、产业现代化时代的到来，"全域统筹规划，全域资源整合，全要素综合调动，全社会共治共管、共建共享"正成为旅游规划设计领域的核心主题，这应成为规划工程的重要导引方向。

　　旅游规划与其他规划相比有其特殊性。例如，旅游规划中特别注重游憩活动的营造和旅游产品的开发；旅游产品及设施具有多重共享性，但共享程度在城乡之间存在较大差异，比如城乡旅游经济的基本经济部类和非基本经济部类组成比例正好相反；目的地化的程度也影响旅游设施的共享程度。以往的旅游规划对象以知名风景区的保护规划为主，当前的城乡规划多围绕社区层面展开，重视人文资源和人的活动需求，前者在开发之前可能没有人居住或尚未形成所谓的旅游人气，规划主要解决旅游市场需求问题，后者则围绕当前居民的现实需要而开展休闲系统规划。正因为旅游产业的特殊性，旅游规划往往不可或缺。人们旅游活动的普遍性需求产生以来，旅游景区、旅游产业的可持续发展问题成为常态化议题。于是，旅游规划中多有"概念性规划"议题设置，这是产业发展规划向旅游区规划转变的必要前提，在风险较大的旅游区的旅游规划中，已经成为必要选项。但在具体编制规划文本时，专业规划师或规划设计院仍需要旅游规划的基本原理、规划设计技术与方法等方面的系统指导。

第一节　旅游规划概述

一、旅游需要规划

"规划"是人类进入理性时代以来的一项基本活动，当前，"规划"一词正广泛应用于社会、经济、文化活动中，如城乡规划、区域规划、土地利用规划、国土空间规划等。规划是指较为长远的计划，更是以人们思考为依据、安排其行为的过程。

既然旅游规划与城乡规划、土地利用规划、环境保护规划以及国土空间规划之间在内容侧重点上存在较大的不同，就需要单独设置旅游规划议题。在国土空间规划统合所有用地规划的当下，是否还需要进行区域旅游发展规划呢？答案是肯定的。一般地，旅游者对高质量旅游体验的期待是无止境的，因此对旅游体验的需求是没有上限的，但每个时代有它的局限性。例如，用来满足旅游者动态需求的旅游资源总是有限的，这体现了旅游资源的稀缺性。实际上，能作为旅游资源开发的土地更是有限的。加上旅游市场调节的自发性、外部不经济性、对垄断性产品调节乏力以及无法解决社会问题等局限性，旅游资源的开发需要系统的规划来指导。此处的旅游规划不限于旅游资源的外部开发条件，更关注旅游资源本身的价值，以及由此开发出来的旅游产品。可见，旅游规划具有多重目标，诸多目标在有限的土地上实现组合效益的最大化，就得有个先期规划。对于已经开发的景区来说，先期规划一般基于旅游发展的不同阶段或者旅游地生命周期的评价结果来推动。

从产业组织来看，旅游产业链条的组成结构比较复杂，而且经常受到政策变动、突发事件的影响，产业组合或产业发展充满不确定性，需要编制一个旅游产业规划，以便对旅游产业发展中的不确定性进行预判，寻找多套应急方案，以形成旅游产业集群。

就我国来说，制定国民经济和社会发展规划是国家的惯性使然，也是中国特色社会主义产业发展应有的组成部分。我国历来重视旅游业发展的顶层设计，比如《国务院关于加快发展旅游业的意见》《国务院关于促进旅游业改革发展的若干意见》对旅游业的发展定位做出了明确的规定。有了宏观文件的指引，加上自上而下相关法律配套保障和政策引导，发展旅游业就变得名正言顺，更重要的是，还有具体的、不同空间尺度的旅游项目规划，来保障各项政策的落实以及与不同层级政策的有效对接。

从根本上来说，旅游规划旨在解决旅游者无限需求与旅游资源（含所附着的土地资源）有限性的矛盾，从而形成稀缺旅游资源的科学合理配置，实现旅游产业可持续发展。编制旅游规划实际上属于计划配置行为。是否考虑市场因素呢？一般来说，市场配置在旅游业发展中效率更高，即使这样，旅游规划仍不能缺失。例如，西班牙在 20 世纪 60 年代就形成了大众旅游市场，但行业和空间布局方面存在不平衡问题，不平衡发展导致某些区域产业过分集中，从而加速了旅游业的无序竞争，因此结构性的和更有效的规划体系变得十分急迫①。因此，在旅游规划或开发之前，对相关主题进行系统科学的研究是必要的，也是必须进行的工作。只有充分把握旅游发展科学规律，旅游行业的有序开发才有保障，旅游地的可持续发展才有其合理性。

旅游规划工作涉及行业当中人力、财力、智力等方面的诸多资源，如何有效利用、合理搭配，进而发挥最佳效益，需要一个系统思维来指导。该系统思维的展示得有个比较稳定的原理框图及适应时代发展的设计方法。有了这样的精密安排，在评审时，专家才可能被打动，进而认可规划师的设计作品，让科学规范的规划文本通过评审。在系统思维的助力下，规划将拓展旅游区的发展机会，促进旅游资源的有效保护。

总之，旅游业是"吃、住、行、游、购、娱"等要素相互关联的系统工程，其规划一定要有系统分析法来主导并推动。用系统方法进行规划，就需要收集大量的资料信息来支撑，以便对整个规划系统进行研究，进而设计出较为科学可行的规划蓝图。在高速发展的时代，人们追求慢节奏的旅游体验，既期待旅游资源的生态化，又期待有更多的景区停留时间以及进行满意的消费，这都需要在旅游规划工程实践中统筹考虑。

二、旅游规划系统

关于旅游规划的界定（见表1-1），见仁见智。吴必虎和俞曦（2010）认为，旅游规划是指对未来某个地区的发展方向、产品开发、宣传促销和环境保护等一系列重要事项的总体安排。杨晓霞和向旭（2013）认为，旅游规划是对某一区域内未来旅游系统发展目标和实现方式的整体部署过程。旅游规划经政府相关部门审批后，成为该区域旅游开发、建设的主要依据②。旅游规划与旅游策划、旅游

---

① ［美］刘德龄. 旅游地理学——地域、空间和体验的批判性解释（第三版）［M］. 张凌云，译. 北京：商务印书馆，2018.

② 杨晓霞，向旭. 旅游规划原理［M］. 北京：科学出版社，2013.

开发的不同点如表1-2所示。旅游规划是旅游开发过程中的一个重要环节，是旅游开发管理评价的一个重要依据。旅游策划是旅游规划的进一步细化延伸，其核心是通过创造性思维，将各种资源根据市场需求进行整合，找出资源与市场间的核心关系，寻求构建可采取的最优的盈利途径，形成可直接实施的明确方案，并对近期的行动进行系统安排①。可见，整个旅游规划过程是个系统工程，该系统工程的思想不仅仅指编制规划文本需要这种思维，在规划执行中也应坚持这样的思维。这种系统的思想不只在产业运行当中需要考虑，在指引游客流动中也要做出系统性安排。进一步，旅游关系到人类迁移活动的有序性，没有系统观念，盲从带来的管理风险将不可避免。

表1-1 部分研究者对旅游规划的界定

序号	定义内容	定义者	文献出处
1	预测与调节系统内的变化，以促进有序的开发，从而扩大开发过程的社会、经济与环境效益	墨菲（Murphy）	赵黎明，黄安民．旅游规划教程［M］．北京：科学出版社，2005．
2	在调查研究与评价的基础上，寻求旅游业对人类福利和环境质量的最优贡献的过程	盖茨（Getz）	同上
3	经过一系列选择来决定合适的未来行动的动态反馈的过程。规划作为对未来的预测，处理可预见的事件是唯一能使旅游业获得好处的方法	甘恩（Gunn）	同上
4	旅游规划是确定未来状态的过程，或是发展旅游事业的长远的、全面的计划	陈安泽等	陈安泽，等．旅游地学概论［M］．北京：北京大学出版社，1991．
5	旅游资源优化配置与旅游系统合理发展的结构性筹划过程	吴人韦	吴人韦．旅游规划原理［M］．北京：旅游教育出版社，1999．
6	以调查评价为基础、以预测和管理为手段、以优化和持续发展为目的，在旅游系统发展现状调查评价的基础上，结合社会、经济和文化的发展趋势以及旅游系统的发展规律，以优化总体布局、完善功能结构及推进旅游系统与社会持续发展为目标的战略设计和实施的过程	马勇、李玺	马勇，李玺．旅游规划与开发（第四版）［M］．北京：高等教育出版社，2018．

表1-2 旅游规划与旅游策划、旅游开发的不同点

旅游规划与旅游策划	旅游规划重战略研究，旅游策划重创意生成；旅游规划靠逻辑思维、创新方法，经过判断、推理生成规划方案，旅游策划通过发散思维、灵感思维等方法形成策划；旅游规划重技术，旅游策划重艺术
旅游规划与旅游开发	旅游规划是旅游开发程序中重要的一步，旅游开发更强调具体实施开发计划，如资金来源、财务预算、项目投资招标及施工、旅游辅助设施的建设等

① 李晓琴，朱创业．旅游规划与开发（第二版）［M］．北京：高等教育出版社，2021．

系统是一个传统的概念，已形成相关科学或理论。系统论认为，系统是一组结构有序的要素、属性、对象或过程的集合。其中，要素是构成系统的基本单位，是对系统组成部分、组分、成分或个体的抽象概括。系统有边界，边界外部的所有事物为系统外围环境，内外通过这个边界系统用某种方式时刻进行着交流，保持着内容结构的常态稳定。

在旅游规划过程中，规划师对旅游系统的概念必须有所把握。旅游系统最早是由美国旅游规划专家甘恩（Gunn）于1988年提出来的，具体从旅游供需关系视角展开（赵黎明和黄安民，2005）。在我国，陈安泽等（1991）对旅游供需关系做了进一步细化。其后，吴人韦（1999）提出由旅游者、旅游目的地、旅游企事业三个子系统组成的旅游系统。吴必虎（2001）提出由旅游者出行子系统、旅游者市场子系统、旅游目的地子系统和旅游发展支撑子系统组成的旅游系统模型。利珀从客源地、目的地、通道三个方面提出旅游系统的思想（Leiper，1979）。不管哪一种提法，都试图把旅游系统复杂的诸多要素提炼、简化，成为人们易于把握的旅游系统。

旅游规划的多次调整是旅游系统结构不断调整过程的体现。从旅游系统视角看，规划更多聚焦于系统的整体优化，而不仅仅是系统中诸多要素以及它们之间的关联。在具体规划执行过程中，旅游系统内部每个要素的落地情况有所不同，各有所侧重。就某个单独的规划成果来说，要坚持系统思想，这样，与其他相关规划（既包括同级规划，也包括上下级规划）或不同时段的同主题规划对接起来就相对容易一点，或者说有对接的可能性，进而将实现旅游规划执行效益的最大化。

编制旅游规划是一个漫长的过程，除了编写规划文本，还有规划执行与过程管理等诸多环节，最后是对问题的反馈，需要系统化考虑。如果将旅游系统放在整个规划体系中，那就要考虑"多规合一"的对接问题，从而形成综合规划体系。是否可用旅游规划来统合其他类规划，就要看旅游业在国民经济结构中所占比重如何，多数情况下，这种统合的可能性较小。就当前来看，其他同层次或同位的规划以平行方式推动居多，由哪一个（类）规划来统领平行规划群一般都是行不通的，其中存在协调执行的问题，因此应当有个旅游系统来整体把控，以有序引导，最终取得要素组合的最优化。

有了旅游系统的指引，旅游规划系统才有基础。旅游规划系统更多的是维护旅游规划各要素之间的联系，尽可能使每一种要素发挥其功能。在有条件的情况下，可将旅游规划系统的内部结构调整至最佳排列或组合方式。随着旅游业的发展，原有的系统结构应不断得到优化，以便实现旅游规划系统的可持续利用。对于这样一个复杂的系统规划，应当构建一定的量化指标，进而形成复杂的数理模型，模拟预测旅游产业发展进程，从而提高规划、执行、管理的科学性。

三、旅游规划类型

《文化和旅游规划管理办法》指出，文化和旅游规划是指文化和旅游行政部门编制的中长期规划，主要包括：文化和旅游部相关司局或单位编制的以文化和旅游部名义发布的总体规划、专项规划、区域规划，地方文化和旅游行政部门编制的地方文化和旅游发展规划。总体规划是指导全国文化和旅游工作的中长期发展规划，是其他各类规划的重要依据，规划期与国家发展规划相一致，落实国家发展规划提出的战略安排；专项规划是以文化和旅游发展的特定领域为对象编制的规划；区域规划是以特定区域的文化和旅游发展为对象编制的规划；地方文化和旅游发展规划是指导本地区文化和旅游工作的中长期发展规划；总体规划、专项规划、区域规划以及地方文化和旅游发展规划构成统一的规划体系，专项规划、区域规划、地方文化和旅游发展规划须依据总体规划编制。《中华人民共和国旅游法》第十七条第二款规定，国务院和省、自治区、直辖市人民政府以及旅游资源丰富的设区的市和县级人民政府，应当按照国民经济和社会发展规划的要求，组织编制旅游发展规划。对跨行政区域且适宜进行整体利用的旅游资源进行利用时，应当由上级人民政府组织编制或由相关地方人民政府协商编制统一的旅游发展规划。

旅游规划的类型及结构是旅游规划理论研究的重要内容之一，研究者对此进行了长期研究。其中，以空间、时间范围分类的规划较有代表性，空间圈定了规划约束的范围及规模，以旅游地或旅游景点的综合规划为多，时间指规划产生效力的时间跨度，又以中短期规划为多。Inskeep（1991）、Gunn（1988）、WTO（1997）分别从空间层面做出了类型划分。吴必虎和俞曦（2010）从时间和空间相结合的角度，将旅游规划类型提炼成时空二维体系：从时间维度看，分为初期的开发规划和成熟期的管理规划；从空间维度看，分为区域旅游规划、目的地旅游规划、旅游区旅游规划[①]。世界旅游组织分别从组织结构、规划期及规划范围等方面进行了分类。

我国国家标准《旅游规划通则》（GB/T 18971-2003）对旅游规划的类型进行了具体划分，将旅游规划分为旅游发展规划和旅游区规划两大类，每一类都给出了进一步的细分办法。旅游发展规划按规划的范围和政府管理层次分为全国旅游业发展规划、区域旅游业发展规划和地方旅游业发展规划。地方旅游业发展规划又可分为省级旅游业发展规划、地市级旅游业发展规划和县级旅游业发展规划

---

① 吴必虎，俞曦．旅游规划原理［M］．北京：中国旅游出版社，2010．

（见图 1-1）。旅游区规划按规划层次分为总体规划、控制性详细规划、修建性详细规划等。

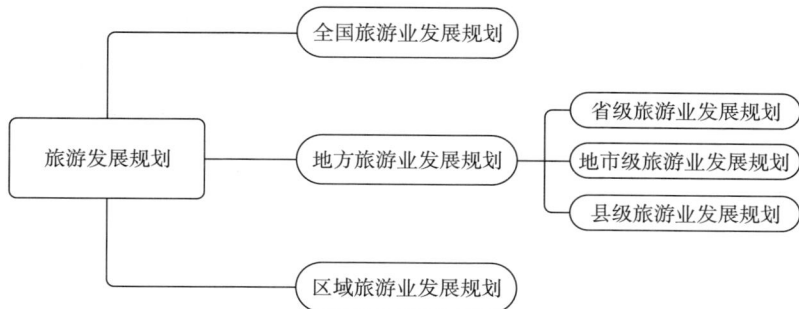

图 1-1　旅游发展规划分类

资料来源：《旅游规划通则》（GB/T 18971-2003）。

从规划属性来看，旅游规划可分为旅游发展战略规划、旅游发展总体规划、旅游概念规划、旅游详细规划、旅游产业规划、旅游形象规划、旅游营销规划、旅游景观规划等；从实际操作来看，旅游规划可分为基本旅游规划和辅助旅游规划，基本旅游规划有旅游发展规划、专项旅游规划和热点旅游规划，辅助旅游规划有落地型旅游规划、衍生型旅游规划、配套型旅游规划。每一种类型都有更为细化的分类型，有时与其他类型组合成新类型。例如，配套服务型旅游规划可分为可行性研究开发、产品研发规划、交通影响评价、安全评价、环境影响评价、市场调查研究等不同规划类型，配套服务规划内容又是很多规划类型的组成部分。

当然，有些旅游规划可以是任何一种规划类型，或者说每一类旅游规划都有一个相同的规划阶段，这就是概念性旅游规划。概念性旅游规划由刘德谦于 20 世纪 60 年代提出：放眼旅游业的时代发展的进程，以一种未来学的高度，根据对被开发地资源、环境和经济、社会条件的优势、劣势、机遇和危机（SWOT）的分析，从而提出的旅游业发展的前瞻性策划。概念性旅游规划是对科学技术发展与旅游市场变化做出的积极回应。

随着旅游规划工作的不断改进，规划文本中的系统思维、创意要求、研究成分所占的比重日益提高，旅游规划的内容安排不再局限于规划编制要求的刚性内容，而是出现了一些微妙的变化。例如，旅游解说系统专项规划需求陡增，旅游产品创意元素要求越来越迫切，旅游规划的标准化有所减弱，建设性的规划要求增多。部分旅游目的地发展已进入管理规划、营销规划阶段，而不再是初期的开发规划，旅游规划发展已进入一个新的阶段。

旅游规划内容的系统性组合以及优化成为常态，传统规划文本比较稳定的内容不再做强制要求。因此，可以从旅游系统的视角对旅游规划进行分类，具体可分为旅游空间系统规划、旅游产品体系规划、旅游市场系统规划、旅游安全应急系统规划，每一个系统都可以单独进行，这无形中增加了旅游规划建设性目标实现的可能性，进而影响对大而全的旅游发展规划的把控。

旅游空间系统规划更多侧重国土空间刚性约束和集约性适度增量，以及利于游憩活动开展的小块组合，这种空间组合的调整周期一般比较缓慢，因此高质量的旅游空间功能分区往往需谨慎推进。旅游产品体系规划涉及面比较广。一般来说，旅游体系有一个主题来统领，也有开发时序更替的要求，更有微观创意产品的更新；有时候可能是创意主题系列产品的延伸组合。旅游市场系统规划是一个动态发展的过程，特别是随着人工智能技术的发展，瞬时测量游客量成为可能，因此，旅游市场系统规划的更新时间在缩短，其科学性指导也逐渐增强。旅游安全应急系统规划是旅游规划得以长久施行的重要保障，在工程实施过程中，这样的规划往往难以落实，或者不能严格执行。从近几年发生的旅游安全事故来看，旅游安全应急系统规划的预警性及反馈灵敏性还有待进一步提高。应急系统规划是旅游发展的生命线。事实上，旅游规划的内容必须具有系统性，处理和协调好旅游系统，才能使规划的内容得到实施，从而保障旅游活动的正常开展。

从旅游系统结构调整或优化视角来看，旅游规划类型可分为旅游基础性规划、旅游环境系统规划、旅游创造性规划，三类规划所实现的目标有较大差异，对规划文本编制的要求逐年上升，但其共同的目标是规划结构的合理性、实施的可行性和旅游优化的可持续性。三类规划修编的时效依次递减，因此，基础性规划应该注重质量，能长久使用，这是旅游地可持续发展的根本保障。旅游环境系统规划更多是保护、修复、营造氛围，修建性内容不宜太多。旅游创造性规划一般追求小而精，场地化特征明显，且不追求永恒，主题迭代速度较快，这方面的规划在主题公园中居多。

总之，根据不同时期、不同区域旅游发展的具体情况，以及旅游规划编制主体的专业特长，旅游规划表现出不同的类型和呈现方式，需要研究者进行归类。当然，不同的分类依据，其类型结果也不一样，有时同一个规划作品可分属多个类型。尽管如此，对规划类型的总结依然是有意义的，例如，确定技术规划的具体规划类型，以便形成示范，从而提高整个规划成果的水平。旅游规划是有层次的，高层次的规划涉及范围大、级别高，是大系统和主系统；低层次的场地、旅游地、风景区规划是低系统性质的规划，是大系统的子系统，必须服从大系统的高层次规划。

四、旅游规划内容

不同规划类型的旅游规划其内容大不一样，有时受规划委托方的影响，传统意义上的发展规划内容也会出现新的调整。可见，旅游规划内容受旅游规划类型和委托方的双重影响。本书依据《旅游规划通则》（GB/T 18971-2003）中的分类来探讨旅游规划内容（见表1-3）。部分旅游研究者及规划师根据自己的规划实践及研究心得围绕规划内容提出了不同的学术观点，但规划通则基本涵盖了每个类型的基本内容。

表1-3　旅游规划的内容

分类标准	分类	规划内容	基本内容
旅游发展规划	全国旅游业发展规划 区域旅游业发展规划 地方旅游业发展规划（省、市、县）	旅游业发展的总体要求和发展目标，旅游资源保护和利用的要求和措施，以及旅游产品开发、旅游服务质量提升、旅游文化建设、旅游形象推广、旅游基础设施和公共服务设施建设的要求和促进措施等	旅游规划的背景分析、旅游规划的基础分析（规划区域概况、区位条件分析、旅游发展现状分析、旅游发展条件分析、旅游资源调查评价、旅游市场调查与预测）、旅游规划的依据、旅游规划的范围与期限、旅游发展战略的制定、旅游规划的实体布局
旅游区规划	旅游区总体规划	对旅游区的客源市场的需求总量、地域结构、消费结构等进行全面分析与预测；界定旅游区范围，调查和分析现状，对旅游资源进行科学评价；确定旅游区的性质和主题形象；确定旅游区的功能分区和土地利用，提出规划期内的旅游容量；规划旅游区的对外交通系统布局和主要交通设施的规模、位置；规划旅游区内部其他道路系统的走向、断面和交叉形式；规划旅游区景观系统和绿地系统的总体布局；规划旅游区其他基础设施、服务设施和附属设施的总体布局；规划旅游区防灾系统和安全系统的总体布局；研究并确定旅游区资源的保护范围和保护措施；规划旅游区的环境卫生系统布局，提出防止和治理污染的措施；提出旅游区近期建设规划，进行重点项目策划；提出总体规划的实施步骤、措施和方法，以及规划、建设、运营中的管理意见；对旅游区开发建设进行总体投资分析	
	旅游区控制性详细规划	详细划定所规划范围内各类不同使用性质用地的界线；规定各类用地内适建、不适建或者有条件地允许建设的建筑类型；规定各地块建筑高度、建筑密度、容积率、绿地率等控制指标，并根据各类用地的性质增加其他必要的控制指标；规定交通出入口方位、停车泊位、建筑后退红线、建筑间距等要求；提出对各地块建筑体量、尺度、色彩、风格等的要求；确定各级道路的红线位置、控制点坐标和标高	
	旅游区修建性详细规划	综合现状与建设条件分析；用地布局；景观系统规划设计；道路交通系统规划设计；绿地系统规划设计；旅游服务设施及附属设施系统规划设计；工程管线系统规划设计；竖向规划设计；环境保护和环境卫生系统规划设计	

从表1-3中可以看出，旅游发展规划和旅游区总体规划之间在内容上还是有区别的。旅游发展规划是根据旅游业的历史、现状和市场要素的变化所制定的目标体系，以及为实现目标体系在特定的发展条件下对旅游发展要素所做的安排。《文化和旅游规划管理办法》《旅游规划通则》中都有相关的界定。《中华人民共和国旅游法》对旅游发展规划的内容有如下规定：旅游发展规划应当包括旅游业发展的总体要求和发展目标，旅游资源保护和利用的要求和措施，以及旅游产品开发、旅游服务质量提升、旅游文化建设、旅游形象推广、旅游基础设施和公共服务设施建设的要求和促进措施等。可以看出，旅游发展规划更多聚焦产业的发展，可以称之为旅游产业总体规划，而旅游区总体规划则聚焦所规划旅游区的具体开发措施，两者规划的内容不同，编制的技术要求以及规划成果的呈现形式相应有所不同。总而言之，旅游区总体规划内容要服从同位或上位的旅游产业发展规划的规定。

部分保护类风景区的总体规划在强调保护的同时，旅游主题在其中也占据较大比重。以森林公园总体设计为例（见表1-4），国家森林公园是以森林资源为依托，生态良好，拥有全国性意义或特殊保护价值的自然和人文资源，具备一定规模和旅游发展条件，由我国国务院林业行政主管部门批准的自然区域。

表1-4 国家森林公园设计规范内容（部分）

章节名称	具体内容
总体布局	一般规定；森林公园区划；竖向控制；制图
环境容量与游客规模	环境容量；游客规模
景点与游览方式设计	景点设计；游览方式设计
植物景观工程设计	一般规定；植物景观工程设计
旅游服务设施工程设计	一般规定；生态文化及科普宣教设施；餐饮；住宿；娱乐游憩；购物；医疗保健；导游标志与信息化管理系统
基础设施工程设计	一般规定；道路交通；给水排水；供电、供热；通信；广播电视
设计文件组成	一般规定；设计说明书；设计图纸及附件

资料来源：《国家森林公园设计规范》（GB/T 51046-2014）。

2020年8月，由国家林草局申请，国家市场监管总局、国家标准化管理委员会审查批准了《国家公园设立规范》《国家公园总体规划技术规范》《国家公园监测规范》《国家公园考核评价规范》《自然保护地勘界立标规范》五项国家标准，国家公园的相关规划有了依据。以规范标准来统一实际规划是当前规划界的一个基本操作。国家公园的相关旅游规划主要体现在服务体系规划部分，具体包括科学研究、自然教育、游憩体验、解说系统、应急救助以及基础工程等内容。其中,自然教育和游憩体验规划应明确适合开展自然教育和游憩体验的区域及适合不同人群的项目,并计算国家公园整体范围和重点区域的访客容量和极限容量。解说系统是发挥国家公园自然教育和游憩体验功能的重要媒介,规划应结合各国家公园自身资源综合特色,建立包括静态展示和互动交流等多种形式的解说系统。其中,静态展示可包括科普馆与博物馆的室内解说、园内路牌解说和出版物等;互动交流可包括向导式解说媒介、自导式解说媒介和综合式解说媒介等。

关于旅游规划的内容,部分研究者提出了自己的看法。Inskeep(1991)认为,旅游规划的基本组成要素有旅游吸引物和活动、住宿设施、其他旅游设施和服务、交通条件和服务、其他基础设施、社会因素。吴必虎(1999)将旅游发展规划的基本模式概括为"确定一个发展目标、进行两个基本分析(旅游客源市场、旅游资源评价)、设计三个发展板块(旅游产品、旅游接待设施与服务、旅游环境建设)、构建一个保障体系",形象地概括为"1231"工程。《北京市旅游发展总体规划》是对该模式的实践尝试,整个规划编制侧重于管理规划。袁书琪和郑耀星(2004)从层次(规划总依据、规划基础、战略目标、保障体系规划)、维度(时间、空间、部门)、体系(规划背景、规划设计、对策措施)三个方面对旅游规划的基本内容作了提炼。赵黎明和黄安民(2005)将旅游规划的内容概括为"364要素",即三大基础要素(资源、市场、背景)、六大活动要素(吃、住、行、游、购、娱)、四大支撑要素(体制、环境、人员、资金)。吴人韦(1999)提出了"4P"模型,即"Planning-Planner-Place-Plans"的整合模型,对各种规划进行集成。该整合模型围绕旅游系统各组成部分,实现功能和知识系统两大整合,在总体、结构、项目三个层次上达成统一,从而实现经济和建设的大联合,如图1-2所示。

尽管不同类型的旅游规划内容有较大的不同,但呈现形式不外乎规划文本、规划附件及规划图件。规划文本是规划内容的精简呈现,仅给出研究的结论和最终数据,一般不进行解释和背景说明。规划附件是规划文本的详细阐释及必要补充,主要包括规划说明书、专题报告、基础资料和相关文件。规划图件主要针对系列规划问题而绘制,但呈现精度或比例尺根据功能需要、实际操作加以确定。例如,旅游区详细规划图件的比例尺一般为1:2000~1:500,比区域旅游总体规划图件比例尺大。规划图件经审批后,与规划文本具有同等效力。旅游区修建性详细规划的呈现形式是规划图件及相应的说明书,说明书主要对图件进行说明。

总之,围绕旅游规划内容可形成一个规划体系,该体系还包括规划的任务及规划的技术和方法。在旅游规划体系中,应体现任务的层次性、内容的关联性及技术方法的支撑性。

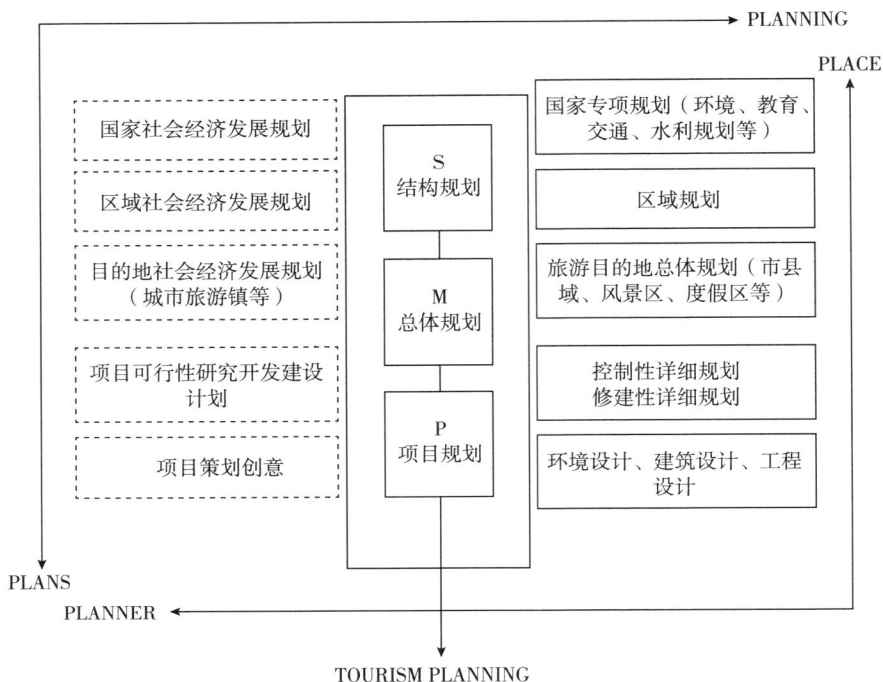

图 1-2   "4P" 整合模型

第二节   旅游规划的原则与原理

旅游规划理论是指以概念、原理、公式等抽象形式对旅游规划所涉及的众多内容和复杂关系进行普遍的、系统化的阐释，为旅游规划提供科学性的指导。旅游规划理论主要包括理论基础和基本理论两部分，前者指与旅游规划相关领域的理论，后者指直接指导旅游规划的理论，本节中原则以前者来体现，原理以后者来体现。主要规划方法和规划原则贯穿于旅游规划始终。原则是每一个具体项目应遵循的通用规则，如规划特色、规划系统、实事求是、资源与市场相结合、可持续、可操作、利益相关等。每个项目对规划原则的选择是不同的，这也是避免雷同、强调特色的制度性保证所在。旅游规划的总体原则是旅游目的地的可持续发展，具体来说就是兼顾生态效益、经济效益、社会效益，三者能保持一定的协调度即达到最优化，从而保障旅游规划的科学性。

一、旅游规划的原则

《文化和旅游规划管理办法》指出，规划编制应遵循以下原则：第一，围绕中心，服务大局，以习近平新时代中国特色社会主义思想为指导，体现关于文化和旅游发展的总体要求；第二，突出功能，找准定位，明确政府职责的边界和范围；第三，实事求是，改革创新，适应时代要求和符合发展规律；第四，远近结合，务实管用，突出约束力、可操作，使规划可检查、易评估。具体到每个规划，还要遵守以下原则：

1. 旅游生态效益原则

旅游规划应以保护自然生态环境为优先条件，这是旅游业可持续发展的根本保证。例如，旅游景区不应选址在污染源附近，或者应对可能已经污染的区域做出相应的隔离措施。这是"两山"理论旅游转化过程中应该遵循的基本原则，没有好的生态环境本底，旅游体验就会大打折扣。在控制性详细规划执行中，相应的限制管控措施应严格执行，如绿线、红线、蓝线、紫线等控制性"高压线"。旅游开发后期新产生的人文类旅游资源，也要与周围的环境氛围相协调，不得太突兀，以致出现景点内外环境的不协调。生态效益原则在国家公园、国家森林公园、风景名胜区、自然保护区的涉旅规划内容中应特别强调。

2. 旅游经济效益原则

以旅游业为战略支柱产业的地区，在旅游发展规划中一定要处理好旅游产业与其他产业的关系，确保旅游产业的发展不受干扰，并且实现持续发展。一般来说，在取得经济效益的同时，不应对周边的环境造成太大的影响。在落实旅游规划的过程中，应注意短期的经济效益，不能有太多的不确定性，否则社会投资热情就会下降。在旅游开发初期，应注重提高其使用价值和吸引力，尽可能以较少的投资和较短的建设周期获得较大的经济效益。

3. 旅游社会效益原则

旅游是人人享有的基本权利，人人都有自由旅行权，旅游权利关系社会民生。旅游是人们实现幸福生活的途径之一，旅游在构建和谐社会的过程中作用重大。例如，旅游可以带动就业，发展旅游可以减贫，发展红色旅游可以充分释放旅游的教育功能。旅游可以实现人的全面发展，营造和谐的社会文化环境，进而促进社会和谐。这些内容都应在旅游规划中有所体现。如乡村旅游规划的原则主要包括：社会效益、经济效益、环境效益三统一原则；统一规划、分步实施、突出重点、合理布局、因地制宜原则；优化资源配置与兼顾公平原则；坚持品牌提升与主题形象塑造原则；坚持地方文化继承与发扬，与时俱进、开拓创新原则；容量控制、环境保护与持续发展原则；协调可行与非城市化过程原则；投资主体多元与资本积累原则。

《风景名胜区总体规划标准》（GB/T 50298-2018）中指出，风景区总体规划应合理权衡风景环境、社会、经济三方面的综合效益，统筹风景区自身健全发展与社会需求之间关系，创造风景优美、社会文明、生态环境良好、景观形象和游赏魅力独特、设施方便、人与自然和谐的壮丽国土空间。

除了以上三大原则之外，每种具体规划类型所坚持的原则不同，相应地，规划内容及特色也不同。例如，关于旅游发展总体规划，有研究者提出整体化原则、实事求是原则、资源与市场相结合原则、可持续发展原则、动态调整原则、可操作性原则、利益相关原则①。关于城市旅游规划，通常遵循主客共享、产业导向和项目牵引的规划原则。而具体的旅游区规划通常需要遵循市场化、场地化和精细化的规划原则。

遗产旅游规划有其特殊性，研究者提出了旅游发展与遗产保护的协调性、旅游产品与遗产价值的一致性、旅游规模与遗产容量的匹配性、旅游服务与区域发展的统筹性、旅游品牌与遗产形象的呼应性五原则②。挖掘打造特色小镇的原则主要有：突出特色，创造优势；服从城乡一体化改革步伐；保持乡土文化的原生性、鲜活性等③。可见，规划空间越具体，其约束性原则的内容越丰富。

创新、协调、绿色、开放、共享五大理念也适用于对旅游规划的指导，可以是旅游规划的指导原则。"创新"是指旅游规划理念的突破、规划技术方法的集成创新以及创新管理模式的时代更迭。具体来说，多表现为科技创新与政策创新推动下的旅游产品创新和旅游业态创新。"协调"主要指旅游规划体系内部协调、外部协调以及不同区域旅游规划间的协调，还应有不同时期的更替协调。"绿色"主要体现在绿色消费和绿色供给方面，在"双碳"理论落实方面，旅游规划中的碳足迹、碳汇应实现量化，实现可追踪、可调控。"开放"主要指旅游规划的编制应加强国际合作，将区域规划主动融入到全球旅游发展格局中。"共享"是指旅游规划中的旅游产品及服务应机会均等，不设门槛，能让大众旅游者共享旅游机会。

二、旅游规划的原理

原理是旅游规划系统与相关学科理论相结合的产物，既应参照旅游规划系

① 张广瑞.论旅游发展总体规划编制的七个原则［M］//中国特色旅游发展道路的探索.北京：社会科学文献出版社，2019.

② 吴承照，王婧.遗产保护性利用与旅游规划研究［M］.北京：中国建筑工业出版社，2019.

③ 陈琼.文旅IP：特色小镇IP化运营策略与落地［M］.北京：经济管理出版社，2018.

统，也要关注相关学科对规划思想的诠释能力。例如，旅游规划本身有一套理论体系，这套理论体系贯穿旅游规划编制、执行、管理全过程。其中，旅游规划过程中的理论主要涉及资源与价值的评价理论、市场预测理论、模拟理论、决策理论等。这套理论体系是开放的，时时刻刻吸收体系内外相关理论的新发展，接受可能的修订。李铭辉和郭建兴（2015）提出了观光旅游资源规划的理论体系，具体包括基础理论板块和衍生理论板块，其中基础理论板块可细分为程序性理论、规范性理论、分析性理论及实体性理论，程序性理论是从思路、思维方式、操作流程等方面对旅游规划与开发提供指导的理论。

旅游规划与设计的理论是指导旅游规划文本编写及规划落地的基本依据。相关理论的指导也是旅游行业规范之需，理论的呈现形式或隐或现，有些是规划组成部分或模块的理论，有些是整个规划文本的思想指导，如具体开发原则、相关法律规划等。对于一个理论体系不完善的规划实践来说，应多关注通盘性的理论思考，不宜侧重某个具体环节，或者由诸多环节理论集成一个新的理论体系，由此，旅游规划的独立性就能得到充分体现，而不再受城乡规划及景观设计理论的约束，从而将更多的内容聚焦于游憩本身。旅游规划与设计的理论应该包括以下几个方面：

1. 可持续旅游发展理论

可持续发展理论源于人类对生态环境的认识，最早从自然环境介入，后来延伸至社会、经济、文化等方面。同样，将可持续发展理论引入旅游行业也是随着大众旅游市场的兴起而产生的。旅游规划应站在旅游目的地可持续发展的高度来推进，这个高度应该包括两个方面的维度：一是旅游地自身的可持续发展；二是同类旅游地的空间竞争格局或者区域旅游发展格局。随着新的旅游地不断得到开发，旅游地的空间分布密度逐年提高，而客源市场则相对稳定，新增旅游地正在改变原来的市场结构和发展态势。

旅游地自身发展理论又以巴特勒的旅游地生命周期理论为代表（Butler，1980），诸多旅游目的地空间竞争通常用旅游空间引力模型来阐释。Butler 认为，旅游地就像旅游产品一样，有生老病死的过程，并提出旅游目的地的演化要经过六个阶段：探索阶段、参与阶段、发展阶段、巩固阶段、停滞阶段、衰落或复苏阶段。旅游地生命周期的评价结果在很大程度上会影响景区的可持续发展。在旅游产业发展中，可持续发展理论还应有产业竞争相关理论及资源优势理论的支撑。不管怎么说，旅游地可持续发展理论在旅游规划中已引起高度重视，在国际层面也受到关注。

1990 年，在加拿大召开的旅游国际大会上提出了旅游业的可持续发展，并通过了《旅游业可持续发展行动纲领》。1992 年，联合国环境与发展大会通过了

《21世纪议程》。1995年，可持续旅游发展世界会议通过了《可持续旅游发展宪章》《可持续旅游发展行动计划》。1997年，世界旅游理事会、世界旅游组织、地球理事会通过了《关于旅游业的21世纪议程——实现与环境相适应的可持续发展》。2011年，《科学》杂志上发表可持续性科学的议题，标志着可持续发展理论不再局限于思潮及理论更新，科学探索成为常态。2012年联合国可持续发展大会通过的《我们憧憬的未来》，2015年联合国可持续发展峰会通过的《改变我们的世界——2030可持续发展议程》，均对旅游业发展产生了重要影响。2017年为联合国可持续旅游发展年，旅游业的可持续发展已经深入人心。当前，人们开始关注旅游者消费的可持续发展问题，如"碳中和"问题。

可持续旅游发展理论的基本要点：

（1）人地和谐。旅游开发强度一定不能突破目的地的资源环境承载力，在大众旅游市场到来之前，人地矛盾问题并不突出，目的地的社会关系也不复杂。当前，旅游目的地发展已经遍地开花，部分景区向纵深推进，外出旅游已成为人们日常生活的重要组成部分，这种需求更多表现在出游率上，接待地景区所承受的可持续压力相应有所增加。然而，这是旅游市场发展的必然趋势，于是预约制产生了，提前限制了游客的可进入性，从而有利于目的地管理协调，更有利于目的地环境的可持续恢复，即生物多样性、生态支撑系统依然能够延续，以及可持续利用。

（2）主体和谐。旅游目的地发展得如何，根本上在于人地关系处理得是否得当，但关键还是所涉旅游主体利益或权益的分配问题。一般来说，主体利益能达成一致，资源共享一般不会成为问题；同样，只要旅游目的地相关主体权益能取得总体平衡，那么旅游业的发展也不会成为问题，这种平衡更多是指动态平衡，特别是同时代同一拨人之间的平衡。

（3）代际和谐。实际上，旅游主客体之间的关系还包括代际承续问题。主体之间的这种代际承续关系近年来得到学界重视，但对于物质方面的东西往往看得比较轻。实际上，物质也是比较重要的。既然我们强调旅游体验一代比一代要求高，那么对旅游资源或服务的要求也同样如此。当旅游可持续发展成为惯性时，代际和谐也不会成为问题。

旅游规划中可持续发展理论的实践表现在多个方面。例如，旅游规划文本的制定应该有预留空间，不应"填满"所有可用之地。旅游规划执行中应坚持小而可行，不能因贪大求全而最终实现不了。同时，应将规划尺度下延，多注重可落地的详细规划设计，并不断更新设计理念，以满足旅游者的个性化需求。

景观生态的可持续性以可持续发展为基础，立足于景观资源的可持续利用和生态环境的改善，保证社会经济的可持续发展。因为景观是由多个生态系统组成的具有一定结构和功能的整体，是自然与文化的载体。在景观生态的规划中，应把景观作为整体进行综合分析，使规划所在地景观利用类型的结构、格局以及比例与自然环境和经济发展相适应，以求生态、经济、社会三大效益的协调统一，达到景观的整体化应用①。

随着规划研究的不断深入，旅游可持续发展的评价也得到研究者的关注，不管是宏观的景区管理层面，还是景区生态的有效监控，都可以进行必要的评价，从而提高旅游规划成果的执行率。在宏观层面，有 Anderson 的七指标（指标可得，指标容易理解，指标可测量，指标内容有意义，指标获取时间的间隔是短暂的，指标在区域间可比较，指标能进行国际比较）②、James 的旅游可持续性压力表（指标由两个系统、八个尺度和多个指标组成）③、Tea Gyou Ko 的旅游可持续发展评价框架（目的地分为自然、生态两个系统，每个系统包含四个子系统）等探索实践④；在微观层面，主要聚焦于生态系统，在当前国家公园规划中，这方面的内容已得到加强。另外，对景区碳排放的测量，也可以监测景区生态的可持续发展状况。

2. 全域旅游发展理论

人们对全域旅游的认识是随着全域旅游示范区的建设而不断深化的。实际上，全域旅游中的"全域"不单单是某个尺度的区域问题，更多的是旅游业发展模式或理念，即将区域整体作为旅游目的地发展新理念和新模式，是一种区域旅游资源的有机整合、产业融合、社会共建共享的发展理念。关于全域旅游，行政部门、学术界、旅游企业和游客之间存在多方认知⑤。不管从哪个层面的认知来说，全域旅游的本质都是打破现有规划空间，构筑多重融合、价值叠加的新型空间形态。

该理论在旅游规划实践中可以应用于三个层面⑥，但对该理论的丰富工作进展有限。该理论多聚焦于总体规划层面，在全国各级全域旅游示范区的创建过程中，相应的发展模式得到多元化的提炼，并实现可能的推广，这种推广在乡村地

---

① 傅博杰，陈利顶，马克明，等. 景观生态学原理及应用（第二版）[M]. 北京：科学出版社，2011.

② 宋旭光. 可持续发展测度方法的系统分析 [M]. 沈阳：东北财经大学出版社，2003.

③ James. Assessing Progress of Tourism Sustainability [J]. Annals of Tourism Research，2001，28（3）：817-820.

④ 邹统钎，等. 旅游学术思想流派（第二版）[M]. 天津：南开大学出版社，2013.

⑤ 北京巅峰智业旅游文化创意股份有限公司课题组. 图解全域旅游理论与实践 [M]. 北京：旅游教育出版社，2016.

⑥ 徐彤，张毓利. 全域旅游规划的本质特征、典型模式与内容体系探析 [J]. 四川旅游学院学报，2021（2）：27-33.

区是必要的。在控制性详细规划中，多坚持"三线"控制，这是全域旅游理论空间的进一步分割，这种分割具有强制性。在更为细致的修建性规划中，全域旅游的微观空间应考虑宏观指导与中观层面的限制内容。全域旅游发展规划在旅游规划中能够尽可能实现多尺度空间的协调对接，达到多空间合一，实现多个方面的协调。

　　以政府推动建设实践为支撑的全域旅游发展理论，既是一种前瞻性理论，主要靠政策解释来驱动实际工作的进展，更有深层次的相关理论支撑，多表现在区域、空间方面，如区位论、核心—边缘理论，也有相关视角的解读。对于该理论更多的探索是在全域旅游试验区及示范区的推进过程中反复验证，以及在修正中向前推进。具体来说，全域旅游发展理论反映了当代旅游的五个基本原理，即边界开放、融合共享、价值放大、协同创新、生态共生。全域旅游是一种融合型、共享型、复合型的新型旅游空间，贯穿生态区、文化区、产业区、生活社区、城区、乡村各个空间载体，成为众多区域融合发展、多种功能叠加、多重价值提升的复合型新型空间（见图1-3）。

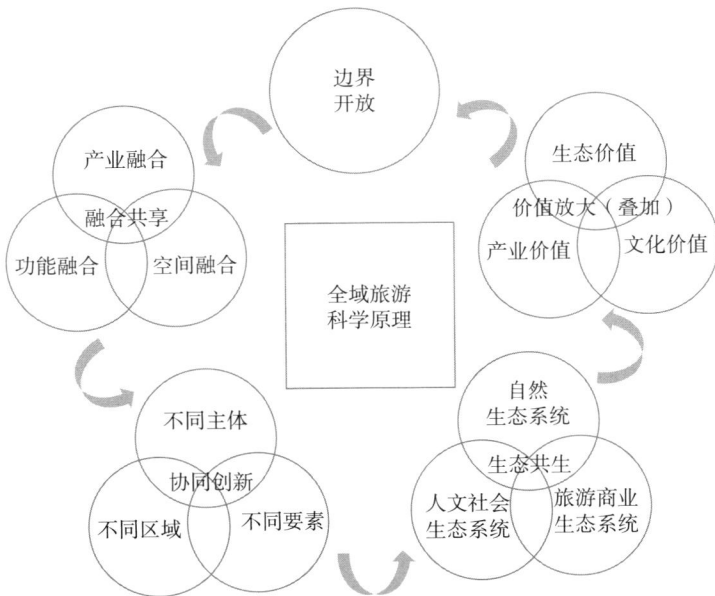

图1-3　全域旅游的科学原理

资料来源：国家社科项目（17AJY023）。

　　可见，全域旅游发展理论是在大胆假设—全面验证—谨慎修正中推进的，随着全域旅游发展理论的发展以及全面乡村振兴的推进，全域旅游发展理论一定会形成一个被广泛接受的模式或理论，得到旅游规划界的认可。实际上，全域旅游发展理论本质上是旅游发展覆盖面的问题，在更大的发展区域内，不能忽视空间结构的分区、分层问题，其覆盖面越广，内部发展程度越复杂，涉及发展区中的保护问题时更是如此。

3. 旅游资源—产品转化理论

近些年，"绿水青山就是金山银山"（"两山"）理论成为研究者探索的热点内容①。探索过程中，除了保护区的生态旅游资源，其他旅游资源也面临着价值转化的问题，虽然旅游资源与旅游产品存在等同的部分或者处于并存状态，但资源的转化通道是否畅通呢？要得出其结果就要有个评价体系，该体系应该包括两个方面：一是转化目标，如创立某一旅游产品，这个主要靠创新过程来完成；二是转化过程，即转化评价过程，比较知名的理论支撑是游憩机会谱理论。游憩机会谱理论的基本假设就是通过提供各种各样的机会使游憩者的体验质量得到最好的保障，通过在不同类型区域设计不同的游憩活动来缓解资源压力，实现资源的可持续利用。而这两个过程只有在旅游规划中才能真正实现串联，并付诸实践。

由旅游资源向旅游产品转化的目标是多元化的。同样一种旅游资源可以实现多重目标的转化。例如，同是花卉地，有些目的地通过花的颜色、花的季节、花的规模、花的多种可能的组合方式来实现旅游产品的转换，而有些将花卉地旅游一年开展两次及以上，除了挖掘春的气息，还考虑分享秋收的喜悦，于是采摘游、亲子游成为秋季的旅游项目。资源—产品转化过程的创新也不是单一模式，而是有多种组合可能，例如，利用历史文化资源挖掘不同时代的旅游主题，利用影视效应打造多功能的主题公园。资源—产品转化的过程较为复杂，比较简单的是将旅游资源与旅游产品等同，有些旅游资源无须人工过度开发，可直接作为旅游产品，如自然景观、历史事件发生地的旅游产品转化。某一处旅游资源转化成多种旅游产品是常态，该常态因发展阶段的不同而有所变化。多处旅游资源组合转化成一组旅游产品的情况也是存在的，该组旅游产品具有时间上的统一性和地域上的分散性，如长征国家文化公园。

4. 景观美学评价理论

旅游景观的美学质量是吸引游客的主要因素。旅游景观的评价方法主要有两种：一是大众点评；二是专家评价。评价依据来自两个方面：一是视觉冲击；二

---

① 郑博福，朱锦奇."两山"理论在江西的转化通道与生态产品价值实现途径研究［J］. 老区建设，2020（20）：3–9.

是深度体验。四者交叉就可构建旅游景观美学评价理论。当前，较为知名的景观评价有四大学派和两大阵营（景观环境科学和风景文化艺术）①。视觉冲击随着科学技术的提高及旅游者体验次数的增多而出现评价等级的负反馈，深度体验则更多的是针对旅游者的兴趣点进行深度评价，随着旅游者对旅游资源感悟的深度不同而有所不同。评价的理论支撑以专家评价的贡献为主，这在某些特殊的旅游资源美学价值评价方面特别明显，如建筑遗迹类旅游资源。但随着大众旅游者文化品位及欣赏水平的提高，景观美学评价理论将不断得到丰富和创新，认可度也会不断提高。

随着旅游者心理需求或精神需求的快速变化，原有的景观美学资源评价方式也会发生变化，以适应旅游产品开发的新要求。这个评价应贯穿于景观建设项目全过程，可围绕景观美学、景观敏感度、景观影响评价来展开，进而提出景观美学保护措施。以风景园林工程为例，可围绕水景工程、道路工程、假山工程、种植工程、照明工程等方面展开评价。

5. 旅游创意与体验理论

当前，旅游的发展已进入创意时代，靠大面积复制经典旅游规划文本的做法将难以维持下去。而诸多创意作品的灵感来自旅游者多元化的体验。旅游者的体验是一个完整的过程，一次完美的旅行是在该旅行过程中惊奇不断、高潮迭起。一般来说，旅游者的旅游经历是满意的，但旅游者满意度的期望值随着时间的推移有提高的趋势。传统旅游目的地的创意能力往往很难达到这样的水平，只能实现部分惊奇或者满足少数旅游者的创意体验需求。谢彦君（2004）认为，旅游体验是旅游者在旅游过程中对所遇到的事件、景点以及其他各种现象的主观感受。旅游者的体验方式以及体验预想正是目的地开发者需要创意营造的目标，而中间的"桥梁"就是旅游规划与设计过程。由此可见，创意元素在旅游规划过程中是多么重要，特别是在场地化的微观景观设计中。

体验旅游以旅游企业的服务和产品为舞台和道具，以游客参与互动为主要特征，以使游客得到各种感官刺激和精神震撼为主要目标，是一种最具人性化、个性化的旅游产品设计。旅游产品的消费过程也是旅游体验过程。体验旅游的基本特征是主题人性化、目标情感化、服务个性化、产品差异化、过程互动化、结果持续化。体验旅游是体验经济的一种表现。一些创意产品的公众认知需要旅游者的正确体验，只有体验认知与创意初衷达成一致时，两者才能达成高度的契合和统一。

约瑟夫·派恩和詹姆斯·吉尔莫将体验的产生分为满意、代价、惊奇三个过

---

① 刘滨谊. 风景景观工程体系化［J］. 建筑学报，1990（8）：47-53.

程。满意是旅游者期望与实际感知之间的距离；代价是旅游者需求与旅游者付出的成本之间的差距；惊奇是旅游者最终的感知和期望之间的差异。三个过程是一个循序渐进的过程。在旅游规划中，个性化主题的提炼十分关键，关系到旅游者是否有独特的旅游体验以及是否实现了理想的旅游体验，留下了旅游体验的美好记忆。

6. 旅游利益相关者理论

利益相关者理论来源于管理学，与"股东至上"理论相对应。旅游行业高度分散与竞争日趋剧烈的环境，与旅游目的地要求整合资源、增强竞争力的矛盾日显突出，相应地，旅游发展中的平等参与、民主决策、公平分享分担等问题受到关注。20世纪80年代，强调企业经营管理中的伦理问题和面向可持续发展目标的利益相关者理论开始被引入旅游研究领域，并运用于旅游规划与管理问题的研究之中。

管理学中的利益相关者指那些能够影响企业目标实现，或者能够被企业实现目标的过程所影响的任何个人和群体。在旅游规划中，需要协调与旅游开发结果相关的利益主体之间的关系，这些利益主体主要包括旅游者、社区居民、旅游企业、文化与环境保护者等。此处的"利益"主要体现在经济层面，但实际上，旅游的社会价值和环境价值也受到了重视。利益相关者理论有助于平衡旅游活动与社会、环境的关系，使不同主体的合理愿望达成"求同"趋势。从这个层面来说，旅游规划的过程实际上就是不同利益群体之间的利益再分配和相互妥协的过程。从旅游主体和客体之间的关系来看，利益关系问题也是一个资源优化配置和有效利用的问题。

在不同时期，利益相关者的协调方式有所不同。一般来说，随着旅游业的深度开发，所涉及的利益相关者越来越多，相应的协调方式应及时跟进。这种协调更多的是围绕利益相关者对旅游规划的控制力展开的，最终结果是达成权力均衡。协调的代表性分析方法有博弈论、利益相关者图谱、权力—利益矩阵。一般来说，在协调过程中应弱化个体利益诉求，关心共同愿望，以求利益的最大公约数。在对利益诉求进行必要的制约和均衡中，保证旅游开发的可持续发展。

总之，旅游规划的原理来源于多个学科，主要有地理学、景观学、历史学、经济学、管理学、生态学、市场学等，每个学科在具体规划中都有一定应用范围（王春雷，2004），从而组成了旅游规划的基础理论体系。而理论体系又通过具体的规划原则体现在旅游规划文本中，原则是对大方向的把控，原则又通过方法来实现，方法则体现在具体操作层面。理论体系又通过旅游规划实践及基本原理不断向外、向深推进而得到发展。

第三节 旅游规划的技术与方法

规划是运用科学、技术以及其他系统知识，为决策提供可选方案，也是对多种选择进行考虑并达成一致意见的过程。场地化的景观设计则是微观的、具体的，如园林景观设计、城市小品设计等。旅游规划与设计的方法主要借鉴城乡规划、风景园林设计、环境设计方法，兼顾宏观内容安排时序和微观创意设计。在城乡规划领域，人工智能技术的不断演进，将对规划方式方法、技术手段产生深刻影响，对提升规划体系的精细化管控技术也将产生重要影响①。数学模型和数理统计方法在城乡规划中也得到了一定的重视。数学模型在城乡规划中的运用主要有运筹学、线性规划、模拟，数理统计方法主要有相关分析法、回归分析法②。就旅游规划编制本身来说，应从旅游开发的战略和战术出发，克服从单一目标出发、从单一因素考虑问题的弊端，正确处理旅游系统的复杂结构，从发展和立体的视角来考虑和处理问题。多学科综合的方法不失为一种必要选择，旅游规划内容的每一部分都有相关延伸学科理论的支撑，有相应配套的方法和技术，也有一些通用的横断科学的方法和技术，这是不可避免的。

一、旅游规划通用的技术和方法

Getz 在 1987 年提出了四种旅游规划方法，即推进主义的方法、经济的方法、实体空间及社区导向。他认为旅游规划是一个以科研与评价为基础的过程，目的是使它对人类福利和环境质量的潜在贡献实现最佳③。Inskeep（1991）全面总结了规划的方法，即延续的、增长性的和灵活的方法，系统的方法，全面的方法，综合的方法，环境和可持续开发的方法，社区的方法，可实施的方法，系统规划程序的方法等。

2005 年，唐代剑在以规划学为中心、经济—环境—人文的旅游规划理论体系的指导下，提出哲学层次—科学理论层次—技术方法层次的逻辑方法体系。④ 吴必虎和俞曦（2010）提出了基于旅游系统理论的综合性规划方法、社区

---

① 孙施文. 我国城乡规划学科未来发展方向研究［J］. 城市规划，2021，45（2）：23-35.

② 谈纵波. 城市规划［M］. 北京：清华大学出版社，2005.

③ Getz D. Tourism Planning and Research：Traditions，Models and Futures［J］. Austrlian Travel Research，1987（5）：16.

④ 唐代剑. 旅游规划原理［M］. 杭州：浙江大学出版社，2005.

参与方法、地方性规划方法以及规划分析技术。石培华等（2012）认为，旅游规划设计的核心技术方法主要有综合诊断技术、创造体验技术、综合匹配技术、时空设计技术和综合集成技术，五大技术中前面四个是技术理念层面的，第五个技术是实操技术的总结①。关于旅游规划设计的技术与方法，研究者一直在总结、提炼，规划工程实践者也在不断尝试创新。这种创新多来自其他学科的借用和启发，或者科学技术本身的进步所带来的影响。黎兴强（2016）提出了协同性的旅游规划方法，具体包括"职·住·游"协同规划方法和 EDL（3E 目标基础：生态、经济、公平；3D 技术手段：密度、设计、多样性；3L 价值取向：低碳、休闲、宜居）协同规划方法，前者又包括就业、收入和产业的协同规划，住房、社区和房地产业的协同规划，闲暇、游憩和休闲业的协同规划；后者包括生态、密度和低碳的协同规划，经济、设计和休闲的协同规划，以及公平、多样性和宜居的协同规划②。

近年来，3S（GIS、RS、GPS）技术、虚拟现实技术（VR）在旅游规划中得到广泛应用，在旅游资源调查和制图、旅游者空间行为、旅游互动体验、旅游规划的管理等方面发挥了重要作用。虚拟现实技术的运用已相当广泛，成为多数旅游景区的标配。虚拟现实技术是用计算机模拟的三维环境对现场真实环境进行仿真，用户可以走进这个环境，控制浏览方向，并操纵场景中的对象进行人机交互。

规划工程既是一门科学，也是一门艺术，旅游规划需要想象力和创造力，且不能与系统方法相抵触，而应是系统方法的丰富和补充。旅游规划的方法与技术有多种，而且随着规划实践的深入推进，还将衍生出新的方法和技术，规划方法与技术本身就是一个开放的系统，只要善于总结，就一定会产生自己独有的方法，进而运用到新的规划当中。

一般来说，规划在政策与行动之间起着桥梁作用。一般以政策—战略—规划、规划—决策—行动方式推进。规划的技术创新需要多元方法的组合，并且在合适的案例地才能擦出新的火花，产生新的模式。常用的规划调查方法有田野调查、计量方法、抽样调查、大数据调查以及社区多重角色的博弈、对比论证，还有以老三论、新三论为支撑的思维法和当前采用较多的计算机模型。在预测旅游需求市场时，时序法、趋势分析法、有限的回归分析以及德尔菲法往往比较奏效，其结果令人满意。

规划成果的创新也体现在规划编制过程之中，更多以系统集成规划为终结。

---

① 石培华，龙江智，郑斌．旅游规划设计的内涵本质与核心理论研究［J］．地域研究与开发，2012，31（1）：80-84.

② 黎兴强．协同性旅游规划——构筑职·住·游协同发展的旅游综合体［M］．北京：人民出版社，2016.

系统的规划通常以简明的规划制图和准确的规划汇报阐释来体现。规划内容组织创新是重点，具体包括分析方法、评价方法（市场预测、游憩适宜性评价）、研究方法，而知识更新是规划文本创新的基础。

二、旅游规划过程中的技术和方法

世界旅游组织认为，旅游规划编制的程序主要包括研究准备、目标确定、要素调查、分析与综合、政策与规划的形成、其他建议方案的形成、实施与监测七个阶段。《旅游规划通则》中编制程序包括任务确定阶段（委托方确定编制单位、制订项目计划书并签订旅游规划编制合同）、前期准备阶段（政策法规研究、旅游资源调查、旅游客源市场分析、对规划区旅游业发展进行竞争性分析）、规划编制阶段、征求意见阶段。

编制某项旅游规划主要有两个目的，即解决当前的问题、实现预定目标。解决当前问题的规划对应于以问题为导向的规划方法，实现预定目标对应于目标导向的规划方法。以问题为导向的规划方法主要体现在如何发现问题所在，发现问题的方法通常有两种：一是一套诊断过程的技术路线图；二是具体某个环节中发现问题的方法，如实地调查法、游客调查法等。目标导向的规划方法主要围绕确定目标的方法展开，如定性预测法、专家意见法、投入产出分析法等①。

在旅游规划的编制过程中，技术路线的选择也是规划设计方法的体现。编制规划内容时，每一部分又有其独特的方法。例如，在编制旅游发展条件时，SWOT 分析法较为常用，它通过对资源地发展旅游业所具备的优势、机遇以及面临的弱势和挑战等方面进行综合分析，来确定目的地发展旅游业的战略措施和其他原则性问题。再如，以旅游产品为中心的旅游规划思想方法，即以资源为依托，以效益为导向，以产品为中心，合理配套设施，提升服务质量，规范市场秩序，推动旅游发展；在分析旅游地空间竞争时，GIS 技术中的空间分析功能将得到充分利用；还有在大范围旅游资源普查中遥感技术的应用。

总之，旅游规划设计的技术与方法贯穿于整个旅游规划过程，可以是某个景观的设计方法，可以是某项规划内容的编制方法，也可以是某项新技术在区域规划中的应用。随着科学技术的进步，旅游规划方法的科学支撑在不断迭代更新，进而推动旅游规划的执行效率不断提升。技术与方法的科学性体现了规划思维的科学性，从而保证了规划能力的科学性。这种科学性体现在不同层次规划的每一项内容中。在规划编制和实施中应充分运用大数据、云计算、区块链、人工智能等新技术，探索可感知、能学习、善治理、自适应的智慧旅游规划。

---

① 马勇，李玺. 旅游规划与开发［M］. 武汉：华中科技大学出版社，2018.

本章小结

本章从系统论的视角对旅游规划做了全面审视，并阐述了旅游规划过程中坚守的原理和原则，从而延伸出配套的规划内容以及相应的规划设计方法。旅游规划的编制与管理是一个系统工程，需要从制度层面推动落实，从而保证旅游规划文本的科学性和设计的执行力。

思考题

1. 从系统论的角度，谈谈你对旅游规划的认识和理解。
2. 旅游规划的基本原理有哪些，并举例说明相关的应用。
3. 旅游规划有哪些新技术的应用？
4. 一个好的旅游规划文本应具备哪些条件？
5. 名词解释：旅游规划评审、旅游规划审批、国土空间规划。

案例 1-1　中国垦利·黄河国家农业公园总体规划（2017—2025 年）①

在东营市垦利区"国家农业公园县"的全域旅游战略定位下，国家农业公园成为垦利区农旅融合发展的龙头引擎项目。场地位于黄河之滨，总面积 21300 亩，总投资约 40 亿元。该项目在传统农业产业园区规划的基础上，从旅游的视角提升农业的景观性、休闲性、文化性。围绕中国农耕文明的"过去——生活曲、现代——田园诗、未来——梦幻情"这条文化脉络主线，构建"一廊两心三区"的"123"空间布局结构。通过对国家农业公园的解读，开创具有垦利特色的"双加"模式——"农业+""公园+"，以"农业+"为项目基底，以"公园+"为塑形手段，通过八大工程——田园美景打造工程、农耕文化传承工程、农业产业构建工程、美丽乡村建设工程、农民资源整合工程、服务设施配置工程、智慧园区建设工程以及特色品牌塑造工程来打造国内首个以黄河农耕文化为主题的国家农业公园：集田园农业、科普教育、休闲度假等功能于一体的农业公园综合体。

延伸阅读：参与式旅游规划方式，提高规划民主化水平

为加强过程控制，部署部门工作，体现地方诉求，反映部门要求，响应社会

---

① 　资料来源：大地风景文旅集团. 山东东营垦利·黄河国家农业公园总体规划［EB/OL］. http://www.bescn.com/article/7384/.

民意，总体提高规划质量水平，文旅部门先后四次征求各司室意见128条，两次书面征求地方意见，共收到意见168条，合理化采纳103条，其余地方性意见因不宜纳入国家层面而未被采纳。召开专家和企业小型座谈会11次，编制小组集中封闭大规模修改四次，先后共计修改了20余稿。向党中央、国务院53个部门征求意见，共收到相关意见284条，电话沟通协商95次。经研究、讨论、沟通与协商，合理化采纳意见268条，未采纳意见16条。

本次规划征求意见广泛，对于民众意见文旅部门择优采纳，有些地方意见未被采纳的主要原因是按照事权归属的原则属于地方的事务或事权，但根据地方诉求，规划提出了地方与国家工作对接的接口，以便地方对规划的后期执行。未采纳和合理化采纳的部门意见主要涉及的内容包括以下几点：一是关于"1+3"体制问题，中央编办、国务院法制办、全国人大常委会法工委、国家工商总局等部门对"旅游警察、旅游工商分局、旅游巡回法庭"提出了异议，文旅部门把相关内容修改为"鼓励全域旅游目的地根据实际需要依法设立旅游警察、旅游工商分局和旅游巡回法庭"，而不针对所有的旅游目的地。二是统计局等三个部门对旅游增加值占比提出了异议，文旅部门已按照统计局的相关建议，使用了2014年的统计数据，同时使用"旅游业及相关产业增加值占GDP比重"替代"旅游业增加值占GDP比重"。三是住建部对旅游局关于景区体制的改革提出了异议，文旅部门没有采纳该意见，主要理由是根据国务院对文旅部门的职责界定，旅游局承担了规范旅游市场秩序、监督管理服务质量、维护旅游消费者和经营者合法权益的责任。因此，加强对景区及其游客的管理是旅游局的基本职责，但旅游部门不会对国家风景名胜区行使任何管理权。四是环保部建议把"重点开发型"修改为"限制开发型"、"限制开发型"修改为"生态保护型"，文旅部门合理化采纳该意见，在分区原则中增加了"保护优先"的前置要求。五是银监会、中国人民银行、财政部等对旅游企业税费和银行卡刷卡费率等提出了政策性指导意见，文旅部门已经按照相关政策要求对相关内容进行了修改调整。六是财政部对旅游基金的设立方式提出了异议，文旅部门按照相关政策要求，将相关表述修改为"结合出境旅游消费增长，统筹研究旅游发展基金征收方式，以支持国内旅游业的发展"。

此外，对于一些部门提出的增加具体规划内容的要求，文旅部门采取了留下工作接口的原则进行修改，原则上不细化和深化。例如，增加了"鼓励和支持藏羌彝文化产业走廊旅游带、东部滨海旅游带、边境风情旅游带等其他旅游带的形成和发展"。对于工业和信息化部、国家民族事务委员会、国家林业局等部门提出的旅游产业融合性发展，相关部门则对已作了工作安排的内容进行了增补。

第二章　旅游规划与设计研究进展

旅游规划设计多以行业工程实践为主要推动力，相关理论研究要及时跟进。特别是当某项规划设计成果获得较高评价时，就需要及时总结并提炼亮点，以形成示范案例，乃至上升到理论的高度，便于更广范围的推广，使更多后续规划的修订受益。有时，围绕典型案例的研究本身就具有较大的意义，如果能提升至理论的高度，那就扩大了示范案例的影响范围。事实上，优秀的规划设计作品背后一般有科学理论的指导，若没有科学理论的指导，规划设计工程的生命周期及相应的推广则不会持续太久。因此，对旅游规划设计的相关研究是十分必要的。与此同时，对规划设计工程实践的发展历程的总结也是必要的。

第一节　旅游规划与设计相关研究综述

2021 年 6 月 15 日以主题词"旅游规划设计"在中国知网（CNKI）里搜索，发现 1236 篇文献，以相关学术期刊文章和高校硕士论文居多，研究对象主要是某类型旅游目的地的规划、诸多旅游案例地规划，两者均聚焦规划之后的思考，即规划之后的反思。如果说还有什么新研究视角或切入点的话，那就是围绕国家政策导向下出现的热点词汇来展开，如全域旅游、国土空间规划、研学旅行、新型城镇化、生态旅游、智慧旅游、乡村振兴等。不定期期刊《旅游规划与设计》以旅游规划专题形式追踪了旅游规划研究主题及工程实践话题的更迭历程。2023 年 3 月 11 日在万方数据库以"旅游规划设计"为主题词搜索，设置"2013 - 2023 年""CSSCI""仅学术论文"为约束条件，显示 1106 篇研究论文，其关键词如图 2-1 所示，"乡村旅游""乡村振兴""文旅融合"为主要关键词，频次稍低的"特色小镇""传统村落"紧跟其后，说明乡村旅游规划设计是研究者关注较多的话题。

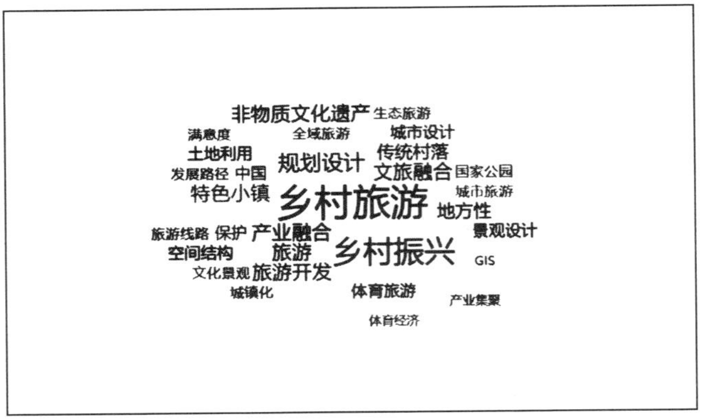

图 2-1　旅游规划设计研究论文关键词频次对比

资料来源：万方数据库。

当前，相关研究论文多把不同类型或层次的规划设计作品以某个主题串联起来实现多元融合，尽可能推动创新。例如，王森等（2019）以陕西绥德名州文化街区的改造实践为例，从城市设计角度，提出了"控规图则+风貌导则"的成果体系，以此实现了对文化旅游街区的保护开发的有机协调①。廖嵘（2006）将非物质文化旅游规划设计过程总结为非物质文化内容—对象化与内化—非物质文化景观—展现设计—游客—感受—非物质的精神境界②。还有钟林生等（2003）对生态旅游规划的系统研究、王艳平和王捷（2009）对温泉旅游的规划实践研究以及黄细嘉和许庆勇（2018）对红色旅游的规划与开发研究等，均体现了在这方面的研究特色。

一、中文相关研究

1. 期刊相关文章研究

体验旅游成为旅游者重要目的之一，李娜（2020）以重庆南川乡村旅游中心区为例，运用 CDTA 体验模型对乡村旅游进行了规划与设计。CDTA 模型是由凯文·思韦茨与伊恩·西姆金斯组建的团队在实地空间观察和分析人在场所和空间中的体验的基础上，结合诺伯格·舒尔茨、克里斯托夫·亚历山大、凯文·林奇等前人有关空间现象学的理论提出的一个空间体验模型。CDTA 由四个基本元素

---

① 王森，李占祥，冯凌乐. 城市设计视角下陕北地区文化旅游街区控制性详细规划编制研究——以绥德名州文化旅游街区为例［J］. 城市发展研究，2019（9）：65-73.

② 廖嵘. 非物质文化景观旅游规划设计［D］. 同济大学博士学位论文，2006.

构成，分别为中心点、方向、过渡和区域①。更有宏观尺度的研究，魏小安和魏诗华（2004）重点阐释了旅游情景规划和项目体验设计的规划要点，以期实现旅游者体验的舒适和规划设计者的特色创新②。许大为和王冬明（2006）对旅游公路景观规划设计方法进行了梳理，提出了景观融合、景观兴奋点、植被恢复与景观设计融合以及"形"与"势"的设计方法，并举例加以推广③。

生态旅游规划也是重点关注的主题。Frank F Sabouri 等（2013）认为，在做生态旅游规划设计时应挖掘当地文化特色、生态体系、民生民情及社会经济利益，并以五大案例来阐释④。陈书芳（2018）以湖南梅山地区生态旅游规划为例，从三个空间尺度提出优化提升路径，涵盖旅游规划的多个空间层次，是一篇较为系统的案例规划研究论文⑤。

中国知网（CNKI）以"旅游规划与设计"为研究主题的发文量年度趋势及主题分布分别如图 2-2 和图 2-3 所示。

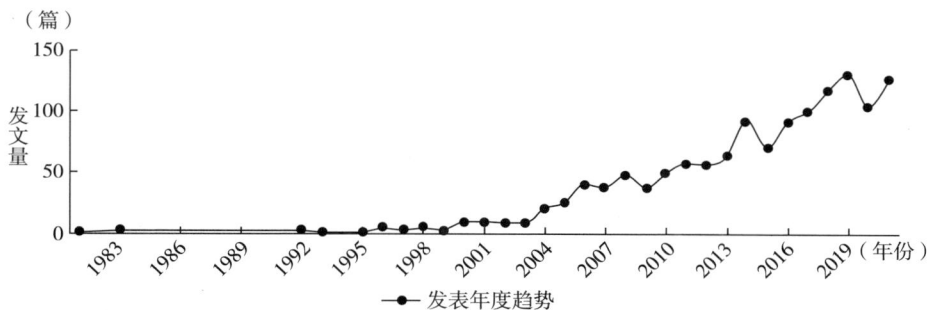

图 2-2　"旅游规划与设计"研究主题发表年度趋势

资料来源：CNKI。

2. 较为系统的专著研究

王钰（2009）在回顾西方发达国家游憩规划发展历程的基础上，将游憩规划

①　李娜. 基于体验的乡村旅游景观规划与设计——以重庆南川大观乡村旅游中心区为例 [J]. 小城镇建设，2020，38（6）：67-71.

②　魏小安，魏诗华. 旅游情景规划与项目体验设计 [J]. 旅游学刊，2004，19（4）：38-44.

③　许大为，王冬明. 基于景观评价的全桂旅游公路景观规划设计研究 [J]. 中国园林，2006（11）：17-21.

④　Frank F Sabouri，李吉来，沈致柔. 快速城镇化进程中的生态旅游规划与设计 [J]. 旅游学刊，2013，28（9）：11-12.

⑤　陈书芳. 基于生态旅游的梅山地区景观格局与规划设计研究 [D]. 湖南大学博士学位论文，2018.

（篇）

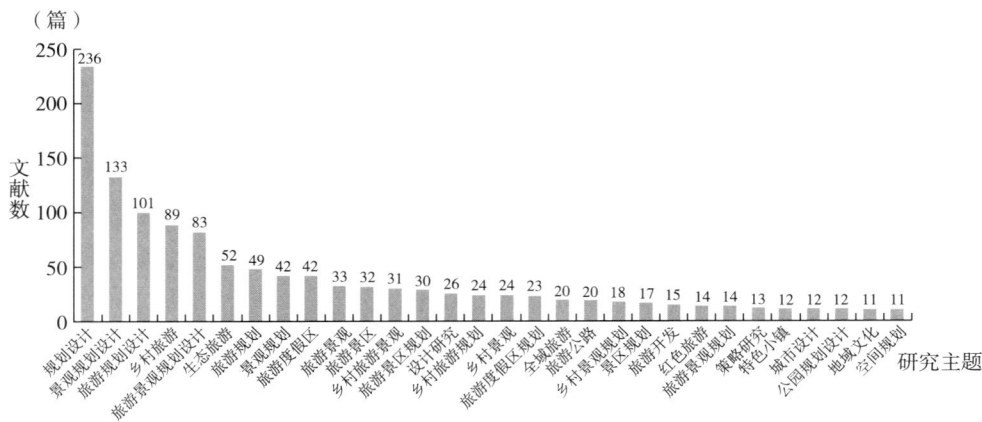

图 2-3 "旅游规划与设计"研究主题分布

资料来源：CNKI。

主要分两个类型，即着眼于实现整体社会理想的城市综合性发展策略和规划和着眼于单方面或多方面游憩条件改善的各类型专业规划，结合我国国情提出了游憩规划的整体框架，并从区域、城市层面进行了相关要点与方法总结①。吴承照和王婧（2019）总结了不同类型遗产保护性利用与旅游发展的模式特点，以此提出了遗产旅游规划的基本内容和技术路线，提炼了遗产旅游规划的理论和方法，并对历史文化街区、历史城镇、自然遗产地三大类型中的多个案例地进行了探讨②。

城市与乡村的旅游规划是研究热点，特别是城市旅游规划，有对城市旅游规划进行系统研究的③④，有对具体城市旅游规划进行研究的，比如承德⑤、扬州⑥；也有对某一类型城市旅游规划进行研究的⑦，重点挖掘城市的休闲度假功能。王云才对乡村旅游规划做了系统的研究⑧，在乡村全面振兴的背景下仍有参考价值。张述林等（2014）构建了"乡村旅游发展规划概念研究—规划理论研

---

① 王钰. 人居环境视野中的游憩理论与发展战略研究［M］. 北京：中国建筑工业出版社，2009.

② 吴承照，王婧. 遗产保护性利用与旅游规划研究［M］. 北京：中国建筑工业出版社，2019.

③ 吴必虎，严琳. 城市旅游规划研究与实施评估［M］. 北京：中国旅游出版社，2010.

④ 吴志强，吴承照. 城市旅游规划原理［M］. 北京：中国建筑工业出版社，2005.

⑤ 严国泰. 城市旅游发展规划案例研究——承德市旅游发展总体规划［M］. 上海：同济大学出版社，2002.

⑥ 东南大学旅游学系，江苏东方景观设计研究院，扬州市旅游局. 扬州市旅游发展总体规划（2002-2020）［M］. 南京：东南大学出版社，2006.

⑦ 吴必虎，黄潇婷. 休闲度假城市旅游规划［M］. 北京：中国旅游出版社，2010.

⑧ 王云才先后出版《现代乡村景观旅游规划设计》《乡村景观旅游规划设计理论与实践》《乡村旅游规划原理与方法》。

究—规划方法研究—规划内容研究—规划实践印证"的整体结构体系①。陈琴（2014）构建了"概念研究—理论研究—方法研究—内容研究—程序研究—实证研究"的整体结构体系，对旅游景观规划设计进行了系统研究②。

3. 规划设计实践研究

旅游规划的实践心得多见于《中国旅游报》，部分心得以论文集的形式出版，例如，刘德谦的《旅游规划七议》提出了旅游修规中应注意的四大战略，即产品扩张战略、市场扩张战略、地域扩张战略、效益扩张战略。具体来说，产品扩张战略有延展型的常规扩张和效益型的产品整合扩张，市场扩张战略有全面行动的常规扩张和适应旅游市场的重点扩张，地域扩张战略包括重新整合资源和有效组合线路，效益扩张战略包括原有效益领域的扩张和效益领域的全面扩张③。北京巅峰智业旅游文化创意股份有限公司课题组结合产业规划实践，出版了《旅游文化创意与规划》《旅游创新开发：巅峰案例》《图解全域旅游理论与实践》等图书，文献对规划行业做出了可推广的示范规划样本。李云鹏（2014）介绍了智慧旅游规划、智慧旅游相关标准规范以及智慧旅游在旅游城市、旅游景区、旅游酒店和旅行社领域的应用④。北京博雅方略旅游景观规划设计院在多年的规划实践中，形成"梦想空间"的规划三维模型，围绕空间范围、规划深度、主题类别展开⑤。

近年来，国家公园规划受到研究者的关注。相关研究多以国家规范或标准、研究系列丛书（理论思考与案例分析）形式呈现，前者以《国家公园设立规范》《国家公园总体规划技术规范》《国家公园监测规范》《国家公园考核评价规范》《自然保护地勘界立标规范》为代表。其中，《国家公园总体规划技术规范》规定了国家公园总体规划的定位、原则、程序、目标、内容、生态影响评价和效益分析、文件组成等具体要求，明确了现状调查评价、范围和分区的指标与方法，提出了保护体系、服务体系、社区发展、土地利用协调、管理体系等规划的主要内容和技术方法，适用于国家公园总体规划的编制、审查、管理和实施评估。国家公园总体规划属于国土空间规划体系的专项规划，是国家公园规划体系的重要组成部分，是国家公园空间管理和发展建设的纲领性文件，具有空间属性、建设属

①　张述林，李源，刘佳瑜. 乡村旅游发展规划研究：理论与实践［M］. 北京：科学出版社，2014.

②　陈琴. 旅游景观规划设计研究［M］. 北京：科学出版社，2014；该系列丛书还有《旅游区总体规划研究：理论与实践》《旅游概念规划研究：理论与实践》《区域旅游规划关键技术研究》《区域旅游发展战略创新研究》《旅游发展规划研究》等。

③　刘德谦. 旅游规划七议［M］. 北京：中国建筑工业出版社，2018.

④　李云鹏. 智慧旅游规划与行业实践［M］. 北京：旅游教育出版社，2014.

⑤　窦文章. 梦想空间：旅游规划方法与实践［M］. 北京：机械工业出版社，2021.

性和管理属性。

后者以国家公园与自然保护地研究书系为代表，具体包括《三江源国家公园生态体验与环境教育规划研究》《内蒙古自治区国家公园与自然保护地体系战略研究》《武夷山国家公园与自然保护地群落规划研究》《国家公园与自然保护地理论与实践研究》《中国国家公园体制建设指南研究》等。

二、英文相关研究

关于旅游规划主题研究，英文研究文章主要集中在《旅游管理》(*Tourism Management*)、《旅游研究纪事》(*Annals of Tourism Research*)、《可持续旅游研究》(*Journal of Sustainable Tourism*)、《旅游地理学》(*Tourism Geographies*)等期刊。研究聚焦于案例地旅游规划的反思及影响，探讨旅游规划之于可持续旅游发展的影响，关于旅游规划理论的探讨相对较少。例如，Rahmafitria 等（2020）以时间轴方式对一般规划理论、旅游产业以及旅游规划理论做了梳理，并对三者的关系做了辨析，总结了一般规划理论、旅游产业发展对旅游规划理论的影响[①]。Lin 和 Simmons（2017）以深圳较场尾为例，验证了社区参与理论对可持续旅游规划的影响，并认为政府部门组织的、非政府组织主导的结构化网络协作有可能成为未来中国公众参与旅游规划的主导范式[②]。Dredge 和 Jamal（2015）从后结构主义知识生产的视角，对旅游规划进行了较为全面的思考。文章通过对 Scopus 和 Science Direct 引擎数据库中相关文献的分析，揭示了旅游规划塑造和政策知识产生的社会规律，并指出与目的地发展和管理相关的多学科、主流学科占主导地位，而对经济和政治结构、利益和价值观的批判性分析则相对滞后[③]。

1. 旅游规划技术与方法研究

Arbolino 等（2021）建立了基于多标准技术的多目标优化模型，并以意大利公共部门起草的招标报告为例，证明该模型在数量和质量方面实现了更好的公共资金分配，从而实现了可持续旅游规划[④]。重视公共参与的研究还表现在少数族

---

① Rahmafitria F, Pearce P L, Oktadiana H, et al. Tourism Planning and Planning Theory：Historical Roots and Contemporary Alignment ［J］. Tourism Management Perspectives, 2020, 35 (2)：100703.

② Lin D, Simmons D. Structured Inter-network Collaboration：Public Participation in Tourism Planning in Southern China ［J］. Tourism Management, 2017, 63：315-328.

③ Dredge D, Jamal T. Progress in Tourism Planning and Policy：A Post-structural Perspective on Knowledge Production ［J］. Tourism Management, 2015, 51：285-297.

④ Arbolino R, Boffardi R, De Simone L, et al. Multi-objective Optimization Technique：A Novel Approach in Tourism Sustainability Planning ［J］. Journal of Environmental Management, 2021, 285 (4)：112016.

裔旅游地的开发与规划方面，如美国印第安人保留地的旅游地可持续发展①。Kantola 等（2018）运用 PPGIS 软件对芬兰某旅游目的地旅游者进行地图问卷测试，问题既涉及旅游者的兴趣点集群，也涉及具体旅游目的地的兴趣点，得到了关于提高旅游者兴趣的建议，从而推动了旅游规划工作的开展②。

2. 重要目的地研究

有研究者以伊朗拉姆萨尔为例，阐述了旅游对当地社区成员生活质量的影响。影响社区成员生活质量的因素与社区成员的参与水平之间也存在显著的关系。研究者还探讨了发展旅游对旅游社区的影响，由此决定社区居民是否支持旅游规划③。多位研究者均谈到了可持续旅游规划的问题，在规划中要特别注意保护旅游资源，强调对旅游发展过程的监测④。有研究者以爱尔兰莫赫悬崖游客中心的解说系统为例，说明低强度营造往往好于高强度营造、旅游者导向优于生产者导向的规划理念⑤。有研究者认为旅游规划应该对居民和传统更加敏感，并能够保证更高水平的遗产邻近性，以实现本土导向的发展战略；具体来说，通过对四组受访者群体进行访谈，发现与以往关注人口学特征的结论不一致，由此提出建议，即旅游规划中对居民关于旅游的看法进行调研时，应注重受访者的个人价值⑥。同样以岛屿目的地为例探讨合作规划的问题出现在 *Journal of Destination Marketing and Management* 中⑦。有研究者对加勒比海地区旅游可持续发展做了追踪和比较研究，聚类分析结果显示该区域重视集群及旅游规划⑧。还有关于菲律

① Spencer D M. Facilitating Public Participation in Tourism Planning on American Indian Reservations：A Case Study Involving the Nominal Group Technique［J］. Tourism Management，2010，31（5）：684-690.

② Kantola S，Uusitalo M，Nivala V，et al. Tourism Resort Users' Participation in Planning：Testing the Public Participation Geographic Information System Method in Levi，Finnish Lapland［J］. Tourism Management Perspectives，2018，27：22-32.

③ Eshliki S A，Kaboudi M. Community Perception of Tourism Impacts and Their Participation in Tourism Planning：A Case Study of Ramsar，Iran［J］. Procedia - Social and Behavioral Sciences，2012，36：333-341.

④ Angelevska-Najdeska K，Rakicevik G. Planning of Sustainable Tourism Development［J］. Procedia - Social and Behavioral Sciences，2012，44：210-220.

⑤ Healy N，Van Riper C J，Boyd S W. Low Versus High Intensity Approaches to Interpretive Tourism Planning：The Case of the Cliffs of Moher，Ireland［J］. Tourism Management，2016，52：574-583.

⑥ Del Chiappa G，Atzeni，Ghasemi V. Community-based Collaborative Tourism Planning in Islands：A Cluster Analysis in the Context of Costa Smeralda［J］. Journal of Destination Marketing and Management，2018，8：41-48.

⑦ Vogt C，Jordan E，Grewe N，et al. Collaborative Tourism Planning and Subjective Well-being in a Small Island Destination［J］. Journal of Destination Marketing and Management，2016，5（1）：36-43.

⑧ Séraphin H，Gowreesunkar V，Roselé-Chim P，et al. Tourism Planning and Innovation：The Caribbean under the Spotlight［J］. Journal of Destination Marketing and Management，2018，9：384-388.

宾群岛①、中国香港、中国澳门②等案例地的研究，主要从旅游规划过程、旅游规划管理等方面展开，时空对比法是主要研究手段。

当然，还有对旅游规划内容中某个环节或部分进行的专题研究，如旅游解说总体规划③。还有以某个旅游区为主的规划研究，如泰山区旅游发展规划研究④。也有围绕某个旅游规划类型展开的系统研究，如旅游发展规划研究⑤、旅游五年发展规划研究等，以及一些偏微观设计方面的研究。

总体来说，以规划文本代替专著的事件在减少，规划工作之后的反思成为撰文写书的主要缘由。对多年规划经验的总结以及国家旅游规划相关标准往往成为研究者的研究方向，目标是上升为国家政策或某个规划类型的国家标准，以更广泛地指导区域或全国旅游业发展。

第二节　旅游规划设计实践进展

旅游规划与设计实践自古就有，当时的旅游市场规模小，旅游产品也少，大多是向少数人提供旅游服务，系统的旅游规划需求并不多。如果说有，多表现为旅馆方面的规划设计、为旅游者设计旅游路线以及围绕自然山水所做的景观规划，围绕城市规划而做的郊野旅游区规划则比较少。当时，旅馆规划的房间数一般比较少，接待人数有限，居住者多为商人或赴外地的考生。近代旅游业兴起以来，旅游规划设计的问题随之而来，如旅游住宿条件、旅游接待与解说、旅游规划成本等方面的问题。近代旅游规划多先从酒店、旅馆的详细设计和工程规划开始，旅游要素规划过程中除了考虑施工条件外，更考虑宏观的科学选址。真正较为系统性的旅游规划则出现在 1945 年以后。旅游规划发展阶段论如表 2-1 所示。

---

①　Maguigad V M. Tourism Planning in Archipelagic Philippines: A Case Review [J]. Tourism Management Perspectives, 2013, 7: 25-33.

②　Wan Y K P. A Comparison of the Governance of Tourism Planning in the Two Special Administrative Regions (SARs) of China-Hong Kong and Macao [J]. Tourism Management, 2013, 36: 164-177.

③　[美] 约翰·A. 维佛卡. 旅游解说总体规划 [M]. 郭毓洁，吴必虎，于萍，译. 北京：中国旅游出版社，2008.

④　王雷亭，等. 泰山区旅游发展规划研究 [M]. 济南：山东人民出版社，2014.

⑤　张述林，高鑫. 旅游发展规划研究 [M]. 北京：科学出版社，2014.

表 2-1　旅游规划发展阶段论

提出者	国内发展阶段	国际发展阶段
范业正（1998）	前期探索阶段（1980~1986 年）、实证研究阶段（1987~1996 年）、理论研究阶段（1997 年至今）	初始（20 世纪 30~70 年代）、过渡阶段（20 世纪 70 年代后期）、快速发展阶段（20 世纪 80 年代）、深入发展阶段（20 世纪 90 年代）
马耀峰（2011）	旅游产业地位：事业型发展规划阶段、事业型向产业型过渡阶段、产业型发展规划阶段。指导思想：资源导向型（1979~1989 年）、市场导向型（1990~2000 年）、产品导向型（2001 年至今）。专家群体：以地理科学专业人员为主，城市规划人员群体介入、政府主管部门介入、各学科专业人员介入。发展进程：前期探索阶段（1980~1986 年）、实证研究阶段（1987~1996 年）、理论研究阶段（1997 年至今）	初始（20 世纪 30~70 年代）、过渡转变阶段（20 世纪 70~80 年代）、快速发展阶段（20 世纪 80~90 年代）、深入研究阶段（20 世纪 90 年代至今）
杨晓霞和向旭（2013）	资源基础阶段（1979~1991 年）、市场导向阶段（1992~2002 年）、目的地整合阶段（2003 年至今）	萌芽（20 世纪 30~50 年代）、起步阶段（20 世纪 50 年代末至 20 世纪 70 年代中期）、过渡阶段（20 世纪 70 年代后期）、快速发展阶段（20 世纪 80 年代）、深入发展阶段（20 世纪 90 年代至今）
马勇和李玺（2018）	起步阶段（20 世纪 70~80 年代初期）、积累阶段（20 世纪 80 年代中期至 90 年代末）、快速发展阶段（20 世纪 90 年代末至 21 世纪初期）、规范化与创新发展阶段（21 世纪初至今）	初始（20 世纪 30~50 年代末）、推广阶段（20 世纪 60 年代至 20 世纪 70 年代初）、综合发展阶段（20 世纪 70~80 年代）、快速发展阶段（20 世纪 80~90 年代）、深入发展阶段（20 世纪 90 年代至今）

一、全球旅游规划设计实践进展

全球具有标志性的规划事件是 1959 年美国夏威夷州总体规划文本的出台。该规划成果已接近现代规划文本的水平，具有较大的影响力，成为海岛型旅游目的地规划开发的一个蓝本。之后，英国、法国、加拿大等国也有相应的旅游规划实践。此时，规划师多围绕旅游资源的开发进行研究、实践。

20 世纪 70 年代后期，随着其他区域国家发展旅游的需求日益旺盛，在联合国的帮助下，加勒比海、东南亚、太平洋岛国等区域兴起了规划热潮，并且这种趋势开始向非洲国家扩展。为此，世界旅游组织出版了《综合规划》，为发展中国家提供技术指导。此时的规划围绕旅游资源展开，积极创造新的旅游产品和更新旧的旅游区，出了不少总结性的书籍和论文。其间，旅游的社会影响引起了规划界的重视。

20世纪80年代以来，"发展旅游需要系统的规划"逐渐被相关国际组织及大多数国家接受，因此，大规模的综合旅游规划开始了。在诸多规划实践中，规划人也适时总结，例如，1998年规划大师甘恩（Gunn）提出了"旅游系统"的概念，对当时的旅游规划影响很大。因斯凯普（Inskeep）的旅游规划标准程序框架对规范旅游规划内容起了重要作用。

进入21世纪后，旅游目的地的可持续发展成为旅游规划的重要内容。由于大众旅游者的需求日益多元化，除了新开发地仍需要系统规划之外，宏观发展规划逐渐减少。一些微观层面的旅游创意设计成为当前规划实践的主要内容。规划主体不再是政府部门一家主导，众多民营企业也参与到规划实践中，从而增加了旅游规划市场的竞争性，也有利于催生新的旅游产品。此时，旅游规划文本更多是政企合作的结果。

当前，世界旅游规划难度加大，资源—产品与需求市场的匹配往往需要跨洲际的交通连接。以旅游产业立国的国家更是如此，其收入主要依靠入境旅游者的消费来支撑。于是，对客源地的市场预测需要更精准，以反映个性化的多元需求。同时，需要格外重视旅游规划的支撑系统，以保障旅游活动足够安全和旅游资源有较大的吸引力。因此，当前的世界旅游规划需要外交部门及外交政策的支持，也需要入境旅游大国规划师的参与，更需要世界旅游组织及其他超国家组织的协调与指导。

二、中国旅游规划设计实践进展

中国的旅游规划是自改革开放以来才大规模推进的。1978年邓小平同志明确指出"旅游事业大有文章可做，要突出地搞，加快地搞"，并提出要很好地制定一个发展规划。1979年，邓小平同志在视察黄山时明确指示，发展黄山旅游"省里要有个规划"，同年，《关于1980年至1985年旅游事业发展规划（草案）》出台。

在具体编制旅游规划时，起步阶段如果没有统一的规划规范，那么旅游目的地往往各搞各的，评审专家往往由多个专业背景人员组成，规划师大多围绕旅游资源的利用方面来展开规划。比较重要的旅游规划（含延伸研究）有郭来喜等的《华北海滨风景区昌黎段开发研究》、杨冠雄等的《厦门旅游总体规划》、郭康的《秦皇岛市老岭旅游资源的开发战略》、陈传康和徐君亮的《陆丰县海滨旅游资源开发层次结构》以及保继刚和彭华的《旅游地拓展开发研究——以丹霞山阳云石景区为例》。以旅游资源规划为中心，逐渐形成了旅游资源的分类、调查、评价体系，旅游规划的框架基本形成。但围绕旅游资源来做规划存在一定的风险：挖掘旅游资源的价值本身没有问题，但若不顾市场需求，盲目规划、仓促上马，旅游目的地的健康、持续发展就存在安全风险。

随着人们对旅游业的产业性质的认识的转变，旅游规划由原来的资源主导，逐渐向市场主导转变，而且形成了规划规范。例如，《旅游规划通则》认定了一批旅游规划资质单位，从而使旅游规划质量得到一定的保障。受社会主义市场经济体制建设大潮的影响，20世纪90年代起，旅游规划开始重视市场分析或客源分析，由此旅游目的地形象及旅游产品的规划变得更有针对性。但市场经济也有弊端，如旅游市场中同质产品的无序竞争。对旅游规划来说，过分追求高大上的目标，不考虑资源禀赋以及市场瞬间变化的事实，会使规划的执行力打折扣。更为严重的是，只注重旅游景区规划开发，忽视对景区之外的风景，特别是旅游交通沿线景观的建设，同样不能让旅游者获得完整的美感体验。另外，区域之间、区域内部旅游景区之间存在重叠区，进而产生区域竞争，因此仍需要回归规划编制本身，从政策方面加以引导规范。

随着新技术的发展，当前的中国旅游规划已经进入一个创新发展的时代，创新团队人员来自海内外，编制内容也更加灵活。旅游规划编制也发生了根本性的变化。例如，全域旅游示范区规划、数字旅游规划、智慧旅游规划、文旅度假小镇规划等正成为规划的重要主题。当前，旅游规划师特别注重创意设计，即围绕微观的局部空间来发挥想象力，以营造一个别样的旅游天地。旅游业发展规划编制已较为规范，加上法律政策的引导与约束，一般不会跑偏，更多需要注意的是处理发展规划不同层级的协调问题。从多个空间尺度来整合区域旅游发展，是当前旅游管理规划的重要方向。

第三节　旅游规划发展趋势

旅游规划设计研究与实践同样重要，规划文本中研究性内容的比重日益提高，同时旅游规划主题研究的深度在下沉，两者都指向一个目标，那就是规划要点、标准上升为旅游规划标准或旅游规划政策，从而提高整个规划系统的执行效率。通过梳理，我们发现旅游规划设计的研究趋势主要表现在以下几个方面：

一、旅游规划合作的空间在拓展

旅游规划市场的主体性决定了旅游规划合作的必然性。随着国际旅游者日益增多，全国多个知名旅游目的地正在更新规划，以满足主要客源市场的旅游者的新需求。特别是旅游国际组织数量的攀升及配套成员国数量的递增，为规划合作提供了平台，如近几年成立的世界旅游联盟。

近年来，线性文化遗产旅游的兴起，成为所涉区域国家合作的理由。例如，联合申报世界遗产地、联合编制保护规划文本，其旅游发展规划同样有合作的必要；"一带一路"经济带沿线国家和地区的这种需求变得十分紧迫。还有很多经济合作组织，也衍生出旅游规划合作的需求。当然，这种合作也与全球旅游产业链条化趋势直接相关。特别是在全球合作的关键领域，如全球变暖、全球可持续发展、世界遗产地保护与监测等领域，均涉及合作的问题，旅游合作是一个突破口，由此共同推进旅游规划的落实就变得较为可能。乘着中外合作持续深化的东风，我国在旅游规划人才、旅游规划方法、旅游规划理论、旅游规划技术方面的水平将得到持续提升。

二、旅游规划编制模式及人员的多元化

根据以往旅游规划经验，同一类型的旅游资源或旅游目的地在编制规划文本时，容易出现重复，特别是新辟旅游地，往往会参考已发展起来的旅游目的地的规划文本，这是规划行业的常态操作。这样的做法虽然在推动旅游大规模开发以满足大众旅游者的需求方面是有效的。但在今天来看显然不行了。旅游地空间竞争，特别是邻域同类型的发展竞争已非常激烈，为了获得可持续发展，改变原有的编制模式，采取"一地一策"规划模式将成为常态，这是由旅游者需求多元化决定的。例如，即将到来的乡村旅游规划大潮，"一窝蜂"齐上显然不行，得有步骤、有特色地梯度推进。当然，旅游规划的编制首先得从规划人员结构方面做起，如团队学科背景、专业结构、年龄结构、组合效率等。

旅游规划是一个综合性很强的科学，要融合多学科的知识，发挥各学科的优势，形成一种综合的知识结构和体系。

三、旅游规划的竞争日益激烈化

随着旅游业在全球日益受到重视，多数国家都将旅游业发展作为重要的支撑力。为了吸引全球旅游者，目的地国家铆足了劲儿开发新的、具有创意的旅游产品，一个高质量的旅游规划成为取胜的重要一步。具备市场竞争力的不再是封闭的、模式化的规划，而是具有国际范儿，也具有民族和地方特色的规划。归根结底就是地方文化旅游在国际表达方面的竞争。近年来，中国和许多旅游发达国家或者重要旅游客源地国家联合办旅游年，就是在淡化旅游市场竞争，以谋得更加主动的竞争优势。要提升旅游产业的竞争力，还不能完全放任自由市场，要做好

短期规划和长远谋划，这样才能在日益激烈的旅游市场竞争中赢得主动。

四、旅游规划文本日益数字化

目前，旅游规划文本的编制不再限于评审目标，而是要成为动态演化路径图，比较看重路线模拟的内容占比。立体的动态模拟比平面的静态对比更具执行力。事实上，日新月异的现代科学技术直接为旅游规划与设计提供了强有力的支撑，为旅游规划的技术和方法带来了技术革命，如 3S 技术、大数据、全息影像技术、LBS 定位技术、移动技术、无人技术、数字孪生技术等；也为情景式旅游规划模拟创造了条件，使旅游规划成为可预测、可调控的数字化文本，大大增强了旅游规划的前瞻性和科学性。随着"互联网+旅游"的日益融合，数字旅游规划将成为常态。以云计算、物联网、人工智能、大数据为代表的新一代信息技术为旅游科技创新提供了不竭动力，正在全面提升旅游运行效率和消费体验，加速推动旅游规划编制数字化变革。

《"十四五"文化和旅游科技创新规划》提出，要完善文化和旅游领域科技融合发展的顶层设计，协同有关部门建立和完善文化和旅游科技创新政策体系；加强各级科技创新资源的全面投入，推动科技部门加大对文化和旅游科技项目的支持力度，推动财政加强对文化和旅游科技创新的投入。加强文化和旅游专利技术和知识产权保护体系建设。

五、主题旅游创新规划将得到青睐

旅游产品主题的变化显示着时代之需的变迁，渐进式主题创意规划正在成为趋势。例如，卡通剧与主题公园的无缝对接成为主题公园野蛮生长的主要方式，先是创造故事、完美故事然后才是创设情境，通过光、电技术使旅游者身临其境体验，从而获得某种体验满足感。主题创设主要还是将传统文化元素搬上荧屏，当获得较大范围的认可后，再以旅游产品的形式出现在大众面前，这种体验不再是原著的场景，而是通过影视演员再加工、旅游景区再创意而成的最终产品，旅游者往往比较喜欢。因此，通过旅游解说及展示讲好地方故事，将在未来旅游规划中得到更多的体现。

总之，全球旅游业的发展势头较为强劲，旅游者需求变化时间间隔在缩短，前瞻性的旅游规划一定得提前做好应对工作，做出指引旅游目的地可持续发展的可行方案。这样的旅游规划才是科学的，才能长期站得住脚，也才能获得发展的强大动力。当前，情景规划以及项目体验设计正在成为旅游规划设计的主流。

本章小结

从学术层面，搜索了旅游规划与设计相关研究文献，进行了较为系统的总结与评价。从历史发展视角，对中外旅游规划史做了简要梳理。依据理论研究、行业发展动态，对旅游规划设计未来发展的方向形成了自己的判断。

思考题

1. 谈谈旅游规划设计的研究动态。
2. 谈谈旅游规划设计的发展动态。
3. 结合实例，谈谈旅游规划的发展趋势有哪些？
4. 结合实例，谈谈您对旅游规划设计研究的展望。

案例 2-1　兼顾生态保护与游憩利用的《三江源国家公园总体规划（2023—2030 年）》①

2023 年 8 月，三江源国家公园管理局发布《三江源国家公园总体规划（2023—2030 年）》（以下简称《总体规划》）。《总体规划》由三江源国家公园基本情况、总体要求、总体布局、保护管理体系、监测监管平台、科技支撑平台、教育体验平台、和谐社区、保障措施九个章节构成。《总体规划》明确了三江源国家公园体制试点区域面积 12.31 万平方千米，涉及治多、曲麻莱、玛多、杂多四县和可可西里自然保护区管辖区域，共 12 个乡镇、53 个行政村。在坚持严格保护的同时，也强调生态体验和环境教育内容。

中国生态环境在工业化思维下遭到破坏，国家公园由地方政府管理并依赖门票经济造成旅游过度开发，国家公园作为公共产品的游憩供给又严重不足等因素，导致我国的国家公园必然选择保护第一、利用第二。所有与生态保护相矛盾的，都必须让位于生态保护。与生态保护兼容的环境教育、生态体验和一些社区的传统生活方式，则可以保留。国家公园好比一个吸铁石，是可以吸引很多资源和人气的。在国家公园边界内，要以保护自然生态系统的原真性、完整性为最高目标，但由于国家公园也兼具科研、教育、游憩等功能，地方可以在公园边界之外生态不太敏感的地区，建立旅游服务设施。《总体规划》对弹性管理做了一定的尝试，比如在国家公园边界区域，实事求是地确定一定范围的缓冲带、自然教育体验带、外围保护带等，由国家公园管理机构和当地政府协同管理。

此次公布的《总体规划》中，用了一节对开展生态体验与环境教育活动做

---

① 资料来源：https：//www.forestry.gov.cn/c/www/lcdt/518713.jhtml。

了具体详细的规定：核心保育区不设生态体验点，依托生态监测点开展以科研和环境教育为主要目的的生态体验；生态保育修复区在严格论证和科学设计的基础上，适度开展生态体验和环境教育活动，除配备必要的进入设施和安全设施外，不得修建人工设施；传统利用区依托社区、居民点和监测设施等提供必要的服务，严格限制商业经营性旅游活动，允许以特许经营方式适度开办牧家乐及文化和餐饮娱乐服务等，但要严格控制访客流量。依托公园外支撑服务区域，建设必要的生态体验和环境教育接待服务基地，通过特许经营的方式适度发展生态旅游。

第三章　旅游业五年规划布局

习近平总书记曾指出：规划科学是最大的效益，规划失误是最大的浪费，规划折腾是最大的忌讳。在中国旅游业 40 多年的发展中，可以说五年规划和十年中长期规划发挥了重要引领作用。党的十九届五中全会以及《中华人民共和国国民经济和社会发展第十四个五年规划和 2035 年远景目标纲要》对未来旅游业做出了战略部署，明确了推动文化和旅游融合、推进大众旅游和智慧旅游，提出了建设一批富有文化底蕴的世界级旅游景区和度假区、打造一批文化特色鲜明的国家级旅游休闲城市和街区、发展红色旅游和乡村旅游等重点任务，要求旅游业在坚持旅游为民、实施旅游带动方面做出更大努力。党的二十大报告首次出现"旅游"字眼，强调"以文塑旅、以旅彰文"，要求"推进文化和旅游深度融合发展"，为中国旅游业的发展指明了方向。

第一节　旅游业五年规划

一、"五年规划"相关内容概述

"五年规划"曾于 20 世纪中叶风靡全球，成为国家干预和调控经济发展的重要手段，后于 20 世纪 90 年代随着苏联解体而被大多数国家抛弃。中国仍然保留了制定五年规划的习惯并延续至今，成为推动经济起飞、国家转型和社会发展的有力管理工具。本节中的"五年规划"特指中国的五年规划，全称为中华人民共和国国民经济和社会发展五年规划纲要，主要规划国家重大建设项目、生产力布局和国民经济重要比例关系等，为国民经济发展规定目标和方向。五年规划的编制是我国政治生活中的大事件，是国家治理实现的重要手段，是关乎国民经济和社会发展的重大事件。

编制五年规划是把五年看作一个向前推进的步伐。每五年编制一次，与国家或区域综合规划同步编制。五年规划的制定一般需要两年多的时间，需要经过课题研究阶段、思路形成阶段、规划纲要起草及专项规划形成阶段、广泛征求意见和充分衔接阶段，完成以上步骤后提交全国人民代表大会讨论审议。五年规划制定的简要程序包括：首先党中央提建设性意见，国家行政部门起草；接着全国人民代表大会专门委员会对规划进行提前审议；再由国务院总理在全国人民代表大会上提出，两会召开之际，两会委员进行审议；最后大会审议通过五年规划纲要并正式发布，再由国家行政部门分工落实。

"五年规划"对旅游业发展的影响是深远的。从"六五"计划开始，旅游业即已被纳入国民经济和社会发展计划，虽然尚未形成单独制定"五年规划"的惯例，但旅游规划项目并没有因此受到影响，规划工程实践机会仍然不断涌现。具有地域特色的目的地发展规划促进了当时旅游产业的发展。随着旅游产业发展深入，可持续发展成为旅游业五年规划不可回避的目标，加上旅游业在整个社会经济发展中的贡献越来越大，旅游产业的"五年规划"就成为旅游业发展最高层次也是最重要的刚性指导文件。这个"五年规划"不同于旅游目的地的"五年规划"，而是从更高层次、更广尺度对区域旅游业阶段性发展的宏观指导。

例如，党的第十七届中央委员会第五次全体会议对"两大战略基点"和"两大战略重点"做出了系统部署，两大战略基点是科学发展和转变经济发展方式，两大战略重点是把扩大消费需求作为扩大内需的战略重点，把推动服务业大发展作为产业结构优化升级的战略重点。《中国旅游业"十二五"发展规划纲要（征求意见稿）》提出，到"十二五"期末，旅游业初步建设成为国民经济的战略性支柱产业和人民群众更加满意的现代服务业，在扩内需、调结构、保增长、惠民生的战略中发挥更大功能。对标总的发展规划，旅游规划还提出，产业规模进一步扩大，旅游市场主体培育初见成效。旅游消费成为国民消费的热点和重要增长点。旅游业成为推动现代服务业创新发展、调整优化国民经济结构、促进发展方式转变的重要力量。

二、旅游业五年规划的编制

1986～2000 年就已经有旅游事业发展规划，规划时限虽然超过五年，但促成了旅游事业被列入国家的"七五"计划。实际上，每个行业一般都有五年规划，与国家或地区综合发展规划同步编制。党中央、国务院高度重视文化和旅游业的发展，并将其纳入国家重点专项规划体系。2016 年开始，旅游业发展规划纳入国家重点专项规划，《"十三五"旅游业发展规划》提出，以转型升级、提质增效为主题，以推动全域旅游发展为主线，加快推进供给侧结构性改革，努力建成全面小康型旅游大国，将旅游业培育成经济转型升级重要推动力、生态文明建设重要引领产业、展示国家综合实力的重要载体、打赢脱贫攻坚战的重要生力军。上述提法与国家"十三五"发展规划总基调是吻合的。

具有中国特色的五年规划制度主要通过适应性宏观计划和激励性目标治理，动员政府、市场、社会等多方力量共同实现国家目标，是国家治理体系的重要组成部分[①]。例如，《中华人民共和国国民经济和社会发展第十四个五年规划和2035年远景目标纲要（草案）》与党的十九届五中全会通过的《中共中央关于制定国民经济和社会发展第十四个五年规划和二〇三五年远景目标的建议》紧密衔接，规划纲要草案是建议的进一步展开和细化，对所涉行业规划也有同样的指导作用。"十四五"规划有三个创新点，即创新指标体系、突出重大工程或项目、强化空间布局[②]。

《"十四五"旅游业发展规划》突出文旅融合主题，强调现代文化和旅游产业体系的构建，继续推进全域旅游向纵深发展。《"十四五"旅游业发展规划》的编制是综合国家"十四五"规划纲要、地方文化和旅游产业发展规划草案、专家建议、民意等出台的，既贯彻了国家发展理念，又统合地方的积极性，从而有利于各地方文化和旅游事业或产业的开展。有了这个基本框架，各地方在上位规划的基础上，继续细化和拓展，形成一个顶层设计与底层落实两个统合的局面，从而有利于发挥中央和地方两个方面的积极性，更有利于规划蓝图的有效落实。其间，各级文旅部门领导积极深入一线，听取旅游者、旅游企业、旅游社区的未来期待，从根本上保障了规划的群众基础，为规划的落地扫清了障碍。

案例3-1 江西武夷山镇"十四五"规划中的旅游篇章（节选）[③]

一、战略定位

围绕县委、县政府"全面融入上饶中心城区、建设现代化美丽新铅山"这一总目标，以"打通南北武夷大屏障，争当文旅融合排头兵，建设美丽幸福新武夷"为发展思路，强化创新驱动力、项目带动力和改革推动力，在武夷山镇打造铅山县文化旅游融合发展示范区。

围绕"中心集散、全域融通、区域协作"的思路，高标准编制武夷山镇全

---

① 尹俊，徐嘉. 中国式规划：从"一五"到"十四五"［M］. 北京：北京大学出版社，2021.

② 董煜. "十四五"规划纲要的基本特点［N］. 中国纪检监察报，2021-03-11（7）.

③ 资料来源：铅山县武夷山镇政务网。

域旅游规划，释放优质资源，加速发展"大旅游"。以车盘村为武夷山镇全域旅游的集散地，以文旅康养项目为重点，辐射擂鼓岭、仙山岭、共产主义劳动大学等多个各具特色的区域，促进文化旅游协同共生发展，形成武夷山镇全域旅游新格局。

二、发展思路

释放优质资源，丰富旅游业态，以文旅融合发展引领"大旅游"。在做好生态保护的前提下，开发旅游新业态，做旺"生态旅游"，力争把北武夷打造成铅山"大旅游"发展的又一新引擎。

（1）借力国家公园，做活"世界遗产游"。以生态保护为前提，高标准打造，从整体规划、景观设计、旅游线路、资源保护，到标识标牌设计等，用足"绣花"的功夫，展示好这里的自然美学价值、生态价值、生物多样性价值和地域文化价值，让精品、精美、精彩的铅山武夷风光走出铅山、走向全省、走向全国。

（2）建设康养文旅小镇，做旺"生态旅游热"。全力引进大企业、大项目，打造武夷国际康养度假区，做好文旅康养小镇建设项目和全域旅游集散中心建设项目。建成红茶民俗风情街区、慢村民宿等一批康养度假配套设施，同时依托于北武夷稀缺的自然资源优势，积极对接承办商业会展、文旅康养和各类茶文化活动，扩大武夷山康养文旅小镇知名度。

（3）规范发展民宿产业，做强"休闲度假游"。依托北武夷得天独厚的青山绿水资源，大力推广休闲度假游，规范仙山岭、篁村、草坪、肖家源等地的民宿产业发展，提升服务质量，打造现代旅游民宿产业。

（4）挖掘"红色"文化，做热"红色旅游"。深入挖掘石垅、东坑等地红色资源，提炼本地特色红色文化并加以保护。依托武夷山共产主义劳动大学平台，探索打造"知青年代"影视基地，扩大武夷山镇的知名度。

（5）开发现代旅游业态，拉长"旅游服务链"。积极向南武夷学习，在保护中开发现代旅游新业态，积极引进山水文艺演出、室外拓展、珍奇动植物研学基地、传统特色饮食文化等项目，拉长旅游服务链条，全方位满足游客旅游消费需求。

（6）升级旅游基础设施，提升"游客满意度"。着力在旅游基础设施上补齐短板，因地制宜新建旅游集散地、停车场、旅游公厕等一批功能性旅游配套项目。

第二节 "十四五"旅游业规划与空间布局

进入新时代后，我国社会主要矛盾发生变化，对旅游发展提出了新要求，为旅游业的发展拓展了新空间。人民日益增长的美好生活需要带动旅游需求逐步由注重观光向兼顾观光与休闲体验转变。旅游业发展过程中"有没有"的问题已经基本解决，"好不好"成为更加重要、紧迫的考量指标，因此，旅游规划要满足不同群体、不同层次的需求。旅游景区将推出更多定制化的旅游产品、旅游线路，大力推进"旅游+""+旅游"，以进一步激发旅游消费活力、做大经济新增长点。

《"十四五"旅游业发展规划》是在建设文化强国、旅游强国和文旅融合的大背景下出台的。具体来说，已出台的配套规划主要有《"十四五"文化和旅游发展规划》及8个专项子规划、《"十四五"文化和旅游科技创新规划》《"十四五"公共文化服务体系建设规划》《粤港澳大湾区文化和旅游发展规划》，以及地方各级文化和旅游发展规划（如《广东省"十四五"旅游业发展规划实施方案》）。

一、指导思想与基本原则

指导思想是规划落实的指南，是指导规划执行的纲领性文件。基本原则是在旅游规划期限内遵守的准则或规范，旅游规划的基本原则是指导思想的具体化。《中华人民共和国旅游法》第二十四条规定，国务院和县级以上地方人民政府应当根据实际情况安排资金，加强旅游基础设施建设、旅游公共服务和旅游形象推广。

《"十四五"旅游业发展规划》的指导思想和基本原则，既受《中华人民共和国旅游法》的约束，也受《中华人民共和国国民经济和社会发展第十四个五年规划和2035年远景目标纲要》的指导，该目标纲要中提出，推动文化和旅游融合发展；推动文旅体育等消费提质扩容，加快线上线下融合发展。"数字化应用场景"专栏中的"智慧文旅"部分明确提出，要推动景区、博物馆等发展线上数字化体验产品，建设景区监测设施和大数据平台，发展沉浸式体验、虚拟展厅、高清直播等新型文旅服务。

1. 指导思想

《"十四五"旅游业发展规划》坚持以习近平新时代中国特色社会主义思想

为指导，将习近平同志关于文化和旅游工作的一系列重要指示精神贯穿于规划全篇，注重把握新发展阶段、贯彻新发展理念、构建新发展格局，突出高质量发展的主题，把中央决策部署转化为"十四五"时期文化和旅游发展的科学思路和扎实举措，着力推进文化铸魂、发挥文化赋能作用，着力推进旅游为民、发挥旅游带动作用，着力推进文旅融合、努力实现创新发展，是十四五时期推动旅游业发展的基本保障。《"十四五"文化和旅游发展规划》指出，"十四五"时期我国文化和旅游发展仍然处于重要战略机遇期，要以社会主义核心价值观为引领，固本培元，守正创新，围绕举旗帜、聚民心、育新人、兴文化、展形象的使命任务，以推动文化和旅游高质量发展为主题。

《"十四五"旅游业发展规划》指导思想篇提出，以推动旅游业高质量发展为主题，以深化旅游业供给侧结构性改革为主线，注重需求侧管理，以改革创新为根本动力，以满足人民日益增长的美好生活需要为根本目的，坚持系统观念，统筹发展和安全、统筹保护和利用，立足构建新发展格局，着力推动文化和旅游深度融合，着力完善现代旅游业体系，加快旅游强国建设，努力实现旅游业更高质量、更有效率、更加公平、更可持续、更为安全的发展。

2. 基本原则

旅游规划的基本原则是旅游规划编制的主要依据，是旅游开发中所遵守的、不能破坏的规范，体现了旅游规划的基本价值。编制旅游规划应当遵循社会效益、经济效益、生态效益相统一的原则，坚持以人为本、保护优先、统筹协调、可持续发展，尊重和维护当地传统文化和习俗，维护资源的整体性、文化代表性和地域特殊性，保护资源原有机理和风貌，突出产品的地域特色和地方文化特色。旅游规划基本原则的确定是规划编制者对旅游的发展规律和当前旅游业发展的主要矛盾的综合考虑结果。不同规划类型所遵循的原则并不一样。《"十四五"文化和旅游发展规划》将坚持正确方向、坚持以人民为中心、坚持创新驱动、坚持深化改革开放、坚持融合发展作为基本原则。

（1）坚持正确方向。以社会主义核心价值观为引领，固本培元，守正创新，坚持把社会效益放在首位、实现社会效益和经济效益相统一。《"十四五"文化和旅游发展规划》坚持以习近平新时代中国特色社会主义思想为指导，围绕统筹推进"五位一体"总体布局和协调推进"四个全面"战略布局，立足新发展阶段，贯彻新发展理念，构建新发展格局，推动旅游高质量发展，深化旅游供给侧改革。正确方向以正确的政治方向为首，同时还包括正确的舆论方向和正确的规划执行方向。

（2）坚持以人民为中心。旅游业是幸福产业，旅游是人民生活水平提高的重要标志。进入新时代后，人民群众对旅游产品多样化、高品质、特色化发展提出了更高要求。在大众旅游方面，"十四五"时期将进一步丰富和优化旅游产品体系，加大对国家文化公园、红色旅游、乡村旅游、体育旅游、冰雪旅游、海洋旅游、休闲度假旅游等新产品的开发。推动全面落实带薪休假制度，扩大假日消费，满足大众旅游需求。坚持以人民为中心彰显了我国旅游业始终把人民对旅游业的满意放在最高位置的原则，也凸显了改革发展成果人人共享的原则。人民对美好生活的向往包括每个人都有旅游的机会，在旅游中实现自己的学习梦，规划文本的制定也要听取人民的心声，人民满意不满意、高兴不高兴、答应不答应成为规划文本评审能否通过的基本判断标准。

（3）坚持创新驱动。突出创新的核心地位，把创新作为引领发展的第一动力，全面推进模式创新、业态创新、产品创新，大力发挥科技创新对文化和旅游发展的赋能作用，全面塑造文化和旅游发展新优势。创新驱动旅游业由传统资源、低水平要素向高质量创新领域转变，让旅游业充满创新活力，进而增强旅游业的创造力和竞争力，推动我国旅游业由粗放型向集约型发展转变。创新驱动是建设现代旅游体系的基本动力和源泉，包括服务创新、管理创新在内的系统性创新将极大提升旅游产业的竞争力。

《"十四五"旅游业发展规划》提出了更为具体的基本原则，即坚持以文塑旅、以旅彰文，坚持系统观念、筑牢防线，坚持旅游为民、旅游带动，坚持创新驱动、优质发展，坚持生态优先、科学利用。在坚持创新驱动、优质发展原则上，细化为：服务构建新发展格局，创新体制机制，广泛应用先进科技，推动旅游业态、服务方式、消费模式和管理手段创新提升，发展智慧旅游。这与《"十四五"文化和旅游发展规划》中的相关表述虽略有区别，但从总体上来说是统一的。

（4）坚持深化改革开放。紧扣新发展阶段、新发展理念、新发展格局，紧盯解决突出问题，推进文化和旅游领域深层次改革，加强改革系统集成，发挥改革整体效应，推进文化和旅游领域高水平对外开放。改革开放包括对内改革创新和对外搞活开放。对内改革应坚持全面深化旅游业综合改革，系统推进和重点突破相促进，通过改革释放旅游业的动力和活力，形成多层次共同发展的协调机制。对外开放应统筹国际国内两个大局，用好两个市场、两种资源，提升国家旅游产业竞争力，形成内外联动、相互促进的发展格局。旅游产业是对外开放较早、引进外资程度较高的产业之一。"十三五"期间，出入境旅游发展健康有序，年出入境旅游总人数突破3亿人次。"一带一路"旅游合作、亚洲旅游促进计划等向纵深发展，旅游在讲好中国故事、展示"美丽中国"形象、促进人文交流方面发挥着重要作用。对外开放的推进带动了旅游企业的竞争力，未来应继续推进对外开放。我国旅游企业可以充分利用贸易、投资、服务的相互带动，借助高新技术的发展契机，来实现旅游强国目标。

（5）坚持融合发展。以文塑旅、以旅彰文，完善文化和旅游融合发展的体制机制，推动文化和旅游更广范围、更深层次、更高水平融合发展，积极推进文化和旅游与其他领域融合互促，不断提高发展质量和综合效益。《"十四五"文化和旅游发展规划》提出，提升旅游的文化内涵，以旅游促进文化传播，培育文化和旅游融合发展新业态。具体来说，有以下三点可以推进：

一是建立文旅产业融合平台，助推"旅游+"融合工程。构建有区别的、差异化的区域产业发展分类指导细则，实现文旅产业有机融合发展，因地制宜，"宜融则融、能融尽融"。实现以文化内涵提升旅游产品品位，以旅游扩大文化传播的覆盖面，以新业态推进文旅产业全面融合、优势叠加、双生共赢。

二是建立群体智慧平台，实现 IP、人才、内容三个创新升级。不循规蹈矩、复制粘贴，只做差异化、唯一性的文旅融合产品。柔性引进跨界人才，追求人才的高密度。围绕优质内容创新品牌，激发文旅产业发展的长尾效应。

三是遴选重点项目，以历史文化为基础，运用互联网思维实现高质量服务。重点服务领域包括文化景区、民俗旅游、红色旅游、演艺旅游、VR 教育平台及创新中心等。积极生产观点（金点子），提供文旅产业发展的智力支撑，服务文旅创意产品的正向循环。

文化和旅游的融合应坚持"内容+""互联网+"两个圆心基点，在产业、市场、品牌、公共服务四个象限共轭圈中实现逐渐放大的融合圆。

二、主要内容与任务

我们主要围绕《中华人民共和国国民经济和社会发展第十四个五年规划和2035 年远景目标纲要》《"十四五"文化和旅游发展规划》《"十四五"文化和旅游科技创新规划》《"十四五"旅游业发展规划》四个规划来梳理"十四五"旅游产业规划的主要内容和任务。文化和旅游部成立以来，旅游产业规划多与文化产业规划合在一块。在前面三个规划中，后两个规划刚好与第一个规划在旅游方面实现了初步对接，可以说是第一个规划旅游元素的具体化呈现。而《"十四五"旅游业发展规划》是作为国家级专项规划来颁布的。

1. 完善现代旅游业体系及旅游产品供给体系

《"十四五"文化和旅游发展规划》规定，深化旅游业供给侧结构性改革，深入推进大众旅游、智慧旅游和"旅游+""+旅游"，提供更多优质旅游产品和服务，加强区域旅游品牌和服务整合，完善综合效益高、带动能力强的现代产业体系，努力实现旅游业高质量发展。现代旅游产业体系是一个不断完善的过程，随着旅游业与其他相关产业的深度融合，旅游业发展展现出强劲的韧性，特别是在互联网技术的带动下，现代旅游产业体系进入了一个新时期。当然，其他产业反过来也会影响旅游产业的发展。在互联网互联互通的当下，这种融合、渗透更为普遍。

当然，旅游产业体系是在其他产业体系逐渐建立且日趋完善的边界下应运而生的。尽管当前旅游业体系的运作还不是那么尽善尽美，多以旅游业为主、兼顾横纵向相关产业的自然延伸，但已有现代旅游业体系的雏形。这个体系在形成过程中会受其他国家旅游统计办法的影响，但也体现了中国特色。我国旅游业逐渐完善的现代产业体系一定要放在全球旅游产业发展格局中，否则不能彰显其在全球范围内的强大活力。由此可见，现代旅游产业体系的完善是一个长期的过程。

《"十四五"文化和旅游发展规划》提出，立足健全现代旅游业体系，加快旅游业供给侧结构性改革，加大优质旅游产品供给力度，激发各类旅游市场主体活力，推动"旅游+"和"+旅游"，形成多产业融合发展新局面。优质旅游产品以美好生活度假休闲工程为主要推动力，具体表现在建设世界级旅游度假区、建设国家级旅游度假区以及建设国家级旅游休闲城市和街区。该规划提出，做强做优做大骨干旅游企业，稳步推进战略性并购重组和规模化、品牌化、网络化经营，培育一批大型旅游集团和有国际影响力的旅游企业。大力支持中小微旅游企业特色发展、创新发展和专业发展，营造公平竞争环境。支持旅行社向"专业化、特色化、创新型"方向发展，实现旅行社经营向现代、集约、高效转变。积极促进在线旅游服务企业规范健康发展，不断提升产品创新能力和服务质量水平。该规划进一步提出，加强文化和旅游业态融合、产品融合、市场融合、服务融合，促进优势互补、形成发展合力；发挥旅游市场优势，推进旅游与科技、教育、交通、体育、工业、农业、林草、卫生健康、中医药等领域相加相融、协同发展，延伸产业链、创造新价值、催生新业态，形成多产业融合发展新局面。

2. 完善现代旅游市场体系及旅游消费体系

《"十四五"文化和旅游发展规划》提出，旅游产业服务扩大内需战略，坚持培育和监管并重，做优做强国内市场，提高资源配置效率和公平性，提升市场监管能力，不断完善统一开放、竞争有序的现代旅游市场体系。

培育各类市场主体。现代旅游市场体系的建立需要各类市场主体的参与，对于已有的主体，多数已进入市场体系的构建当中。但也有一部分还未参与进来，或者正处在转型期。

构建新型监管机制。旅游业市场的发展日新月异，由于更新速度快，对有些领域或地方的监管难以全覆盖。这就滋生了旅游业市场偷税漏税的现象，造成旅游业的相关统计可能出现误差。排班值班、时刻监管，以及完善后续的反馈系统，才能形成良好的监管机制。

旅游市场体系的完善还包括旅行社转型升级、旅游市场信用体系建设、旅游市场风险监测预警体系建设。最终要加强行业管理和服务，实现现代旅游市场经济的大发展。

《"十四五"旅游业发展规划》提出，拓展大众旅游消费体系，具体围绕构建新发展格局，坚持扩大内需战略基点，推进需求侧管理，改善旅游消费体验，畅通国内大循环，做强做优做大国内旅游市场，推动旅游消费提质扩容，主要以旅游消费促进工程为支撑：

一是推动旅游电子商务创新，促进线上线下旅游消费优势互补、融合发展。支持发展共享旅游消费，鼓励发展与自驾游、休闲度假相适应的租赁式公寓、共享汽车、异地还车等服务。积极发展夜间消费，鼓励旅游场所在保证安全的基础上延长开放时间。

二是推动传统商业综合体转型升级为文体商旅综合体，打造新型旅游消费集聚区，推动建设国家旅游消费试点城市、示范城市。保护发展老字号，鼓励有条件的城市打造老字号特色街区，支持老字号企业入驻商业街区、旅游景区，开设旗舰店、体验店，提升旅游购物品质。

在旅游消费体系建设中，旅游消费中心的建设应首先布局。当前，海南省正在建设国际旅游消费中心，全方位提升服务质量和国际化水平，以打造业态丰富、品牌集聚、环境舒适、特色鲜明的国际旅游消费胜地。

3. 完善旅游开放合作体系及旅游推广体系

《"十四五"旅游业发展规划》提出，稳步发展出境旅游，推动出境旅游目的地国家给予我国普通护照免签便利，在语言、餐饮、支付等方面为中国游客提供更高品质服务。支持有条件的国内旅游企业跟随中国游客"走出去"，构建海外旅游接待网络，加强国际化布局，参与全球竞争。加强与重点目的地国家旅游双向交流，推动中华文化传播。该规划提出，有序促进入境旅游，统筹规划、协同发展海外文化和旅游工作，扩大优质内容供给。发挥跨区域旅游推广联盟作用，有计划有步骤地组织开展"美丽中国"旅游形象推广活动，加强"东亚文化之都"城市旅游推广。细分重点市场、新兴市场、潜在市场，紧扣境外游客需求和消费习惯，设计推出更多国际化程度高、中国特色明显、适合境外主流市场的优质旅游产品，不断增强中国旅游品牌吸引力、影响力。

《"十四五"文化和旅游发展规划》提出，深化国际旅游合作，不断完善对外和对港澳台文化交流和旅游推广体系。具体来说，要召开亚洲旅游促进大会，推出50个最佳旅游城市品牌、20个国际旅游合作示范区品牌。开发文化遗产游学产品和旅游演艺精品。依托铁路、邮轮、房车营地及自驾游等产品和线路，推动形成多程联运的一体化格局。提升面向港澳台青少年及基层民众文化和旅游交流水平，密切与港澳特区政府文化和旅游部门机制化合作，支持港澳文化和旅游发展更好融入国家发展大局。推动两岸民间文化和旅游合作持续深入开展，持续出台和落实文化和旅游领域惠台措施，与台湾同胞分享祖国大陆发展机遇。

4. 完善旅游科技创新及支撑体系

《"十四五"文化和旅游科技创新规划》把以科技创新引领和支撑文化和旅游发展，提高文化和旅游生产要素水平，推动文化和旅游更好融入新发展格局，实现高质量发展作为发展目标，同时提出科技运用更加广泛、科技成果更加丰富、创新主体加快发展等标志性目标。该规划通过剖析七大工作体系中的科技需求，描绘了科技在旅游行业研究及应用的重点领域，提出了基础理论和共性关键技术、新时代艺术创作与呈现、文化资源保护和传承利用、文化和旅游公共服务、现代文化产业、现代旅游业、文化和旅游治理、文化交流和旅游推广八个重点领域，为文化和旅游科技创新明确了主攻方向。该规划还提出了"完善文化和旅游科技创新体系""强化文化和旅游科技研发和成果转化""推进文化和旅游信息化""提升文化和旅游装备技术水平""深化文化和旅游标准化建设""加强文化和旅游理论研究和智库建设""加强科技创新型人才培养"七个方面的主要任务，并以专栏形式予以突出呈现。

《"十四五"文化和旅游发展规划》提出，加快信息化建设，推进文化和旅游数字化、网络化、智能化发展，推动5G、人工智能、物联网、大数据、云计算、北斗导航等在文化和旅游领域应用。加强文化和旅游数据资源体系建设，建立健全数据开放和共享机制，强化数据挖掘应用，不断提升文化和旅游行业监测、风险防范和应急处置能力，以信息化推动行业治理现代化。

《"十四五"旅游业发展规划》提出，打造一批智慧旅游城市、旅游景区、度假区、旅游街区，培育一批智慧旅游创新企业和重点项目，开发数字化体验产品，发展沉浸式互动体验、虚拟展示、智慧导览等新型旅游服务，推进以"互联网+"为代表的旅游场景化建设。并提出提高创新链综合效能，即加强旅游大数据基础理论研究，推动区域性和专题性旅游大数据系统建设，推动建立一批旅游技术重点实验室和技术创新中心，遴选认定一批国家旅游科技示范园区，全面提升旅游科技创新能力，形成上下游共建的创新生态。

三、全国旅游空间规划

《"十四五"旅游业发展规划》首次站在全国层面从空间角度对我国旅游业发展进行了整体布局。综合考虑文脉、地脉、水脉、交通干线和国家重大发展战略，统筹生态安全和旅游业发展，以长城、大运河、长征、黄河国家文化公园和丝绸之路旅游带、长江国际黄金旅游带、沿海黄金旅游带、京哈—京港澳高铁沿线、太行山—武陵山、万里茶道等为依托，构建"点状辐射、带状串联、网状协同"的全国旅游空间新格局。[①]　构建旅游空间新格局是综合考虑了自然、人文、生态、交通、经济等国家重大发展战略的结果，这是由旅游业当前地位决定的，并将继续在国民经济和社会发展进程中发挥重要作用。旅游业不仅将发挥扩大内需、带动经济发展的作用，还将为建设文化强国、展示全新的中国形象贡献更大力量。

长期以来，我国旅游业的发展特点是总量齐升、多地开花，不过分强调旅游产业的区域差异。随着主要交通干线的不断完善以及旅游交通走廊的大连接，构建统一的旅游市场的条件已成熟，旅游服务的标准化就成为必然，然而全国各区域间的旅游业发展存在较大差距，东部旅游发展整体优于中西部。由此，在旅游均等服务标准化的过程中，照顾地方差异也是必要的。交通条件的不断完善，从根本上缩短了旅游者进入景区的时间，从而大跨度的旅游线路需求将随之上升，而相应的旅游规划应该做好准备。

在这种情况下，旅游业规划在"多规合一"中的主体性将得到提升。以文化来统合旅游，以快速的旅游通道来串联分散的点，旅游业的规划地位无疑会得到显现。但对于跨区域同一文化主题来说，进行一次系统的旅游规划还是有一定难度的，特别是涉及一些微观层次的具体问题，很难协调统一。所以，这样的规划应以具体问题为导向来编制，不可大而全，否则无法取得共识。另外，不同层级的旅游发展规划存在对接的问题，如全国与地方之间、城乡之间。

《"十四五"文化和旅游发展规划》《"十四五"旅游业发展规划》中，均提到优化城乡旅游休闲空间、城市及目的地旅游空间、乡村旅游空间布局的内容。以城市旅游空间布局为例，规划提出推动更多城市将旅游休闲作为城市基本功能，充分考虑游客和当地居民的旅游休闲需要，科学设计布局旅游休闲街区，合理规划建设环城市休闲度假带，推进绿道、骑行道、游憩道、郊野公园等建设，提升游客体验，为城乡居民"微度假""微旅游"创造条件。并进一步提出，发挥中心城市和城市群的辐射带动作用，促进大中小城市和小城镇文化和旅游联动发展。在城市更新、社区建设、美丽乡村建设中充分预留旅游空间。

案例 3-2　跨区域旅游发展规划应考虑多地协调效益

近年来，旅游发展规划中的多层级协调成为该类规划的主基调，特别是在围绕跨河跨山的跨省规划中有较多的体现。2020 年 10 月，国家发展改革委、文化和旅游部联合印发了《太行山旅游业发展规划（2020—2035 年）》。该规划范围

---

①　十四五旅游发展规划构建全国旅游空间新格局 ［EB/OL］．（2022 - 02 - 14）．http：//www. rmzxb. com. cn/c/2022-02-14/3048828. shtml.

包括北京、河北、山西、河南四个省（市），共78个县（市、区），总面积10.7万平方千米，常住人口约3030万人，规划期限为2020~2035年。该规划包括规划背景、总体要求、主要任务、实施保障四个部分内容，全面对接京津冀协同发展等重大国家战略，提出"彰显中华民族精神的标志性山脉旅游区""践行'两山'理论绿色协同发展的先行试验区""助推脱贫攻坚和乡村振兴的示范引领区"三个定位；结合新时期太行山旅游业发展面临的新形势、新问题、新机遇和新挑战，提出大力传承弘扬太行精神、丰富特色旅游多元供给、培育现代旅游产业体系、完善公共服务和市场体系、助推乡村振兴和城市转型、严格保护各类资源和生态环境六项建设任务。

基本原则包括：生态优先，绿色发展，严守太行山生态保护红线，统筹旅游业发展和生态环境保护关系；多业联动，创新发展，充分发挥"旅游+""+旅游"优势，构建现代山地旅游产业体系；全域统筹，协调发展，统筹规划旅游产品，共同培育区域旅游品牌；区域协同，开放发展，形成内外联动、相互促进的开放格局；保障民生，共享发展，带动当地就业创业，实现旅游业发展成果主客共享。

山岳型跨省旅游发展规划在江西也有尝试。罗霄山脉是湖南省东部和江西省西部交界处的一条东北—西南走向的山脉，它是两省的自然界线，也是湘江和赣江的分水岭，它北部是幕连九山脉，南部是南岭地带。湘赣两省围绕罗霄山开展红色旅游规划，围绕森林步道开展跨区旅游规划；围绕武夷山，与福建、浙江、安徽开展生态旅游规划，与福建开展国家森林步道规划。在江西省内，庐山设市初步突破了庐山一山多治的开发"瓶颈"，围绕武功山也开展了跨地市的总体规划。武功山主要位于江西，江西吉安、宜春、萍乡三地围绕武功山发力，都取得了不错的成绩，吉安安福羊狮慕为AAAA级景区，萍乡芦溪武功山、宜春袁州区明月山均为AAAAA级景区。但要继续发展，升级至国际知名旅游目的地还有很长的路要走，特别是在管理体制上三地应达成一致，以便有下一步的统一品牌、统一线路、统一营销，而统一规划是前提。《武功山风景名胜区总体规划》的推进，说明在保护方面三地的目标是统一的。这为下一步的旅游区总体规划打下了基础。

本书认为要编制好武功山旅游区总体规划，需要走三步棋：第一步，在原有保护规划的基础上，寻找合作点，如保护生态环境、畅通旅游通道，把不能规划开发的点圈出来，不做规划，把保护区连接起来。第二步，建立旅游绩效评价标准，列出负面清单，寻找融合突破点，为了节约成本，可以尝试概念性旅游规划，编制方法是以问题为导向。在这个基础上，统一主题形象，做好定位，进而构建分区段导引目标。第三步，预设发展目标，以国际知名山岳型旅游目的地为总体目标，寻求近期的突破点，以重要节点示范项目为依托。当然，总体规划项目通过评审后，后期的管理规划也应跟进，确保规划的执行力。

在旅游规划中还应协调好同一领域的空间合作关系。比如粤港澳会展旅游就存在这个问题。三地正努力构建有影响力的珠三角会展经济走廊，形成"一线、三核、五片"的会展旅游空间格局。"一线"指珠江沿线，"七珠"指珠江沿线的香港、澳门、深圳、珠海、中山、东莞和广州，"三核"指香港、澳门、广州三个会展旅游核心城市，"五片"指以香港会议展览中心为主的香港片区、以澳门威尼斯人会议展览中心整合其他酒店为主的澳门片区、以广州白云国际会议中心和琶洲国际会展中心为核心的广佛片区、以深圳会展中心为主的深莞片区、以珠海国际贸易展览中心为主的珠中片区①。面对此类规划，要多方协调，多尺度对接，以取得规划的整体效益。

第三节　旅游专项（主题）规划

专项规划作为国土空间规划体系重要的一部分，是指在特定区域（流域）、特定领域，为体现特定功能，对空间开发保护利用做出的专门安排，是涉及空间利用的专项规划。相关专项规划要遵循国土空间总体规划，不得违背总体规划强制性内容，其主要内容要纳入详细规划。相关专项规划的有关技术标准应与国土空间规划衔接。旅游专项规划应该是特殊的国土空间专项规划，是对总体规划中近期规划内容的进一步拓展，因此可以认定为5年期限的详细规划。当然，规划涉及区域较大时，也可以认定为发展规划或总体规划。《中华人民共和国旅游法》第十八条第二款规定，根据旅游发展规划，县级以上地方人民政府可以编制重点旅游资源开发利用的专项规划，对特定区域内的旅游项目、设施和服务功能配套提出专门要求。

旅游专项规划是根据旅游发展规划，对特定区域内旅游项目、设施和服务功能配套提出的专门要求，包括旅游区规划、旅游项目规划、旅游要素发展规划、旅游产品规划等。《文化和旅游规划管理办法》中的专项规划是以文化和旅游发展的特定领域为对象编制的规划。广义上的专项规划是指针对旅游地或旅游区特定课题的规划安排。根据实际需要专项规划可总结为创建文旅部旅游品牌类型的

---

① 吴开军.基于"竞合"联盟视角的跨区域旅游业协同发展研究［M］.北京：经济日报出版社，2017.

专项规划、旅游重点项目的专项规划以及其他部门主导的、有旅游内容的专项规划。本节主要围绕以旅游产品为导向的红色旅游规划、生态旅游规划展开，两个专题规划既有保护资源的大前提，又有发挥教育功能的意义。红色旅游与生态旅游既是当前旅游热点产品，也是旅游新业态延伸的重要基点。

一、红色旅游规划

党的二十大报告提出，弘扬以伟大建党精神为源头的中国共产党人精神谱系，用好红色资源，深入开展社会主义核心价值观宣传教育，深化爱国主义、集体主义、社会主义教育，着力培养担当民族复兴大任的时代新人。红色旅游是爱国主义教育与旅游产业相结合的一种新型旅游产品，从 2004 年下半年开始，红色旅游热席卷全国。文化和旅游部鼓励各地大力发展"红色+绿色""红色+乡村""红色+研学""红色+科技"等旅游新业态，助力推出红色旅游与生态旅游、民俗旅游、研学旅游、乡村旅游等结合的高质量产品和线路。《"十四五"旅游业发展规划》提出，大力发展红色旅游。具体来说，要突出爱国主义和革命传统教育，坚持培育和践行社会主义核心价值观，有效提升红色旅游规范化发展水平。把伟大建党精神等党和人民在各个历史时期奋斗中形成的伟大精神融入到线路设计、展陈展示、讲解体验中，讲好革命故事、根据地故事、英烈故事，让人民群众在旅游中接受精神洗礼、传承红色基因。促进红色旅游与乡村旅游、生态旅游等业态融合，推出一批红色旅游融合发展示范区。持续优化建设 300 处红色旅游经典景区。

1. 红色旅游及资源

红色旅游是以中国共产党成立至中华人民共和国成立这一时期为时代背景，以纪念馆、纪念地、旧居、纪念物为载体，以革命历史、事迹以及革命精神为内涵，以爱国主义教育为最初目的开展的一项主题旅游活动。"十二五"规划期间，中央又决定对红色旅游内容进行拓展，将 1840 年以来中国近现代历史时期，在中国大地上发生的中国人民反对外来侵略、奋勇抗争、自强不息、艰苦奋斗，充分显示伟大民族精神的重大事件、重大活动和重要人物事迹的历史文化遗存，有选择地纳入红色旅游范围。

如果从国际层面来看红色旅游，中俄红色旅游合作近年来一度热起来，国家层面、地方层面的合作文件有《中华人民共和国国家旅游局与俄罗斯联邦旅游署关于 2015—2017 年红色旅游合作的谅解备忘录》《关于山东省临沂市作为 2018 年中俄红色旅游合作交流系列活动举办地的函》。在纪念世界反法西斯战争胜利 70 周年（2015 年）之际，中国强调东方战场的历史性贡献，这样就把其他国家相关的旅游资源也纳入了红色旅游资源范畴。如波兰奥斯维辛集中营、俄罗斯莫斯科红场、英国海格特公墓、日本广岛和平纪念公园。随着"一带一路"倡议的不断推进，红色旅游国际合作水平将得到不断提升，从而助推中国文化走出去，走出去的形式包括中国故事的形象表达、中国精神的世界意义、中国普通人物的奋斗史。

有了合作推广的意向，关键是找到关联点、共同点。如中国与苏联在社会主义革命建设、中国与法国在无产阶级工人革命、中国与英美在反法西斯斗争等领域的共同点。主题联合方面有毛泽东故乡湖南省与列宁故乡乌里扬诺夫斯克州、中国战场日军受降地湖南芷江与密苏里号战舰停泊点夏威夷、中共一大召开地上海与法国无产阶级革命中心巴黎等。除了伟人故乡、知名历史事件发生地，还有很多地方文化故事可以挖掘。可能普通人的故事细节更容易引起共鸣，也容易实现旅游中的"民相亲"。

红色旅游的发展是以红色文化遗产为主要依托的。红色文化遗产是中华民族宝贵的精神财富。科学地保护与开发红色文化遗产，对于发挥红色文化遗产价值与功能，加强革命传统教育，增强全国人民特别是青少年的爱国情感，弘扬和培育民族精神，传承红色基因，带动老区发展、共奔小康，具有重要的现实意义和深远的历史意义。江西是块"红土地"，红色文化遗产遍布全省，其中赣江流域较具代表性，"红色摇篮"和绿色生态经济在此天然结合。

赣江流域为中央苏区奋斗阶段所在地，是中国共产党成长壮大的源头地之一，孕育了伟大的井冈山精神、"三线"精神。该流域红色文化遗产有其特殊性，该流域为中国红壤的主要分布区，红壤与黄土、黑土相比较为贫瘠，在这样的自然条件下，革命斗争时期还面临着严峻的军事包围，即"与人斗""与地斗"同时存在；其间形成的革命乐观主义精神本身就是红色文化的重要组成部分。红色文化是抽象的，其展现形式又是具体的，参照《旅游资源分类、调查与评价》（GB/T 18972-2017）中的基本类型可将赣江流域红色文化资源分为八类（见表3-1），每一类在流域的不同区域资源禀赋不一。从赣江流域区域保护或展示得较好的红色景区遴选，同一片区不同类型不重复列出。

表3-1　赣江流域主要区域红色文化遗产类型表现

基本类型	具体表现
军事遗迹与古战场	八一南昌起义总指挥旧址、井冈山黄洋界保卫战遗址、瑞金大柏地战斗遗址、十一军部指挥旧址、二十军部指挥旧址、军官教育团旧址、新四军军部旧址、瑞金八一起义军转战壬田遗址、合龙围歼战遗址、兴国中央红军兵工厂旧址、红一方面军总部旧址
文化活动场所	瑞金"一苏大"旧址、南昌八一广场、芦溪县秋收起义烈士陵园

基本类型	具体表现
纪念地和纪念场所	南昌小平小道陈列馆、井冈山革命博物馆、江西省革命烈士纪念堂、南昌新四军军部旧址陈列馆、兴国苏区干部好作风纪念园、瑞金中央革命根据地历史博物馆、于都县中央红军长征出发地纪念园、瑞金红军壁画群、东固第二次反"围剿"陈列馆、东固敖上红军无线电训练班旧址、袁州会议旧址、龙目岭太子庙暴动旧址
特性屋舍	于都毛泽东旧居何屋、瑞金沙洲坝革命旧址群、叶坪革命旧址群、会昌文武坝粤赣省革命旧址群、青原区渼陂毛泽东旧居、峡江巴邱老县城建筑群、南昌朱德旧居
塔形建筑	瑞金红军烈士纪念塔、永修县革命烈士纪念塔
水井	瑞金红井
传统演艺	红歌：《兴国山歌》《映山红》《十送红军》《红米饭，南瓜汤》《调兵歌》《红军哥哥，你慢慢走》；影视剧：样板戏《党的女儿》、电视剧《井冈山》
传统体育	跳高、赛跑、爬山、军事操、枪刺

资料来源：笔者根据相关资料整理。

2. 红色旅游规划

以红色旅游规划为例，《2004-2010年全国红色旅游发展规划纲要》《2011-2015年全国红色旅游发展规划纲要》《2016-2020年全国红色旅游发展规划纲要》基本上形成了与国家旅游业五年规划相配套的红色旅游规划，或者说是国家旅游业发展规划的专题规划。还有一些重点旅游点的规划，如《瑞金市红色旅游发展提升规划》《井冈山旅游发展规划》。通过规划指引，全国红色旅游业发展体系基本形成，30条红色精品体系、230个红色旅游经典景区、红色配套交通体系（比如2021年开通的井冈山至韶山的红色旅游铁路专线，如图3-1所示）、红色旅游资源保护体系（物质保护、非遗保护、数字化保护，585个全国重点爱国主义教育基地）、红色旅游宣传推广体系（12个全国重点红色旅游景区）、红色旅游产业运作体系（中国红色旅游发展联盟、中国红色旅游网）。

截至2022年6月，全国红色旅游经典景区从100家扩充至300家，推出"建党百年红色旅游百条精品线路"、65条全国抗战主题红色旅游精品线路、九条"重走长征路"红色旅游主题活动旅游线路，"红色旅游+冰雪""红色旅游+生态"等新业态、新产品层出不穷，红色旅游主题街区、红色文化主题公园等不断涌现。

红色旅游规划应尊重历史，基于红色旅游资源的形成脉络。红色旅游产品设计应注意故事的真实性以及与延伸产品的统一性，如红色旅游与乡村文化、红

图 3-1　湘赣边红色专列（笔者摄于井冈山站）

色旅游与科技文化的融合统一性。在红色旅游规划中，也应注意红色文化遗产的保护规划。当前，红色旅游规划也应注意旅游路线的整合与提炼，同时要兼顾具有地方特色的红色旅游品牌的打造与宣传。

（1）赣州市红色旅游全域规划案例①。

《赣州市红色旅游区全域旅游专项规划（2019-2035）》的规划范围包括瑞金市、兴国县、于都县、宁都县、会昌县、石城县、寻乌县，总面积 19223 平方千米。规划目标是共和国故都·国家红色文化传承创新区。

培育"一核两心，四大特色"的红色旅游主题。以瑞金为引领，强化赣州市"瑞金建政"的红色核心主题，加快培育"长征出发地""苏区干部好作风——模范兴国"两大红色支撑主题。积极发展各地自身的红色特色品牌，培育宁都·反"围剿"战争纪念及毛泽东军事思想形成地、寻乌·寻乌调查、石城·国家银行金库、会昌·风景这边独好四大红色旅游特色。

构建串联瑞金、于都、兴国、宁都、石城等地的红色旅游经典环线，强化瑞兴于红色文化廊道，形成对整个红色片区的带动。整合"共和国摇篮"、长征出发地、苏区干部好作风和反"围剿"战争等红色旅游资源，打造一条集中展示党、政、军三方面主题的红色旅游经典环线。延伸以瑞金为核心的"红色苏区"主题线路，以宁都为中心的反"围剿"军事主题线路，以及以于都为出发点的

---

①　参见北京清华同衡规划设计研究院 2019 年 6 月发布的《赣州市红色旅游区全域旅游专项规划（2019-2035）》。

"红军长征"主题线路。突出"红色+"的发展理念,展现赣州新时代建设成就,展现生态文明、特色产业等时代风采。

具体来说,红色旅游区构建"一核两心带多点,十字纵横一环线"的空间布局,形成"红日当头,二分明月,群星璀璨"的发展格局。其中"一核"为瑞金红色全域旅游示范区,"两心"分别是兴国和于都,"多点"是其他红色旅游县。"十字纵横"指的是渝长厦高铁旅游带和赣粤红色旅游发展带,"一环线"为"瑞金—于都—赣州市区—兴国—宁都—石城—瑞金"的红色经典环线。

(2)红色精品线路。

1)"红色苏区"主题线路。瑞金(共和国摇篮景区、云石山——长征第一山、大柏地)—石城(石城阻击战纪念园、国家银行金库旧址)—宁都(小布镇、江西省苏维埃政府旧址)—兴国(苏区干部好作风纪念馆、长冈乡调查纪念馆、潋江书院)—于都(何屋——赣南省苏维埃政府旧址)—会昌(赣粤省机关革命旧址群、盘古山阻击战遗址、会寻安中心县委旧址、邓小平旧居)—寻乌(寻乌调查纪念馆、红军医院旧址)—安远(安远县苏维埃政府旧址)。

2)经典环线——反"围剿"军事主题线路。宁都(小布镇、中央苏区反"围剿"战争纪念馆、宁都起义纪念馆)—石城(石城阻击战纪念园)—瑞金(共和国摇篮景区、大柏地)—于都(中央红军长征出发地纪念园、长征源小镇、红四军军部旧址)—兴国(苏区干部好作风纪念馆、潋江书院、官田兵工厂旧址)。

3)"红军长征"主题线路。瑞金(共和国摇篮景区)—于都(长征国家文化公园(于都段)、长征源小镇、中央红军长征出发地纪念园)—赣县区(韩坊塘坑口、永固楼)—信丰(赣粤边三年游击战争指挥部旧址)—寻乌(罗塘谈判旧址)—大余(南方红军三年游击战争纪念馆、梅岭三章纪念馆)。

3. 红色旅游产品

红色旅游规划主要围绕旅游产品来展开,除了基于历史故事、现实场景开发特色旅游产品,并以不同方式、层次组合起来,也可以借助高科技规划一些新的旅游产品。以赣州为例,包括以下产品:

(1)红色旅游+演艺模式。完成这样的产品需要一个较大的场地以及众多的群众演员,并且能比较稳定地保证长期演出。除赣州市的《浴血瑞京》外,已开发、影响较大的还有井冈山市的《井冈山》、韶山的《中国出了个毛泽东》、大型史诗光影沉浸剧《四渡赤水》等。还有更强调技术的贵州 VR 战争体验馆、秋收起义沉浸式体验中心以及江西联通携手南昌八一起义纪念馆全力打造的"5G 红色旅游示范区",成为江西省首个 5G+VR 红色旅游示范样板。

(2)赣州红色研学旅游产品。红色研学旅游产品体系(见表 3-2)包括一条红色经典环线、三大红色核心产品、四个红色主题产品和六类配套服务产品。一条红色旅游经典环线为"赣州市区—于都—兴国—宁都—瑞金—赣州市区"的旅游环线；三大红色核心产品包括瑞金·共和国摇篮、于都·长征出发地和兴国·苏区干部好作风——模范兴国；四个红色主题产品分别为：宁都·反"围剿"战争纪念及毛泽东军事思想形成地、寻乌·寻乌调查、石城·国家银行金库（石城阻击战纪念）、会昌·风景这边独好；六类配套服务产品包括山水森林生态、户外体育运动、温泉康养度假、人文历史访古、乡村田园休闲、时尚创意节事。

（3）红色旅游+会议及培训。红色旅游更多地与会议及培训结合起来实现产品的创新，中共中央组织部主管的四个干部学院以及众多省级干部培训学院是培训主体，承担了大量的党政、企事业单位的培训工作。除了这些单位，高校、科研院所也积极开展学术活动，实现学术研讨活动与旅游活动融合。例如，井冈山每年夏天承担了多种多样的会议，会议数量在全国红色景区当中占比较高。

表3-2　赣州红色研学旅游产品体系

旅游产品	产品构成
一条红色经典环线	赣州市区—于都—兴国—宁都—瑞金—赣州市区
三大红色核心产品	瑞金·共和国摇篮
	于都·长征出发地
	兴国·苏区干部好作风——模范兴国
四个红色主题产品	宁都·反"围剿"战争纪念及毛泽东军事思想形成地
	寻乌·寻乌调查
	石城·国家银行金库
	会昌·风景这边独好
六类配套服务产品	山水森林生态
	户外体育运动
	温泉康养度假
	人文历史访古
	乡村田园休闲
	时尚创意节事

总之，红色旅游规划特别注重宏观战略层面的把关，很多规划文本是政策的间接执行。一些比较微观的规划则十分注意科技成分的体现。目前，红色旅游发展正进入数字化时代，需要引起从业者的积极关注，配套的数字化保护手段也应

同步跟上。

二、生态旅游规划

党的二十大报告指出，大自然是人类赖以生存发展的基本条件。尊重自然、顺应自然、保护自然，是全面建设社会主义现代化国家的内在要求。必须牢固树立和践行绿水青山就是金山银山的理念，站在人与自然和谐共生的高度谋划发展。推动绿色发展，促进人与自然和谐共生。坚持山水林田湖草沙冰海一体化保护和系统治理，统筹产业结构调整、污染治理、生态保护、应对气候变化，协同推进降碳、减污、扩绿、增长，推进生态优先、节约集约、绿色低碳发展。中国式现代化是人与自然和谐共生的现代化。生态文明建设是关系中华民族永续发展的根本大计，生态功能区是生态文明建设的主战场，其旅游业的发展又与红色革命老区、少数民族地区、边境地区的发展相联系，因此，特色旅游功能区要转变观念，实现绿色、低碳、循环的生态旅游发展成为重要选择路径之一。

关于生态旅游的界定，见仁见智。马勇（2016）认为，生态旅游是通过利用未受人类开发的自然生态资源开展的旅游活动。在旅游过程中，人们可以了解旅游区的生态文化，增强环保意识，以此为旅游区居民创造就业机会，促进当地经济发展。

生态旅游规划包括环境规划和旅游规划两个方面的内容。环境规划包括环境保护、资源保存、环境影响评估，而旅游规划则考虑地区旅游和社会评估。两种规划均要注意社会价值的参与，这在两者规划方法的选用方面有较为突出的表现①。

生态旅游的规划能在不同层面展开，每个层面规划内容有很大不同。

1. 国家级生态旅游规划

规划文本以《全国生态旅游发展规划（2016-2025年）》为代表。经过20多年的发展，生态旅游已成为一种增进环保、崇尚绿色、倡导人与自然和谐共生的旅游方式，并初步形成了以自然保护区、风景名胜区、森林公园、地质公园及湿地公园、沙漠公园、水利风景区等为主要载体的生态旅游目的地体系，基本涵盖了山地、森林、草原、湿地、海洋、荒漠以及人文生态七大类型。

目标为到2025年，以生态旅游协作区、目的地、线路和风景道为主体的总体布局基本确立，区域合作机制更加健全、合作模式日益成熟，生态旅游资源保护、产品开发、公共服务、环境教育、社区参与、营销推广、科技创新体系逐步

---

① David A. Fennell，Ross K. Dowling. 生态旅游政策与规划［M］.张广瑞，宋瑞，马聪玲，等，译. 天津：南开大学出版社，2003.

健全，生态旅游在推动生态文明建设中的作用全面发挥，国际竞争力显著提升，我国成为世界生态旅游强国。

结合各地生态旅游资源特色，将全国生态旅游发展划分为八个片区。不同片区依托自身优势，明确重点方向，实施差别化措施，逐步形成各具特色、主题鲜明的生态旅游发展总体布局。

依据生态旅游资源、交通干线和节点城市分布，在八大生态旅游片区的基础上，以重要生态功能区为单元，培育 20 个生态旅游协作区，遴选一批有代表性的生态旅游目的地，通过提升基础设施和公共服务水平，建设 200 个重点生态旅游目的地，按照生态要素的线性分布和旅游线路组织的基本原则，形成 50 条跨省和省域精品生态旅游线路，适应日益兴起的自驾车和房车旅游，结合国家整体路网布局，打造 25 条国家生态风景道，形成点线面相结合、适应多样化需求的生态旅游发展格局。

2. 省级生态旅游规划

通常情况下，当全省生态旅游资源分布较广，有较好的发展生态旅游的条件时，才有必要制定生态旅游规划。例如，国家生态文明建设示范区都有类似的规划。作为延伸，2020 年 11 月，生态环境部命名表彰了第四批 87 个国家生态文明建设示范区和 35 个"绿水青山就是金山银山"实践创新基地。

2016 年 8 月，中共中央办公厅、国务院办公厅印发《关于设立统一规范的国家生态文明试验区的意见》，在福建（如邵武大埠岗，见图 3-2）、江西、贵州三省首批开展国家生态文明试验区建设。

海南也是国家生态文明试验区，从《海南省旅游发展总体规划（2017-2030）》中可以看出，海南省以推进热带森林公园建设为契机，探索建立国家公园体制，成为绿色之岛。具体来说，是推进以东寨港、清澜港等自然保护区为主体的滨海红树林湿地国家公园建设，完成湿地资源摸底调查，做好沿海湿地红树林生态修复工作，建立湿地公园和保护小区。发挥海南热带森林旅游资源优势，科学规划和建设尖峰岭、吊罗山、七仙岭等九个国家森林公园。通过生态廊道和生态型交通网建设，海南热带雨林集聚区的 28 个森林公园以及滨海湿地贯通连片，整体打造海南热带雨林品牌。中远期以增强森林生态养生度假功能为重点，完善森林生态旅游产品体系。具体来说，发挥森林生态优势，做强森林和温泉养生度假，建设森林养生公寓、度假村、疗养院等一批高端、低密度的养生度假设施，丰富康养旅游新业态，打造森林生态养生度假国际品牌。深化森林生态旅游体验功能，打造雨林人家、主题博物馆、热带雨林户外运动基地、奇幻雨林、养生山吧等多元化特色旅游项目。完善森林观光、度假养生、运动探险、野生动物观赏、雨林科普等森林生态旅游产品体系。

图 3-2　福建邵武大埠岗（来源于生态环境部官网）

　　武夷山在国家公园建设当中也形成了自己的规划特色。武夷山国家公园建成福建及江西跨省联合保护机制、省—市县—乡村三级联动工作推进机制、管理局—管理站两级管理机制，形成事权统一、分级管理、相互协作的管理体制。加强分区管控、立体监管、动态监测、生态修复、责任追究，整合相关执法机构、推进联动执法。完善生态保护补偿机制，支持当地居民参与特许经营和保护管理，发展生态茶产业、生态旅游业、富民竹业等产业，实现生态保护与林农增收双赢。

　　3. 区域（省级以下）生态旅游规划

　　《鄱阳湖生态经济区规划》2009 年获国务院批复，是国家战略规划文本。在落实国家战略期间，该区域生态旅游产业得到较快的发展。当然，这与科学的区域生态旅游规划有直接的关系。《鄱阳湖生态旅游示范区规划纲要》中强调，建设生态示范区有利于推进旅游产业转型升级和进位赶超。该示范区总体定位有全国绿色发展教育示范基地、全国生态旅游示范基地。依托鄱阳湖优越的山水自然禀赋，挖掘历史文化遗存，积极探索和科学实践生态旅游发展的体制机制、建设标准、区域合作、产品开发、品牌塑造等问题，倡导生态旅游行为，打造生态旅游精品，形成良好的生态旅游发展模式，抢占中国生态旅游制高点，把示范区建设成为国内外生态旅游发展的重要典范。空间结构为"三圈十区"，即湖体原生态体验旅游圈、滨湖观光休闲度假旅游圈、赣北环湖五彩精华旅游圈、鄱阳湖国际湿地生态旅游区、庐山世界文化景观生态旅游区、三清山世界峰林景观生态旅游区、龙虎山世界道教山水生态旅游区、国际都市文化生态旅游区、世界陶瓷文化生态旅游区、抚州华夏梦都文化生态旅游区、新余中国现代工业生态旅游区、婺源中国乡村风情生态旅游区、西海国际养生休闲度假旅游区，还有六个地市级旅游集散服务中心。

根据生态旅游景区资源和功能特点，鄱阳湖生态旅游示范区可分为五种类型，即山岳型生态旅游示范景区、湿地型生态旅游示范景区、湖泊型生态旅游示范景区、都市型生态旅游示范景区、乡村型生态旅游示范景区。在省级生态文明试验区建设当中，形成了一批可推广复制的改革举措和经验做法，其中旅游特色明显的有江西婺源、靖安。

婺源县以旅游为主线，把生态优势和自然美景转化为绿色发展动能，实行全域规划、全域统筹，发展"生态+旅游+民宿""生态+旅游+养生"，为大众提供更多旅游产品。大力培育多元化的市场主体，推进全民兴旅、万众创业。组建旅游市场联合执法调度中心，建立旅游经营户征信系统，落实旅游诚信预赔等制度。

靖安一产利用生态、二产服从生态、三产保护生态。做优生态精品农业，建设从田间到餐桌全过程溯源系统，打造绿色食品、有机农产品和地理标志农产品品牌，深入推进农村综合改革，成立15个村级集体股份经济合作社、51个村级集体经济合作社。发展绿色低碳产业，编制绿色低碳工业发展规划，形成绿色照明、硬质合金、清洁能源等为主的产业格局。打造全域景区，完善旅游集散中心、游客服务中心、休闲服务节点等基础设施，大力发展健康养生和户外运动产业，形成"有一种生活叫靖安"特色名片。

乡村景观资源规划与生态旅游规划具有天然的关联性。赵小汎（2016）按县级、镇级、景区级对乡村旅游景观资源生态规划做了案例汇编，发现空间尺度越大，其规划的内容越倾向于生态保护，且多是建设性的规划。景区级的乡村景观资源生态规划就比较具体了，如本溪草河掌镇老平坨旅游景观资源生态规划案例，规划了一条生态景观道和枫叶情主题[①]。

---

① 赵小汎．乡村旅游景观资源生态规划［M］．北京：科学出版社，2016.

本章小结

本章从五年规划等阶段性规划说起，谈了旅游产业的重要性，以及旅游产业的专项规划。重点对"十四五"旅游业规划做了阐释，并提出了具体规划的应对之策，也谈到红色旅游专题规划以及绿色生态旅游规划的问题。

思考题

1. "五年规划"对旅游产业规划的影响有哪些？
2. "十四五"旅游产业发展空间是如何布局的？
3. 在"双碳"背景下，绿色生态旅游规划如何应对？
4. 旅游业五年发展规划的演变特点有哪些？
5. 红色旅游规划中旅游路线是如何设计的？

第四章　全域旅游发展规划

　　旅游规划一直以来以城乡规划为先导，独立成形的理论较少，所用方法多是城乡规划领域的外溢方法，在规划实践中更是如此。即便如此，旅游规划有其特殊性，也可能是其他相关规划的有益参考。在风景旅游区领域，旅游规划的地位突出。全域旅游发展规划的兴起也是例证之一。当前所谈的旅游发展规划多为全域旅游规划，全域旅游规划正悄无声息地笼罩旅游规划界，并深刻影响整个规划界。

第一节　旅游整合规划

　　长期以来，旅游规划在用地审批方面一直存在各种各样的困难，一般通过性质变通或转换才能实现用地目标。随着旅游开发的深入推进，在用地方面取得了一些突破，只要有好的旅游规划项目，且具有可行性，用地审批一般不会成为问题。近些年不断增加的旅游用地量就是很好的例证。

　　城乡规划一般聚集于城市"里子"工程，如地表基础设施、地下工程管线、绿地系统等，在空间布局、城市设计、公共服务配套等方面需要众多部门的协调才可实现。当前，各地正在落实"多规合一、旅游引领"的理念，并将全域旅游发展纳入相关规划当中。地方在编制旅游产品指导目录时，会制定旅游公共服务、营销宣传、市场管制、人才保障等专项规划，形成总规、控规、重大设计规划等层次分明、相互衔接、规范有效的规划链接。可见，全域旅游大大提升了旅游规划的地位和推进力度，也使旅游规划整合有了战略和法律依据。

一、整合速度：旅游内容更新快

相比城乡规划、土地利用规划，旅游规划内容更新较快，更新之快可与数字城市、智慧城市规划更新速度相比。城乡规划内容针对居民基本需求来布局，居民的需求在一定时期内是比较稳定的，如基本的衣食住行。要说内容变化快的，那可能是在信息基站的更新以及城市历史风貌的复原再现方面。旅游对城市来说，属于基本部类，时刻在发生着变化。土地利用规划内容变化相对较慢，基本用地是要保障的，一些农田、水田、工厂、建设用地等土地功能的转化成本一般比较高，且土地功能具有一定的稳定性。对于旅游规划，旅游者个性体验需求变化较快，要提高旅游者的满意度，需要经常更新规划内容，而且这已经成为常态。和前面两个相比，土地的游憩功能相对稳定，可与土地利用规划比肩，旅游基础设施更新速度也较慢，可与城市基础设施规划类比，但旅游者的变化与时俱进，而且需求变化在加快，需要更新。同时，旅游需求是人的高层次需求，旅游规划及经营者不得马虎，应引起高度重视。

旅游规划内容变化之快还与政策调整速度之快相关。在我国，旅游发展靠政府推动的成效明显。政府往往通过政策来指导旅游产业的发展，政策的有效性往往又与出台政策的执政者的推动力度相关。而执政者平均岗位时效为 3 ~ 5 年，造成旅游产业调整速度与之相呼应，因而政策执行的晴雨表——旅游规划的内容更新之快就可想而知了。实际上，在现实规划中，一般没有一蹴而就的规划，修规的次数倒是比较多，这样做也是为了更有针对性地执行。旅游景区管理者走马换将的任期直接决定了旅游规划的执行力要强、时效要快。随着旅游开发督导制度的日益完善，政策性的指导在减少，长久的法制指导在增加，从而增加了旅游规划执行的权威性和内容的稳定性。

总体来说，旅游规划要见证社会快速发展的现实，又要高于社会期待，引领行业及社会快速发展，这样的发展故事里有人、有事件、更有生活。旅游规划应积极回应人民对美好生活的向往，创造更多、更好的旅游产品来满足人民对高质量旅游体验的需求。

二、整合宽度：旅游规划见人见事见生活

作为旅游者，每到访一地，无一例外地投入到寻找当地真实的故事和原生态的生活中，而两者都需要当地人来演绎、传承，并在和谐的地理环境中得到推进。作为旅游规划者也应如此，不能一味坚持死板的教条，而要追求内容有所创新，比如对地方文化旅游的挖掘与提炼。没有深厚的文化支撑，其旅游产业的发展将是不可持续的。随着新的旅游目的地不断地被开发出来，近邻同类旅游产品

的竞争在所难免，只有挖掘旅游文化才能保持自己的特色，才是发展的动力之源、长久之策。

而旅游文化的挖掘不能停留于空泛和模棱两可的状态，所讲的故事应有依附载体，并且这个故事只有在该地才有真正的文化支撑，其他地方不可复制。例如，某一类非物质文化表演只有在某地才有最佳的表演场地，离开了技艺的承载地，其原真性往往令人生疑。对于旅游故事的挖掘应与时代同步，发掘能产生共鸣的故事，比如可结合党史故事，挖掘红色旅游素材，不断丰富旅游的新内涵，拓展旅游故事链条，让旅游经历成为人生学习与发展的生动课堂。

三、整合广度：旅游规划整合世界愿景

整合既是动态的过程，也可能是一种静态融合。动态的整合一般通过结构调整、组织改造，使之结合为一体。有一本书叫《旅游整合世界》，作者伍飞通过对旅游的历史、现状及未来发展的阐释，展示了旅游发展的脉络，揭示了旅游在整合人类文明过程中所起的重大作用。旅游整合世界具体包括两个方面，即广泛的硬实力整合和无形的软实力整合。硬实力主要指经济方面，通过产业链条或产业集群来实现某种物质目标。软实力主要是文化、意识形态的吸引力。同名纪录片更是以写实的方式，通过平凡的旅游经历展示了我国的民族文化自信。实际上，旅游规划也可以整合世界愿景。旅游规划是应旅游者之需而不断调整的，旅游者的交流一定程度上丰富了其旅游经历，尝试以旅游所得精华改造既有认知或文化。之后再反馈到新的旅游规划中，这样旅游之前的某种隔阂、理解不充分、错误认知都将得到某种程度上的消解，从而达成世界认知的大同：和而不同，美美与共。而这正是人类命运共同体的愿景之一。

前面两个视角谈了旅游规划的问题，能够得出旅游规划也可以整合世界的结论。旅游规划不只是预测旅游未来发展，也是对过去发展的一种回顾，更是在创造现在旅游业的新的发展业绩。从这个意义上来说，规划即创造，也只有创造出新的东西，规划的执行才是有效的。前几年，旅游一度受到影响，但都将成为过去，历史已经说明了这一点。那么，如何应对未来世界的发展愿景呢？需要某个主题来破局，那就是旅游，由此旅游规划将变得更加重要，是回应世界之变的规划。

当前，国际社会风云变幻日益复杂，局部动乱始终存在，而旅游的发展显然给我们提供了求同存异的机会和可能，特别是通过旅游规划大联合来实现全球治理体系的大融合。我们既然能在世界旅游组织、联合国教科文组织建立全球共识，那么在全球旅游规划当中，也能找到大家共同关注的主题。

第二节　全域旅游规划

在大众旅游时代，人们的生活方式与旅游方式发生了很大变化，自助游超过85%，自驾游超过60%。传统以中心点为特征的景点旅游模式，已不能满足现代旅游发展的需要，必须加快从景点旅游模式向全域旅游模式转变。2015年，我国人均GDP超过8000美元（2019年人均超过1万美元），社会发展进入后工业化阶段。2016年中国出境游人数达1.22亿人次，出境旅游花费达1098亿美元，人均花费900美元。随着国民收入水平的提高和市场需求的不断升级，产品供给日益丰富，行业管理有序井然，发展全域旅游的时机已经成熟。

一、全域旅游提出的背景

1. 第四次工业革命期待以旅游业为代表的服务业升级转型

当前，我国进入以旅游业为重要推动力的后工业化阶段，第三产业占比超过第一、第二产业，去产能、去杠杆在传统产业领域重点推进，发展以旅游业为代表的新型综合服务产业，将成为缓解产能过剩的重要出路和产业转型升级的重要抓手。而此时的旅游产业仍然停留在景点旅游、城市旅游、城乡结合带旅游三阶段叠合发展时期，涌现出旅游资源的圈地隔离、旅游服务的固化呆板、旅游管理的耗时费力等问题，已不能适应当前市场需求，满足不了旅游者的个性化需求。因此，推进旅游领域的"放管服"改革，调整旅游业供需结构，成为当前旅游新的发力点，发展全域旅游正当时。

第四次工业革命是以互联网产业化、工业智能化、工业一体化为代表，以人工智能、清洁能源、无人控制技术、量子信息技术、虚拟现实和生物技术为主的全新技术革命。中国是本次工业革命发起国之一，所涉技术变革对国内相关行业的带动作用已初步显现，特别是旅游行业。科技的进步为旅游业带来了无限可能，大数据、云计算、智能化与旅游融合发展正在成为现实。全域旅游不是旅游业发展的可选项，而是旅游业发展的必选项。

2015年，联合国国际电信联盟报告显示，全球手机用户接近71亿，已覆盖95%以上的世界人口。身处移动互联网的时代，基于网络尤其是移动互联网的现代科技，对游客的目的地选择、出行方式、支付渠道都产生了深刻影响。有了新技术的支撑，旅游与传统产业的融合步伐将日益加快，旅游业态的全域融合将深度发展。

当旅游产业插上互联网的翅膀，旅游业关联度高、产业链长的特点更加明显，新技术、新市场、新业态层出不穷，旅游与其他行业跨界融合，旅游行业内部资源优化重组越来越深入。市场的变化要求"旅游人"尽快实现从景点旅游到全域旅游发展模式的转变。事实上，"互联网+"和"旅游+"在旅游及相关产业的跨界融合中，悄然改变着旅游业的结构。

2. 旅游发展存在供需和监管矛盾，制约旅游业可持续发展

节假日期间，全国知名景点人山人海，而知名度一般的景区的游客接待量处于"饥饿"状态，两种情况的对比，说明旅游资源/产品的供需矛盾突出，期待调整优化；酒店餐饮业情况相反，高档酒店门可罗雀，连锁酒店门庭若市。客源地与目的地的旅游供需矛盾将长期存在，尤其在旅游黄金周，这种矛盾表现得更为突出。突出的矛盾往往会造成游客不满意、景区承载力过于饱和的双输局面，而发展全域旅游可以从根本上缓解这种长期的结构性矛盾。

2017年国庆中秋双节叠加的八天长假，全国共接待国内游客7.05亿人次，实现国内旅游收入5836亿元，按可比口径将前七天与2016年同比计算，分别增长11.9%和13.9%。随着旅游立体交通的日益完善，出境人数逐年攀升，中国的旅游黄金周将成为世界的旅游黄金周。游客出游出现的新情况，对旅游服务管理和旅游安全保障工作提出了更为严峻的考验。严峻的管理形势可能同时出现在景区游客承载力管理、旅游安全管理和旅游交通安全监管等方面，传统点状管理已不能适应当前旅游安全管理的新形势。

传统点状管理难免出现空白地带，单一部门权责有限，处理旅游投诉能力有限。因此，景区的智慧管理、多部门综合管理、联合执法的全域监管变得十分迫切，呼唤全域旅游管理创新模式的出现。

3. 生态文明、乡村振兴的实现，需要发展全域旅游

生态兴文明兴，生态文明理念催生生态旅游、绿色旅游。转变过去粗放式经营、透支生态环境的做法，发展生态旅游，走可持续的全域旅游发展之路成为旅游界的共识。只有发展全域生态旅游，才有可能实现美丽中国。中国的美丽不仅在景点景区，全域旅游资源向海内外游客展示着更为广阔、更具魅力的美丽中国。海南作为国家首个全域旅游示范省创建单位，以"点—线—面"相结合为推进模式，以海南国际旅游岛建设发展为总抓手，以"美丽海南百千工程"为重要载体。随着海口、三亚、儋州等旅游精品城市旅游功能的逐步完善，海口观澜湖、三亚海棠湾等六大旅游产业园、25个重点旅游度假区、旅游综合体建设进展顺利，海南处处是风景。

关于美丽中国建设，先有国家主体功能区中的限制开发区，这类开发区均为国家生态屏障或生态环境极为脆弱的地区；后有生态文明示范区省份，这些省份生态环境优势明显，最有可能建成生态省份，进而作为典型向全国推广，全面推进美丽中国建设。而全域生态旅游的发展，不仅能够推动制度的完善，而且会影响游客产生促进生态文明的自觉行为，无形的普及能够隐形推动美丽中国的实现。

党的二十大报告指出，全面推进乡村振兴。坚持农业农村优先发展，坚持城乡融合发展，畅通城乡要素流动。扎实推动乡村产业、人才、文化、生态、组织振兴。可以说，乡村振兴战略是高质量发展的"压舱石"。当前，乡村人口持续下降是一个常态化趋势，生态保护与文化保护正提上日程，但关键的突破点在发展，发展的中心任务是拼经济。围绕乡村经济，除了基本的农业保证之外，在18亿亩耕地红线之外，我们还能做什么呢？毫无疑问，那就是推动差异化的乡村旅游产业大发展，这是农业现代化最终实现的托底保障。农业农村是建设社会主义现代化国家最为薄弱的环节，而且涉及的范围比较广，而发展全域旅游正迎合了这样的现实困境，为"农业+旅游"的融合提供了一个绝佳机遇。

二、全域旅游的多方认知

全域旅游是将区域整体作为旅游目的地发展的新理念和新模式，是一种区域旅游资源有机整合、产业融合、社会共建共享的发展理念。关于全域旅游，行政部门、学术界、旅游企业和游客存在多方认知①。

行政部门以文化和旅游部（原来是国家旅游局）为代表，《国家旅游局关于公布首批创建"国家全域旅游示范区"名单的通知》明确了全域旅游发展的主体、路径、目标和性质，也即全域旅游是将特定区域（省市区县）作为完整的旅游目的地进行整体规划布局、综合统筹管理、一体化营销推广，促进旅游业全区域、全要素、全产业链发展（路径），实现旅游业全域共建、全域共融、全域共享的发展模式（目标）。该阐释成为地方综合性旅游目的地发展的指导理念，促进多部门在行政管理上达成共识，齐抓共管旅游发展。国家文旅部门先后公布了两批国家全域旅游示范区，以市、县级地方人民政府为创建主体，并提出六大验收指标，引导地方全域旅游发展。

学术界对全域旅游的概念、认定范畴等方面存在争议，对实践路径的理论研究涉足较少。代表性的界定有：吕俊芳（2013）认为，全域旅游体现的是一种整体发展观念，区域各方面的发展应服务于旅游发展大局，形成全域一体的旅游品

---

① 北京巅峰智业旅游文化创意股份有限公司课题组 . 图解全域旅游理论与实践［M］. 北京：旅游教育出版社，2016.

牌形象①。魏小安和蒋曦宁（2016）认为，全域旅游是挖掘前工业化资源，利用工业化成果，创造超工业化产品，提出六"全"思维，即全要素、全过程、全结构、全体系、全管理和全推进②。石培华（2016）认为，全域旅游是把一个区域整体当作旅游景区，是空间全景化的系统旅游，是跳出传统旅游谋划现代旅游、跳出小旅游谋划大旅游，是旅游发展理念、发展模式上的根本性变革③。邓爱民等（2016）侧重强调全域旅游的空间属性，即行政区域、地理区域和文化区域④。张辉和岳燕祥（2016）认为，全域旅游是实践空间域、产业域、要素域和管理域的完备⑤。张成源（2017）认为，全域旅游重点在"域"。这个"域"是有疆界的地方。在这个"域"中，实现全地域、全领域、全要素、全方位、全过程、全行业、全时间、全社会、全产业、全空间的旅游发展⑥。

以上界定大同小异，撇开不同学科背景学者强调侧重点的不同，推动该模式的早期实践，成为学术界共同的期待。旅游企业侧重将全域旅游看作促进旅游产业链延长，增加企业参与旅游市场盈利的环节。新企业希望介入旅游产业链中的新领域，老企业则希望不断延伸旅游产业链条，拓展新业态的旅游资源开发和旅游服务，增加盈利机会。满足游客吃住行游购娱、商养学闲奇情的旅游期待是全域旅游企业的目标和追求。

旅游者认为全域旅游代表未来趋势，代表处处是风景、服务触手可及以及安全文明有序的旅游环境。全域旅游更多的是旅游者对旅游发展的追求，也是旅游者的人生追求。旅游通道的靓丽景观和旅游目的地的友好氛围都是旅游者期盼的全域旅游场景，而不是"旅前梦山、行中留山、游后无山"的传统旅游惯例。

全域旅游内涵的多样性决定了其阐释方面的多元化。杨振之（2016）认为全域旅游的内涵主要包含5点，即全域旅游资源富集而工业基础薄弱；以旅游业为引导，推进区域经济发展；以旅游业为引导，在全域合理高效地配置生产要素；推进全域旅游引领下的"多规合一"；实时适度增加投入，全域共享旅游休闲资源或产品⑦。邓爱民等（2016）从国学角度解读全域旅游，强调全域旅游中

①　吕俊芳．以"海洋全域旅游"服务"五位一体"现代化建设——以辽宁沿海经济带为例［C］// 2013 中国旅游科学年会论文集，2013.

②　魏小安，蒋曦宁．中国旅游发展新常态、新战略［M］．北京：中国旅游出版社，2016.

③　石培华．如何认识与理解"全域旅游"［J］．西部大开发，2016（11）：102-104.

④　邓爱民，桂橙林，张馨方，等．全域旅游：理论·方法·实践［M］．北京：中国旅游出版社，2016.

⑤　张辉，岳燕祥．全域旅游的理性思考［J］．旅游学刊，2016，31（9）：13-14.

⑥　张成源．旅游嬗变——全域旅游概念设计政策［M］．北京：旅游教育出版社，2017.

⑦　杨振之．全域旅游的内涵及其发展阶段［J］．旅游学刊，2016，31（12）：1-2.

"人"的主体性①。

我们认为全域旅游发展要把握好几个关键字：第一是"全"。不局限于时空，应从立体多维视角审视，古今中外、新旧业态的旅游资源都可容纳进来。空间上，打破孤立"点"，应将各点有机融入旅游活动的全过程。不管是历史古迹，还是新造景观，都应统一管理经营，不能任意割断分离。全域旅游目的地应立体统筹、协调发展，比如"多规合一"和网络公共区域全覆盖。以客源地旅游者的全面发展为出发点，营造目的地旅游的全域对接。第二是"连"。旅游要素的全面性，为"连"做了铺垫。实现旅游业与相关产业的融合发展，"连"较为关键。新的旅游发展理念必定产生新的旅游产业形态，"连"就是将相关经济社会资源重新配置组合，形成全产业链，链条上有旅游要素、旅游周边环境和旅游公共服务。旅游部门的宏观调控和旅游市场的隐形布局促成了区域旅游中诸多"连"的产生。第三是"通"。有了全域"连"，就不能堵，应畅通。时刻畅通才能发挥旅游资源的最大价值，实现全域旅游发展。通过景区间及景区内部的廊道、游步道、索道的畅通，景区外部的介入通道的无缝对接，有线通道加上无线网络通道，实现"地线"与"天线"的通联。发挥全域"通"，关键在管理。旅游管理既要有全域配套要素，还要有全域监管系统，由政府统筹，相关部门共治共管。如果说全域"连"保证了出游的可达性，那么全域"通"则可以提高旅游的成效。第四是"透"。全域旅游是一个旅游目的地的巨系统，没有高瞻远瞩的顶层设计和全局监管，其建设效能会大打折扣。不仅要满足于全域旅游发展之前和当下的全域旅游建设，还应看到全域旅游发展后的场景，要立体、多维、全局审视当前全域旅游的发展情况。不仅要关注横向的实时发展情况，还要对纵向动态的发展演变过程进行监测，以便应对旅游安全事件，对全域旅游发展做适时调整。

另外，发展全域旅游也要讲前提条件，不是所有的旅游目的地都适合搞全域旅游，即使有条件搞，也不能眉毛胡子一把抓，而应循序渐进、适时而为。全域旅游不等于全空间旅游，全域旅游发展也要基于当前既有景区基础，发展新的旅游景区和旅游产品。全域旅游的发展要有"主心骨"产业或产品，不能"撒胡椒粉"式地平均施力，应走差异化、特色发展之路。要避开上述误区，科学规划是关键。

为充分发挥国家全域旅游示范区在促进全域旅游发展中的示范引领作用，文化和旅游部制定了《国家全域旅游示范区验收、认定和管理实施办法（试行）》《国家全域旅游示范区验收标准（试行）》等文件，并决定开展首批国家全域旅

---

① 邓爱民，桂橙林，张馨方，等．全域旅游：理论·方法·实践［M］．北京：中国旅游出版社，2016.

游示范区验收认定工作。文化和旅游部相继于2019年、2020年公布了71个、97个国家级全域旅游示范区，作为延伸还有大批省级全域旅游示范区亟待第三批国家评审。

三、全域旅游示范区建设

旅游发展规划实施评估主要指对旅游发展规划执行情况及实施效果进行评估，兼顾对规划编制情况进行评估。《旅游发展规划实施评估导则》（LB/T 0041-2015）明确了评估主体，规定了评估方式，规范了评估程序，划定了评估内容与标准。具体提出要根据实施情况对规划主要内容进行评估，即对规划提出的发展定位、形象定位、发展目标、空间布局、发展战略、重点项目、主要举措等主要内容的科学性和可操作性，以及规划成果质量等进行评估。最终的规划实施评估报告内容应包括：规划的基本情况；规划主要目标的落实情况；规划主要内容、重点项目、重点任务的执行进展情况，规划实施的综合影响；总体评价及原因分析；问题与建议等。《文化和旅游部办公厅关于开展首批国家全域旅游示范区验收认定工作的通知》要求，全域旅游示范区验收对象为经审核通过的国家全域旅游示范区县级创建单位、地级创建单位所辖区县和直辖市所辖区县创建单位。认定对象为通过省级文化和旅游行政部门初审验收的创建单位。验收认定程度如下：

（1）验收申请。由创建单位所在地人民政府向省级文化和旅游行政部门提出验收申请。

（2）验收初审。由省级文化和旅游行政部门依据《国家全域旅游示范区验收、认定和管理实施办法（试行）》和《国家全域旅游示范区验收标准（试行）》的规定和要求，制定验收实施方案，根据验收得分结果确定申请认定的创建单位。

（3）认定申请。由省级文化和旅游行政部门向文化和旅游部提出认定申请，同时提交下列材料：①省级文化和旅游行政部门的认定申请、验收实施方案和验收初审报告；②验收打分和检查项目的说明材料；③申请验收单位创建申报书、创建方案、专题汇报文字材料、全域旅游产业运行情况、创建工作视频和其他需要补充的材料。

（4）认定审核。文化和旅游部以省级文化和旅游行政部门提交的材料为认定参考依据，组织召开专家评审会进行会议评审，委托第三方机构对通过会议评审的创建单位进行现场检查。综合会议评审和现场检查结果，确定通过审核的名单。

（5）认定公示。文化和旅游部对通过审核的创建单位，进行不少于5个工作日的公示。

（6）认定命名。对通过公示的创建单位，文化和旅游部认定为"国家全域旅游示范区"。

评价指标体系是推动全域旅游创建工作的指挥棒，是验收检查全域旅游示范区创建工作的基本准绳和基本依据。2020年修订后的《国家全域旅游示范区验收标准（试行）》出台，具体分八大指标（体制机制、政策保障、公共服务、供给体系、秩序与安全、资源与环境、品牌影响、创新示范）来审核地方申报的全域旅游示范区，如表4-1所示。

表4-1　国家全域旅游示范区验收指标明细

验收指标及分值	总体要求	评分标准
体制机制（90分）	建立适应全域旅游发展的统筹协调、综合管理、行业自律等体制机制，现代旅游治理能力显著提升	1. 领导体制：建立全域旅游组织领导机制，把旅游工作纳入政府年度考核指标体系。（20分）
		2. 协调机制：建立部门联动、共同参与的旅游综合协调机制，形成工作合力。（25分）
		3. 综合管理机制：建立旅游综合管理机构，健全社会综合治理体系。（20分）
		4. 统计制度：健全现代旅游统计制度与统计体系，渠道畅通、数据完整，报送及时。（15分）
		5. 行业自律机制：建立各类旅游行业协会，会员覆盖率高，自律规章制度健全，行业自律效果良好。（10分）
政策保障（140分）	旅游业在地方经济社会发展战略中具有重要地位，旅游规划与相关规划实现有机衔接，全域旅游发展支持政策配套齐全	1. 产业定位：旅游业被确立为主导产业，地方党委或政府出台促进全域旅游发展的综合性政策文件和实施方案，相关部门出台专项支持政策文件。（20分）
		2. 规划编制：由所在地人民政府编制全域旅游规划和相应专项规划，制定工作实施方案等配套文件，建立规划督查、评估机制。（20分）
		3. 多规融合：旅游规划与相关规划深度融合，国土空间等规划满足旅游发展需求。（20分）
		4. 财政金融支持政策：设立旅游发展专项资金，统筹各部门资金支持全域旅游发展，出台贷款贴息政策，实施旅游发展奖励补助政策，制定开发性金融融资方案或政策。（30分）
		5. 土地保障政策：保障旅游发展用地新增建设用地指标，在年度用地计划中优先支持旅游项目用地。有效运用城乡建设用地增减挂钩政策，促进土地要素有序流动和合理配置，构建旅游用地保障新渠道。（30分）
		6. 人才政策：设立旅游专家智库，建立多层次的人才引进和旅游培训机制，实施旅游人才奖励政策。（20分）

验收指标及分值	总体要求	评分标准
公共服务 （230分）	旅游公共服务体系健全，各类设施运行有效	1. 外部交通：可进入性强，交通方式快捷多样，外部综合交通网络体系完善。（20分）
		2. 公路服务区：功能齐全，规模适中，服务规范，风格协调。（15分）
		3. 旅游集散中心：位置合理，规模适中，功能完善，形成多层级旅游集散网络。（20分）
		4. 内部交通：内部交通体系健全，各类道路符合相应等级公路标准，城市和乡村旅游交通配套体系完善。（30分）
		5. 停车场：与生态环境协调，与游客流量基本平衡，配套设施完善。（15分）
		6. 旅游交通服务：城市观光交通、旅游专线公交、旅游客运班车等交通工具形式多样，运力充足，弹性供给能力强。（20分）
		7. 旅游标识系统：旅游引导标识等系统完善，设置合理科学，符合相关标准。（25分）
		8. 游客服务中心：咨询服务中心和游客服务点设置科学合理，运行有效，服务质量好。（20分）
		9. 旅游厕所："厕所革命"覆盖城乡全域，厕所分布合理，管理规范，比例适当，免费开放。（30分）
		10. 智慧旅游：智慧旅游设施体系完善、功能齐全、覆盖范围大、服务到位。（35分）
供给体系 （240分）	旅游供给要素齐全，旅游业态丰富，旅游产品结构合理，旅游功能布局科学	1. 旅游吸引物：具有品牌突出、数量充足的旅游吸引物。城乡建有功能完善、业态丰富、设施配套的旅游功能区。（50分）
		2. 旅游餐饮：餐饮服务便捷多样，有特色餐饮街区、快餐和特色小吃等业态，地方餐饮（店）品牌突出，管理规范。（35分）
		3. 旅游住宿：星级饭店、文化主题旅游饭店、民宿等各类住宿设施齐全，管理规范。（35分）
		4. 旅游娱乐：举办富有地方文化特色的旅游演艺、休闲娱乐和节事节庆活动。（35分）
		5. 旅游购物：地方旅游商品特色鲜明、知名度高，旅游购物场所经营规范。（35分）
		6. 融合产业：大力实施"旅游+"战略，实现多业态融合发展。（50分）

验收指标 及分值	总体要求	评分标准
秩序与安全 （140分）	旅游综合监管体系完善，市场秩序良好，游客满意度高	1. 服务质量：实施旅游服务质量提升计划，宣传、贯彻和实施各类旅游服务标准。（20分）
		2. 市场管理：完善旅游市场综合监管机制，整合组建承担旅游行政执法职责的文化市场综合执法队伍，建立旅游领域社会信用体系，制定信用惩戒机制，市场秩序良好。（25分）
		3. 投诉处理：旅游投诉举报渠道健全畅通有效，投诉处理制度健全，处理规范公正，反馈及时有效。（20分）
		4. 文明旅游：定期开展旅游文明宣传和警示教育活动，推行旅游文明公约，树立文明旅游典型，妥善处置、及时上报旅游不文明行为事件。（20分）
		5. 旅游志愿者服务：完善旅游志愿服务体系，设立志愿服务工作站点，开展旅游志愿者公益行动。（15分）
		6. 安全制度：建立旅游安全联合监管机制，制定旅游安全应急预案，定期开展安全演练。（12分）
		7. 风险管控：有各类安全风险提示、安全生产监督管控措施。（18分）
		8. 旅游救援：救援系统运行有效，旅游保险制度健全。（10分）
资源与环境 （100分）	旅游资源环境保护机制完善，实施效果良好。旅游创业就业和旅游扶贫富民取得一定成效，具有发展旅游的良好社会环境	1. 资源环境质量：制定自然生态资源、文化资源保护措施和方案。（24分）
		2. 城乡建设水平：整体风貌具有鲜明的地方特色，城乡建设保护措施完善。（16分）
		3. 全域环境整治：旅游区、旅游廊道、旅游村镇周边洁化绿化美化，"三改一整"等工程推进有力，污水和垃圾处理成效显著。（20分）
		4. 社会环境优化：广泛开展全域旅游宣传教育，实施旅游惠民政策，旅游扶贫富民方式多样，主客共享的社会氛围良好。（40分）
品牌影响 （60分）	实施全域旅游整体营销，品牌体系完整、特色鲜明	1. 营销保障：设立旅游营销专项资金，制定旅游市场开发奖励办法。（15分）
		2. 品牌战略：实施品牌营销战略，品牌体系完整，形象清晰，知名度和美誉度高。（15分）
		3. 营销机制：建立多主体、多部门参与的宣传营销联动机制，形成全域旅游营销格局。（10分）
		4. 营销方式：采取多种方式开展品牌营销，创新全域旅游营销方式。（10分）
		5. 营销成效：市场规模持续扩大，游客数量稳定增长。（10分）

续表

验收指标及分值	总体要求	评分标准
创新示范（200分）	创新改革力度大，有效解决制约旅游业发展瓶颈，形成较强的示范带动作用	1. 体制机制创新：具有示范意义的旅游领导机制创新（6分）、协调机制创新（6分）、市场机制创新（6分）、旅游配套机制创新（6分）；旅游综合管理体制改革创新（6分）；旅游治理能力创新（6分）；旅游引领多规融合创新（8分）；规划实施与管理创新（6分）。（小计50分）
		2. 政策措施创新：全域旅游政策举措创新（6分）；财政金融支持政策创新（6分）；旅游投融资举措创新（6分）；旅游土地供给举措创新（6分）；人才政策举措创新（6分）。（小计30分）
		3. 业态融合创新：旅游发展模式创新（10分）；产业融合业态创新（10分）；旅游经营模式创新（10分）。（小计30分）
		4. 公共服务创新：旅游交通建设创新（8分）；旅游交通服务方式创新（8分）；旅游咨询服务创新（8分）；"厕所革命"创新（8分）；环境卫生整治创新（8分）。（小计40分）
		5. 科技与服务创新：智慧服务创新（10分）；非标准化旅游服务创新（10分）。（小计20分）
		6. 环境保护创新：旅游环境保护创新。（8分）
		7. 扶贫富民创新：旅游扶贫富民方式创新（8分）；旅游创业就业方式创新（4分）。（小计12分）
		8. 营销推广创新：营销方式创新。（10分）
扣分事项	不予审核项	1. 重大安全事故：近三年发生重大旅游安全生产责任事故的
		2. 重大市场秩序问题：近三年发生重大旅游投诉、旅游负面舆情、旅游市场失信等市场秩序问题的
		3. 重大生态环境破坏：近三年发生重大生态环境破坏事件的
		4. 旅游厕所："厕所革命"不达标
	主要扣分项	1. 安全生产事故：近三年发生旅游安全生产责任事故，处理不及时，造成不良影响的，扣35分
		2. 市场秩序问题：近三年发生旅游投诉、旅游负面舆情、旅游市场失信等市场秩序问题，处理不及时，造成不良影响的，扣30分
		3. 生态环境破坏：近三年发生生态环境破坏事件，处理不及时，造成不良影响的，扣35分

除了显性的指标性评价，全域旅游规划还有一些隐性的制度或理念创新。比如全域服务观、全域营销观。全域旅游理念打破了原来景区内外之别，因此旅游服务的范围不再是旅游区和非旅游区的差别，而是应将两者统合起来，树立全域

服务的观念，有必要可做专项的全域旅游服务规划。如全域旅游营销，此处的营销不再只是政府、企业方面的集中营销，还应把当地社区居民以及旅游者的营销也融合进来，营销地也不再局限于旅游目的地，可以把营销关口前移，放到旅游客源地。所以，当前的全域旅游规划理念已与传统规划理念出现一些不同。

全域旅游是伴随旅游产业供给侧改革而出现的一种旅游发展理念，是区域旅游发展的一种创新。全域旅游规划的编制应立足大区域、着眼大旅游、谋划大项目、连接新业态，实现以旅游为中心驱动的经济发展模式。旅游规划专家马勇提出，全域旅游规划应关注六个点：第一，聚焦全域旅游引领，规划布局产业生态圈；第二，聚焦全域存量优势，综合盘活旅游要素资源；第三，聚焦全域业态融合，目标锁定"旅游+"新业态；第四，聚焦全域政策驱动，改革全域旅游管理体制；第五，聚焦全域标准建设，打造全域旅游示范区；第六，聚焦全域投资创新，引领全域大旅游时代。

第三节　全域旅游规划与多规协同

全域旅游强调旅游要素、产业链条、社会角色、规划时空、全方位管理，是一种区域整体发展的观念。但能否落实到位，重点是空间规划及用地保障的推动。"多规合一"中的"多规"主要指国民经济和社会发展规划、城乡规划、土地利用总体规划和生态环境保护规划四大规划，"合一"指通过重点找出"多规"中有关空间布局安排不一致的地方，然后通过协调处理形成一张统一的"空间蓝图"，达到消除空间差异、冲突和矛盾的目的。"多规合一"政策的出台，无疑给全域旅游规划与相关规划的协调提供了契机。旅游规划需要协调的方面有与城乡规划共享基础设施、与土地利用规划取得游憩用地协调，与生态环境规划在资源保护方面取得一致。

一、全域旅游规划中的用地协同

过去在全国土地利用规划里，没有游憩用地名目，有时往往以旅游地产的名义来实现旅游用地。现在的旅游规划与发展中，用地不成问题了，但如何拿到合适的旅游用地还是需要费一番周折的。其中，最重要的是有一份科学合理的旅游规划文本，这样用地审批才相对容易一些。特别是高质量的旅游规划，俨然是一份政策执行书。当前，房地产市场受到严格管控，借开发旅游之名、行旅游地产之实的现象正在减少。

　　发展全域旅游就是打破原有的区域界限，加密景区内外景点空间分布，减少旅游者路上消耗时间，即形成景区+廊道+景区的区域搭配格局。要达到处处是景的目标倒不难，难的是如何使这些景致和谐搭配。由于景区内、景区外多是分属不同部门管辖，内外规划能否达到协调一致也是个未知数；当然，解决这个问题也是全域旅游发展理念出台的初衷。但现实的情况是，用地性质搭配需要总体平衡，不能由旅游用地一家独大。比如耕地红线的划定，国家有基本农田亩数的要求，舍弃耕地用途转移来发展旅游显然不行。那么就存在耕地、旅游用地之间的搭配问题了，景区内的油菜花是观赏用的，景区外的就不行了，景区内外油菜花所产生的经济收益不一样，但用地功能不能互换或者向收益高的一方一边倒。于是就要考虑两者之间的协调规划问题。

二、全域旅游规划中的空间协同

　　实际上，全域旅游发展思想提出的初衷是用旅游业来统合其他相关产业，通过"旅游+"来实现，推动旅游业成为重要的服务产业。事实上，旅游产业一度取得了这样的地位，比如旅游发展委员会的成员改革、增设游憩用地类别等。在宏观发展层面，旅游规划是发展规划的专项规划，统一于国土空间总体规划，但在微观层面，特别是游憩用地规划方面，需要与国土空间规划相协调。《文化和旅游规划管理办法》指出，文化和旅游规划应当与土地利用总体规划、城乡规划、环境保护规划以及其他相关规划相衔接。

　　首先，应明确规划的界限，哪些是规划所限制的、不能动。比如规划中的"绿线、红线、紫线、蓝线"，具体来说是生态绿线、耕地红线、文保紫线、水体蓝线（每条线又有丰富的内容，如红线有生态保护红线、耕地和永久基本农田保护红线、城镇边界开发红线）。然而，上述限制区域，旅游不能做实际规划，也即俞孔坚所讲的"反规划"。上述限制开发或禁止开发区的发展又不能离开旅游的支持。因此，旅游+其他业态的模式可能取得暂时的突破，但绿水青山就是金山银山的理念是底线。

　　其次，在空间上要做到协调，特别要与国土空间规划取得一定的协调。国土空间规划是对一定区域国土空间开发保护在空间和时间上作出的安排。国土空间规划是国家空间发展的指南、可持续发展的空间蓝图，是各类开发保护建设活动的基本依据。长期以来，我国存在规划类型过多、内容重叠冲突、审批流程复杂、周期过长，地方规划朝令夕改等问题，建立国土空间规划体系并监督实施，将主体功能区规划、土地利用规划、城乡规划等空间规划融合为统一的国土空间规划，实现"多规合一"，能够强化国土空间规划对各专项规划的指导约束作用。

　　国土空间规划强调"三规合一"乃至"多规合一"，就是多个规划同时进行，不再是过去各个部门各搞各的，至少在规划阶段可以统筹安排，统一行动。既不是原有规划的简单拼凑，也不是以某个规划为主来拼凑其他的规划内容。至于执行得怎么样，各种规划的进展可能不一样。但一张蓝图绘到底这个节奏是统一的，因此，旅游规划的执行增加了和同级别不同类型的其他规划的协调问题。

孙施文（2021）认为，国土空间规划中的内容至少包括三个层次，即国土空间的构成要素、实体空间的使用层次、不同使用之间的关系①。全域旅游规划既要考虑自然景观要素，也要考虑人文景观要素，更要考虑旅游者体验需求，还要考虑人地关系的协调，从这个层面来说，国土空间规划与全域旅游规划有相通之处，从而为"合一"提供了条件。

另外，不管是国土空间规划还是全域旅游规划，均是基于目的地的规划，都要协调生产、生活、生态三生空间，那么在空间协调方面也有"合一"的必要，从而提高规划效益，降低用地冲突。在划定"三区四线"（禁建区、限建区、宜建区，绿线、蓝线、紫线、黄线）之后，应提炼国土空间规划的方向和重点，特别是全域旅游示范区以及旅游作为先导产业布局的区域，应主动作为，突出特色，不能让旅游重点项目被其他规划所挤占。

全域旅游是一种系统性的发展理念，一般通过某种潜移默化的过程，审时度势，把握时机，在多个旅游目的地规划布局多个全域旅游发展专属空间，从而聚集有利资源，形成多个全域旅游发展的主体功能区。按照国家"主体功能区"的国土空间规划思路，规划发展旅游主体功能区，形成旅游活动空间聚集的全域旅游发展的先行示范区。

国土空间规划的统筹体现在规划类别上的融合与规划层级上的衔接。规划类别主要是分区规划大纲、行动规划大纲、专项规划大纲，层级主要涉及国家、省级、市县三个级别。全域旅游强调以旅游规划为主导，空间规划强调多个空间规划元素的提炼、整合。当然，围绕旅游主题推进的规划可以交叉进行，在类别、层级方面可以进行综合规划，实现分级管控、垂直传导，并且兼顾规划落地的实际情况。

本章小结

本章从整个规划界来评估旅游规划的重要性，从中引出全域旅游发展规划的相关事项。在区域发展规划视角下，全域旅游与同级别的相关规划的有效衔接变得尤为重要，由此将推进旅游产业的大发展。

---

① 孙施文. 清基础概念，多专业协作，为国土空间规划工作开展打下扎实基础［C］//理想空间：国土空间规划理论与方法. 上海：同济大学出版社，2021.

思考题

1. 旅游如何整合规划界？
2. 当前旅游发展规划如何应对全域旅游发展思想的发育？
3. 旅游规划与"多规"如何协调至"合一"？

案例 4-1 《金昌市全域旅游发展规划》解读①

一、基础分析

金昌市地处甘肃省河西走廊东段，全市旅游资源种类多、分布广、禀赋高。"中国镍都""火星 1 号基地""神秘骊靬""紫金花城""红色金昌"等特色资源基因交相辉映。金昌市还拥有具有区域影响力的红色文化、传统文化等特色旅游资源基因。

金昌市旅游业发展基础较好。截至 2022 年 3 月，全市有 A 级旅游景区 8 家，省级乡村旅游示范村 10 个；住宿单位 180 家，客房数 6230 间，床位数 10487 张；旅行社 14 家，分社 9 家；评选推出了 42 家特色餐饮名店、10 家乡村旅游餐饮示范点和 50 多道特色美食；培育旅游商品研发生产营销企业 42 家，开发特色旅游商品 20 多个系列 100 余种。有圣容唐塔、汉明长城、三角城遗址等全国重点文物保护单位 6 处，西路军永昌战斗遗址、花大门石刻等省级文物保护单位 12 处，露天矿老坑、关帝庙等市级文物保护单位 20 处。有国家级非遗项目 1 项、省级非遗项目 12 项、市级非遗项目 49 项；有省级非遗传承人 8 人、市级传承人 73 人、村镇民俗馆 5 个、非遗传习所 7 个。

二、产业诊断

1. 产业薄弱，拉动力低

2019 年，金昌市接待国内游客 576.3 万人次，接待入境游客 1157 人次，国内旅游收入 34 亿元，国际旅游外汇收入 28.44 万美元，旅游人均花费 590 元。金昌市旅游总收入、旅游接待人数与其他旅游业发达城市差距较大，旅游产业规模不大、层次不高、影响力不强，对国民经济贡献率不高。

2. 龙头缺失，吸引不足

旅游资源点散、面广，景区景点多而不强。缺乏 5A 级旅游景区支撑，4A 级

---

① 资料来源：http://jcjjc.gov.cn/jinchang/web1/jcms/jcms_files/jcms1/web1/site/attach/0/a4ecb503d7e841e916d31ad080e3095.pdf.

旅游景区均为免费开放景区。虽集合"城、花、馆、园、沙、湖、山"多类型旅游资源，但大多呈碎片化开发。其中，人工景区部分存在公园化问题，后继开发潜力不大；"镍都"工业旅游"有说头、少看头、无玩头"，体验性不足；以"卍"字灯俗、永昌小曲、河西宝卷、民俗小吃等为代表的文化资源创意开发不足；研学游产品缺乏场景化的场地和课程支撑；乡村旅游低端化、同质化开发造成发展低效重复，不能形成合力。

3. 交通滞后，进入性差

"快旅慢游"立体交通网络尚未形成，"最后一公里"亟待打通。各类交通方式衔接不畅、效率不高。金昌机场航线开拓进程较缓，航班及通航点少，航线网络布局需要进一步丰富和优化。国省干线之间以及干线公路和农村公路之间衔接不畅，交通转换不便捷；铁路基础较为薄弱，高铁建设落后于周边区域。

4. 生态脆弱，开发受限

金昌市北部是巴丹吉林沙漠和腾格里沙漠，南部是我国西北生态安全屏障——祁连山，生态环境脆弱，受沙漠化威胁严重，生态过于敏感，旅游建设限制因素较多。还存在水资源缺乏、植被类型单一等问题。

三、对标找差

1. 全域旅游示范区创建验收标准概述

《国家全域旅游示范区验收标准（试行）》中项目总分1200分，基本项目1000分（见表4-2），创新示范项目加分200分，扣分项100分。

表4-2　全域旅游示范区七个基本项目的验收标准

七个基本项目	最高得分
体制机制	90分
政策保障	140分
公共服务	230分
供给体系	240分
秩序与安全	140分
资源与环境	100分
品牌影响	60分

（1）八个创新加分项目，包括体制机制创新、政策措施创新、业态融合创新、公共服务创新、科技与服务创新、旅游环境保护创新、扶贫富民创新、营销

方式创新。

（2）七大扣分项目。近三年发生重大旅游安全生产责任事故的，不予审核；近三年发生重大旅游投诉、旅游负面舆情、旅游市场失信等市场秩序问题的，不予审核；近三年发生重大生态环境破坏事件的，不予审核；"厕所革命"不达标的，不予审核；近三年发生旅游安全生产责任事故，处理不及时，造成不良影响的，扣35分；近三年发生旅游投诉、旅游负面舆情、旅游市场失信等市场秩序问题，处理不及时，造成不良影响的，扣30分；近三年发生生态环境破坏事件，处理不及时，造成不良影响的，扣35分。

2. 金昌市全域旅游示范区模拟验收评分

2019年，金川区成为全省首批"省级全域旅游示范区"。专家验收打分840分。该规划课题组根据调研情况，对永昌县创建情况进行了评估，模拟打分726分。对金昌市综合模拟打分760分。

四、问题聚焦

对照《国家全域旅游示范区验收标准（试行）》，金昌市全域旅游示范区创建存在以下问题。

1. 体制机制方面

全方位整体推进旅游产业的力度不足，党政统筹、部门联动的全域旅游领导协调机制作用未能充分发挥。旅游综合管理体制运行效率有待提高。旅游治理体系和治理能力现代化水平不高，行业协会数量不足。

2. 政策保障方面

旅游业在地方经济社会发展中的定位与《国家全域旅游示范区验收标准（试行）》的要求（主导产业）有差距，旅游产业规划与相关规划融合不够，尤其是工业旅游缺乏顶层设计，未能充分支撑"中国镍都"形象。金融、财政、人才等方面的政策支持不足。地方旅游法规制定和标准化建设与产业发展需求还有差距。

3. 公共服务方面

旅游公共服务体系不够健全，一主多辅的旅游集散中心尚未建立，旅游安全救援体系、自驾游体系、自助游体系亟待完善。公路、铁路、航空没有实现无缝衔接。

4. 供给体系方面

在传统观光资源优势不明显的情况下，新业态、新产品开发速度较慢，与工业、文化等相关产业融合不足。观光、休闲、度假业态结构不协调，综合效益不高。全市没有国家5A级旅游景区。吃、住、行、游、购、娱等要素发展水平需要进一步提升。

5. 秩序与安全方面

旅游综合监管体系效率需要进一步提高，旅游安全应急预案制定和定期演练还存在不充分、不及时问题。地方旅游服务标准需要进一步完善。

6. 资源与环境方面

城乡整体风貌的地域特色和"中国镍都"工业城市特色不足。全域旅游宣传氛围不够浓厚，旅游带动"双创"的效果不够显著。

7. 品牌影响方面

旅游目的地品牌体系不够完整，部分景区缺乏鲜明的形象和定位。"中国镍都"品牌识别度高、知名度高，但市场感召力不够。

8. 创新示范方面

缺乏地方性旅游土地供应、融资平台搭建等方面的政策。工业旅游、乡村民宿等新业态发展较慢，市场主体不强。风景廊道建设较为滞后，公路、铁路、航空等交通运输方式"无缝衔接"还需进一步强化。

五、实现路径

1. 立足标准，对标提升

重点在以下几个方面补齐国家级全域旅游示范区创建短板。

（1）全域化的特色打造。以创建资源转型型国家全域旅游示范区为目标，深度挖掘金昌工业文化内涵，加快工业旅游产品开发，讲好金昌工业文明故事，提升金昌工业旅游知名度和美誉度，打响"中国镍都"工业旅游品牌。

（2）全域化的体制创新。破除体制壁垒，由党政统筹扩展为党政企统筹，突破资源分割、体制机制不顺的问题，景城企一体打造全域休闲游憩新格局。发挥市场主体作用，形成全市一盘棋、全面布局、多级联动、整体推进的工作体系。有效衔接关联规划，深入实施"多规合一"改革试点，以"多规合一"思路推进全域旅游发展。改革创新投融资模式，推进旅游基础设施和公共服务 PPP 等投融资模式创新。

（3）全域化的协同推进。将金昌市作为一个大景区来建设，发改、交通、林草、农业、自然资源等部门协同发力，以县（区）创建国家全域旅游示范区为先导，以 A 级旅游景区创建为支撑，推进乡村旅游、旅游休闲街区建设，拓展全域旅游发展空间。提升全域旅游公共基础设施配套水平，提升优化旅游服务水平。

（4）全域化的品牌创建。着眼全域旅游市场需求，立足金昌人文和自然资源禀赋，提升"中国镍都·紫金花城"旅游品牌核心竞争力。顺应旅游消费结构升级趋势，加强资源整合与业态创新，差异化开发特色旅游产品；做大做强旅游企业，增强旅游商品研发创新能力，加快发展旅游商品生产基地，完善销售服务体系，打响"金昌礼物"旅游商品品牌，加强旅游标准化建设，提升旅游服务标准化水平，促进旅游服务质量提升，厚植旅游服务品牌内涵。

（5）全域化的开放共享。激发全民参与全域旅游的创建热情，扶持当地居民在旅游及相关领域创业就业，推动旅游城乡一体、互动发展，促进居民和游客共享旅游成果。完善旅游公共信息服务体系、旅游交通便捷服务体系、旅游安全保障体系、旅游惠民便民服务体系、旅游服务软环境管理体系"五大体系"，着力提升旅游公共服务水平，构建外来游客与本地居民共享的高品质的社会生活环境。

2. 优化产业发展策略

（1）差异化发展。立足金昌市旅游资源的禀赋和市场需求，坚持差异化发展，瞄准丝绸之路黄金旅游线路和航天科普旅游、工业旅游的市场化需求，创意开发以镍都工业文化为核心的工业旅游产品和以"火星1号基地"为引领的航天科普研学旅游产品，通过体验式、沉浸式项目开发，增强旅游产品科技性、教育性和娱乐性，形成体验式旅游时代的特殊优势。

（2）借势拓市场。主动服务"甘、青、蒙、宁"区域旅游大环线、越野 e族英雄会生活大本营、河西走廊以北大环线自驾游客。借助机场、火车站等交通枢纽优势，大力发展落地自驾业务，培育涵盖越野、房车等车型的车辆租赁市场，实现异地租借。抢抓机遇，建设一批户外探险基地、露营地、房车营地等服务设施，加强与各户外俱乐部的联系，培育户外旅游市场。提升全市高速公路服务区、加油站、车辆维修点服务水平，做好与景区、酒店、餐饮、博物馆、乡村旅游点等信息的精准对接和推介。出台补贴政策，探索全市现有景区与周边城市景区实行一票通模式。

（3）研学创品牌。以创建航天科普研学和工矿研学国内第一品牌为目标，与市内外高校、职业技术学校等教学科研机构深度合作，围绕师资、课程、后勤、安全保障等核心环节，积极创建文旅部"中国研学旅游目的地""全国研学旅游示范基地"，教育部"中小学生研学实践教育基地""中小学生研学实践教育营地"，打造科普研学旅游"龙头"产品。构建以科普研学产品为引领，红色教育、文化体验、乡村旅游、户外拓展等研学产品为辅的多业态、多渠道研学产品体系，打造丝绸之路科普研学精品旅游目的地。

（4）服务夯基础。积极满足高频次、短距离的"微度假"需求，串联基础设施较好的旅游风景廊道和旅游线路产品，补齐公共服务配套设施短板，因地制宜建设自驾驿站、文化集市、观景台、港湾式停车点、露营烧烤点，形成集观光、休闲、购物、餐饮于一体的复合功能型廊道。完善市域旅游交通集散的综合功能，提升公共基础设施配套水平，优化旅游服务功能。开发特色夜市、夜演、夜休闲、夜间光影以及特色民宿、旅游演艺小品等文化旅游新业态，着力突破夜间经济。大力培育牛羊肉系列、鳟鱼系列、七彩饺子宴等特色美食以及本土小吃，把特色美食包装为旅游产品。挖掘永昌小戏、小曲、节子舞等特色民间演艺，培养一批民间曲艺艺人，包装培育文化娱乐特色产品。做好特色农产品的终端产品加工，开发符合消费升级需求的网红零食、特色礼品。

（5）综合促发展。注重党政企协调统筹，落实各部门支持旅游产业发展的具体措施，加快推进产业融合发展。通过全国文明典范城市、国家园林城市、国家卫生城市、国家公共文化服务体系示范区的创建、巩固和提升，精心涵养城市气质，不断夯实旅游发展基础，形成全社会关注旅游、参与旅游、建设旅游的良好氛围和发展合力。因地制宜推进景区、旅游警察、工商旅游分局、旅游巡回法庭等综合治理的体制机制建设。

第五章　旅游规划功能布局与产品设计

国土空间规划是对一定区域国土空间的开发保护在空间和时间上作出的安排，包括总体规划、详细规划和必要的专项规划。国土空间规划是国家空间发展的指南、可持续发展的空间蓝图，是各类开发保护建设活动的基本依据。在国土空间规划设计的旅游篇章中，针对旅游主题给出了具体的分区原则与设计技术要点。在旅游功能分区工作开展之前，首先要有总体定位及主题形象的提炼过程，准确定位旅游主题，科学、合理地布局旅游空间是旅游功能科学分区的重要前提。旅游产品的创意设计又是旅游主题及分区的重要支撑内容，多以更小的主题及产品来体现，产品设计的创意性成为当前旅游开发的时尚。

第一节　旅游规划主题定位布局依据

主题在音乐中指主旋律，指乐曲中具有特征的并处于显著地位的旋律；它表现完整或相对完整的音乐思想，为乐曲的核心，亦为其结构与发展的基本要素。定位起源于 20 世纪 60 年代的广告界，20 世纪 70 年代后流行于商品领域，强调商品在消费者心中的位置。市场定位与产业定位、总体定位、主题形象定位共同组成了旅游发展定位。旅游定位广义上多指旅游产业的定位，该定位服从旅游业发展的主要目标，比如旅游经济总量持续上升，旅游综合效益持续提高，旅游服务让旅游者更加满意等。狭义的旅游定位，特指旅游主题定位。旅游主题是在旅游区建设和旅游者旅游活动过程中，被不断地展示和体现出来的一种理念和价值观念。在旅游规划中，旅游主题起着核心作用，体现了规划师深层的设计理念，并以多种方式的旅游产品表现出来。旅游规划主题是以目的地历史文化背景为基础，以促进旅游经济和谐发展为目的，通过旅游地的功能、产品及形象等方面加以体现①。旅游主题遴选的成败在很大程度上关系着旅游规划的成败。

一、旅游规划中的主题定位概述

简单来说，旅游规划主题，就是旅游规划设计者想要将目的地或景区塑造成什么样的文化、精神或人文价值。而主题定位实际上是确定一个旅游目的地或景区应该如何圈定旅游目标市场，又应该打造什么样的旅游形象。

一般来说，规划主题是统领整个旅游规划过程的核心。对于规划设计师而言，主题是一种设计理念；对于营销策划者而言，主题是一种推广主张；对于旅游消费者而言，主题是一种消费吸引力；对于投资运营方而言，主题是一座永不干涸的蓄水池，后期管理时可以从中持续攫取项目创意与促销点子。

二、主题定位的依据

在旅游规划领域，《旅游规划通则》（GB/T18971－2003）是适用于编制各级、各类旅游规划的国家标准，其中"5.3 规划编制阶段"条目下明确了规划主体如何确定旅游规划主题定位和发展目标等内容。

在前期准备工作的基础上，确立规划区旅游主题，包括主要功能、主打产品和主题形象。

确立规划分期及各分期目标。提出旅游产品及设施的开发思路和空间布局。确立重点旅游开发项目，确定投资规模，进行经济、社会和环境评价。形成规划区的旅游发展战略，提出规划实施的措施、方案和步骤，包括政策支持、经营管理体制、宣传促销、融资方式、教育培训等。

由上可知，在实际的旅游规划设计过程中，旅游主题定位多体现在"定位"章节，但不仅仅限于某一章节，主题还是开展后续旅游功能分区、旅游产品开发、旅游线路设计、旅游项目策划、旅游市场营销等章节内容撰写的主要依据，更是贯穿旅游规划编制全过程乃至开发、招商、运营管理全过程的思想与灵魂。

三、旅游规划主题定位的内容

在旅游规划文本编制过程中，基于前期的旅游资源调查与评价、旅游市场调研与分析等内容，在对规划对象的 SWOT 分析的基础上，提出如何确定旅游规划主题定位的核心理念或指导思想，以及如何对旅游规划主题进行科学、合理的定位。旅游规划主题定位主要包括旅游功能定位、主题产品定位、主题形象定位和目标市场定位四个方面内容。旅游功能定位强调旅游发展的多层次目标，是旅游

---

① 马勇，李玺．旅游规划与开发［M］．北京：高等教育出版社，2018.

发展目标的具体分解；主题产品定位是旅游功能定位的具体化，主题形象定位是旅游功能及产品定位的外在化，功能、产品、形象定位的成功与否又通过三者的对立面——目标市场定位来检验，往往通过旅游营销手段来实现。

1. 旅游功能定位

旅游功能定位决定了旅游目的地或旅游景区从哪个或哪些方面来满足旅游者需求，如观光、休闲、度假、体验等，能够确定目的地或景区未来开发将具备哪些功能，以及哪些功能会成为主要的发展方向。另外，旅游功能定位主要受到宏观政治经济环境、旅游资源基础、技术资金实力和旅游发展期望等因素的影响，同时要充分考虑三大效益（经济、社会和环境）。

2. 主题产品定位

旅游目的地或旅游景区的主题产品定位的基础是旅游功能定位，能够确定未来将发展哪些旅游产品，以此来实现对应的旅游主题功能。主题产品定位不应局限于现有的旅游产品体系分类，还要结合实际情况，因地制宜。另外，旅游主题产品定位要充分考虑周边目的地或景区，避免出现雷同。迪拜以高端酒店而闻名世界，通过"石油美元"的贸易建立了大量的高端建筑，其奢华的外表及服务设施使迪拜成为奢华的代名词。著名的酒店有五星级的泰姬陵宫酒店、以海洋为主题的亚特兰蒂斯酒店、七星级的帆船酒店、八星级的酋长皇宫酒店以及特色鲜明的哈塔城堡酒店。在众多高端酒店中，帆船酒店自 1999 年开业以来，一直是迪拜最具影响力的地标，有 202 间套房，最低房价 900 美元每晚。

3. 主题形象定位

旅游主题形象，对旅游目的地或旅游景区而言，是其景观风貌、环境氛围、旅游产品、服务或空间范围的载体；对大众旅游者而言，是对目的地或景区整体的、概括的和抽象的认识或评价。旅游主题形象定位是建立或塑造一个符合目标市场心理预期的品牌形象的过程。其主要从文化层面上来满足旅游者对个性化、差异化的心理需求。在实际的旅游开发过程中，应针对不同的旅游发展阶段，对主题形象定位进行适当的修正或调整。比如，山东省旅游形象的宣传口号曾出现过"一山一水一圣人""文化圣地，度假天堂"，当前确定为"好客山东"。山东人朴厚的心地、朴实的品性、朴素的感情、朴质的行为，构成了历代传承而相沿不辍的好客文化。山东人骨子里传承着忠诚、仁义的基因，行为上又体现豪爽、义气的热忱，由此凝练为"好客山东"的地域精神形象。本章第二节将对主题形象定位展开进一步论述。

4. 目标市场定位

目标市场定位是在对旅游客源市场细分的基础上，选择旅游目的地或旅游景区的目标市场。除了分析各个旅游细分市场的具体情况外，还要在整体上考虑营销方式、渠道和策略在目标市场的针对性，通常主要有三种目标市场选择策略：无差异目标市场策略、差异化目标市场策略和集中性目标市场策略。在旅游目标市场的选择方法上，在实际的旅游规划编制过程中，多采用从以地理因素划分的细分市场中选择目标市场的方法。基于旅游产品吸引力递减规律，遵循由近及远、逐步扩大的原则，以距离的远近来选择市场。

四、旅游规划主题定位实例

案例5-1　四川阆中古城旅游度假区主题定位①

四川省南充市阆中市（县级市）的阆中古城旅游度假区，位于中国西部旅游黄金三角圈（西安、成都、重庆）的中心位置，又位于川渝嘉陵江流域文化生态旅游区，是四川省三国主题旅游线的重要节点；人文旅游资源和自然资源的组合度高，具有很高的观赏游憩价值；度假区由山、水、城组合而成，以阆中古城为核心，以嘉陵江水域为轴线将各资源有机地整合起来，空间分布集中，联系紧密，互为补充，搭配良好，可进入性强。文化底蕴浓厚，生态环境优美，气候温和适宜，是旅游度假的绝佳去处。根据以上阆中古城的区位条件、旅游资源等情况，通过挖掘本土文化特质，进行旅游规划主题定位如下：

1. 旅游功能定位

国际休闲度假旅游终极目的地。

2. 主题产品定位

大众古城观光及中高端休闲度假旅游。根据度假区的区位条件、资源及生态环境条件，以度假旅游产品开发为重点，主要开发古城休闲度假产品、文化体验旅游度假产品、宗教养生旅游度假产品、水上休闲度假产品、运动健身度假产品、乡村休闲度假产品等多种类型度假产品，满足中高端休闲度假市场需求。

3. 主题形象定位

阆苑仙境。

4. 目标市场定位

通过对阆中旅游市场现状、主要客源市场和客源市场构成分析，对阆中进行客源市场定位如下：立足川陕渝、面向大东南、拓展向海外。基础市场是以成都、重庆、西安为代表的川陕渝旅游客源市场。核心市场是以上海、广东、北京为代表的长三角、珠三角及京津唐地区为主的国内经济发达地区。旅游客源市场

---

① 资料来源：中景旅游（北京）国际旅游规划设计院编写的《四川省阆中古城国家级旅游度假区总体规划（2011-2020）》。

为我国港、澳、台及日、韩等东南亚旅游客源市场。

案例5-2　红原大草原国家公园旅游主题定位①

四川省阿坝藏族羌族自治州红原县地处阿坝州大九寨国际旅游区的核心区域和川、甘（甘肃）旅游走廊的重要干线上。红原县旅游交通条件优越，红原县城距离西南中心城市成都450千米，距阿坝州州府所在地马尔康县186千米，县境与大九寨国际旅游区的交通枢纽川主寺相距46千米。

红原县旅游资源主要由季节性雪山、峡谷、河流、草甸、寺庙等构成，旅游资源组合有序、分布集中，自然人文景观交相映衬，有原生态的自然风光、悲壮动人的红军长征史迹、悠远神秘的宗教文化、淳朴的牧区风情，特别是作为距大中心城市最近的纯牧业县，所拥有的"原生态大草原风光"在川西地区和九环线上独具魅力。红原大草原是我国最大的湿地保护区之一，同时还有冰川遗址、温泉、雪山等地质构造，动植物资源异常丰富，已经是全国知名旅游品牌。红原县南部的鹧鸪山山麓以及梭磨河大峡谷，海拔较低，森林覆盖率高，夏季凉爽，空气清新，提供了远离尘埃喧嚣、观雪山峡谷、看日月星辰、体验藏民生活的意境。

根据以上红原县的区位条件、旅游资源等情况，通过挖掘本土文化特质，进行旅游规划主题定位如下：

1. 旅游功能定位

原生态草原安多藏族民俗与红军长征文化休闲体验旅游目的地。

2. 主题产品定位

原生态草原和安多藏族民俗、红军长征文化休闲体验旅游。

3. 主题形象定位

中国红原大草原国家公园。

4. 目标市场定位

通过红原县旅游市场现状、主要客源市场和客源市场构成分析，进行客源市场定位如下。一级市场：以成都及四川省经济发达的二级城市客源、重庆市客源为主的自驾车旅游市场。二级市场：以昆明、西安、贵阳、兰州为主的四川省周边特大城市客源和国内经济发达地区客源市场。三级市场：国内其他特大城市客源市场、以亚洲经济发达国家和地区以及欧美地区为主的海外客源市场。

旅游主题更多围绕某个旅游景区来展开阐释，若该景区旅游产品类型多样，则需要整合提炼，以突出旅游景区发展的多层次性。这样的提炼分析过程有别于

---

① 资料来源：四川省阿坝藏族羌族自治州《红原大草原国家公园旅游产业发展总体规划》（2008—2020年）。

后期人工创造物——主题公园，也有别于主题线路的串联，比如长征、长城、黄河、大运河文化主题旅游线路。旅游景区主题聚焦的过程涉及两个层面：一是旅游景区的发展目标；二是旅游景区的外在市场。通过适销对路的营销，两个主题才可能合拍，共同推高旅游规划的执行效率。

第二节　旅游规划主题形象定位

旅游目的地形象，简称旅游形象，为国内外旅游学术界最为流行的研究领域之一。随着全球范围内旅游市场竞争的加剧和旅游供给市场的日益细分，旅游形象本身所蕴含的巨大经济价值和品牌功能也日益为大众所认识，众多旅游地为了提高自身的竞争力，吸引更多的游客，以促进当地旅游业的发展，纷纷开始对其旅游形象进行塑造。研究证明，旅游形象对于旅游目的地的选择和后续活动起着非常重要的作用。

随着我国旅游业进入形象驱动时代、品牌时代，鲜明独特的旅游主题形象已经成为吸引旅游者的关键因素之一，在很大程度上决定了旅游者是否出游或者重游。一般来说，旅游地之间的竞争在某种程度上可以认为是旅游主题形象的竞争。大至国家、地区和城镇，小至企业、景点和线路，铸就旅游主题形象和品牌成为竞争取胜的必由之路。如何构建富有特色和吸引力的旅游主题形象，一直以来都是旅游规划人员最为关注的问题。

从规划实际来看，旅游主题形象由主导形象、支撑形象和辅助形象组成。主导形象是总体形象，是旅游产品、服务、设施的总概括。支撑形象是目的地几个重要形象代表，辅助形象是从更为微观的层面对主题形象进行诠释。

一、旅游主题形象的定位基础

1. 旅游资源本底是主题形象定位的内在基础

旅游主题形象是建立在旅游资源禀赋的基础上的，旅游地的自然资源（地脉）和人文资源底蕴（文脉）是形象定位的立足之本。通常，对旅游地自然旅游资源特性、文化要素进行充分挖掘、分析总结的结果为本底形象。本底形象是旅游地在长期发展过程中形成的最根本的形象，是开展主题形象定位的基石和立足点。旅游资源乃至所在地文脉的核心构成因子主要有历史遗址遗迹、建筑和街区、经济文化场所、生态旅游聚落环境、地域化要素环境、地域化设施物质环境、区域经济综合环境等。

在对旅游地的地脉和文脉充分挖掘的基础上，还要进一步提炼其特色价值。旅游特色是吸引游客出游的关键性因素，是旅游主题形象定位的灵魂，只有个性鲜明，才能拥有鲜明形象，才有生命力和竞争力。目的地应立足于特色文化内涵，依据对自然景观和人文景观本底的分类，从美感度、奇特度、规模度、科考性、历史性、宗教性、娱乐性等方面，对各个因子进行内涵分析，重点突出唯我独有的区域优势，汲取最具垄断性的精华资源来展示和提升核心文化元素，演绎文化意象，有效提炼文化特色价值。

2. 旅游市场调查是主题形象定位的外在基础

一般情况下，对旅游地现实形象的分析总结，大多采用游客（包含潜在游客）市场调查问卷的形式，在此基础上得到的研究结果称为感知形象。具体来说，在旅游市场细分和目标市场确定的前提下，通过游客旅游地主题形象感知问卷设计、调查、分析和提炼，得出大众游客对旅游地的感知形象，并结合旅游地的本底形象，选择出既有历史延续性，又被游客认可的主题形象。

3. 旅游主题形象定位要基于目的地实际情况

旅游地的主题形象定位一定要做到从实际出发，不能盲从。有优秀的历史文化就从历史文化里找精髓定位主题形象，有优美的自然风光就从自然里找主题形象。如果诸多资源评价结果都一般，那就要从市场上找主题形象。同时，慎用"世界最大""亚洲第一"的主题形象。

二、旅游主题形象定位内容及过程

1. 旅游主题形象定位内容

好的旅游主题形象应立足于旅游目的地历史文化背景和人文特色，把目的地的历史文化和人文特色以通俗印象有效传达给大众。旅游主题形象是一个多因素、多层次的系统，它可以划分为总指标层、次指标层、子指标层、组类指标层、基础指标层和原始指标层六类因素。历史形象主要分为待发掘和已发掘两部分。目的地旅游主题形象中的现实形象主要分为内在活力形象和外显活力形象。内在活力由资源基础、经济环境、文化底蕴、技术环境四个方面组成。外显活力主要分为区位条件、管理水平、传媒形象、地区文化四个方面。发展形象主要分为发展战略和发展潜力两个方面。

某一区域内外公众对旅游区总体的、抽象的、概括的认识和评价，是旅游区的历史、现实和未来的一种理性再现。从旅游美学的角度来看，它由三个维度构成，即心理维度、幻想维度、特征维度。具体来说，心理维度从其物质或精神性以及衡量的难易程度的角度对所研究的目的地主题形象进行剖析；幻想维度是从心理学与消费者行为学两个领域对地区的形象本质进行研究；特征维度则表明旅游时目的地形象所具有的一定的共性与特性。

2. 旅游形象定位的形成过程

旅游形象的形成过程中形象可分为三种，即原生形象、次生形象和复合形象①。原生形象是旅游地未开发前，旅游者对旅游目的地的形象认知，该认知受旅游者生活经历或教育经历影响。次生形象是旅游者有了旅游动机并有针对性地搜索旅游目的地的信息，由此做了一些深加工，从而产生新的形象。复合形象是旅游者对旅游目的地进行综合分析后产生的形象，该形象提炼过程中重点考虑旅游成本、旅游效率等因素。

旅游形象的形成过程深受旅游目的地形象塑造过程的影响，例如，通过常规的传统材料以及新媒体进行营销宣传。传统营销材料是指利用报纸、电视、宣传栏、广告墙等媒介对旅游目的地进行宣传的材料。有时通过节庆和公关活动来不定时地加深人们对旅游目的地的印象，更利于塑造长期稳定的旅游形象。

针对三个形象形成阶段旅游者的信息掌握情况，可采取更加精准的宣传方式。例如，对将旅游地列入备选目的地的潜在旅游者，可采用劝导的方式；对已经到过某目的地，有可能故地重游的回头客，可采用回忆的方式。

三、旅游主题形象的定位方法

目前，关于旅游主题形象定位的方法有很多，李蕾蕾（2008）认为主要方法有：领先定位法、比附定位法、逆向定位法、空隙定位法和重新定位法②。

1. 领先定位法

领先定位法是要在某类形象等级中占据第一的位置。这样的定位方法适用于某种特性占领第一位置的旅游地，即拥有独一无二、垄断性质的或无法替代的旅游资源的旅游地，如中国长城、埃及金字塔、英国格林尼治天文台旧址中的子午宫、北京故宫等。该方法思路明确、操作简单，只要旅游地在某一类或某一特性上具有领先地位即可采用。

2. 比附定位法

比附定位法是依附市场上比自己知名度高的产品来宣传自己。该方法适用于某些与现有知名度和美誉度都很高的旅游地同类型的旅游地。采用该方法，除了让旅游者容易理解和认知外，还可以借此来提高自己的知名度，具有良好的传播效果。如三亚的"东方夏威夷"、银川的"塞上江南"、苏州的"东方威尼斯"等，都是依靠比附定位取得很好的效果的例子。

---

① 马勇，舒伯阳．区域旅游规划——理论·方法·案例［M］．天津：南开大学出版社，1999.
② 李蕾蕾．旅游目的地形象策划：理论与实务［M］．广州：广东旅游出版社，2008.

3. 逆向定位法

逆向定位法是用逆向思维来定位，与参照对象形成极端对比。该方法强调并宣传定位对象是旅游者心中第一位形象的对立面和相反面，进而形成强烈的心理冲击。如国外出现的"监狱酒店"的形象定位和深圳建设的我国第一个人在"笼"（车）中、动物在"笼"外的野生动物园的形象。本方法定位思路明确，能启发创新思维，但适用范围不太广。

4. 空隙定位法

空隙定位法是树立一个与众不同、从未有过的主题形象。该方法是寻找并及时进入旅游市场上产品形象还没有被占领的某些领域，塑造出与众不同的主题形象；正处于开发过程的旅游地最适合采用这种方法。该方法定位思路明确，同时具有开放性，能启发规划人员的创新思维，在产品形象定位中应用广泛。

5. 重新定位法

严格来说，该方法并非一种独立的定位方法，而是原旅游地管理者应对市场变化所应当采取的再定位策略。旅游地的发展存在生命周期，如何破解停滞、衰退问题，一直是旅游经营者的一大难题。重新定位可以促使新形象替换旧形象，从而在旅游者心中占据一个有利的位置。这种方法只是说需要根据旅游地发展阶段特征或旅游市场变化对旅游地进行重新定位，并没有说如何进行定位，因此可以不将其看作一种独立的方法。

以上定位方法是从竞争层面来说的，还有其他类型的定位法。比如马勇和李玺（2002）的资源—利益定位法，具体包括资源支撑法、利益指引法、综合描述法、交叉定位法。资源支撑法从旅游资源的角度进行旅游形象定位，主要是将旅游目的地最具独特性的旅游资源提炼后作为旅游形象；利益指引法从旅游客源市场角度进行旅游形象定位，着眼于旅游者的特殊利益；综合描述法是对一个较大范围的旅游地开展的综合描述；交叉定位法是综合运用几种方法来确定区域旅游形象的方法。许刚（2007）认为，旅游形象定位可分为资源定位法、功能定位法、理念定位法，以及几个层面结合的兼有型定位法。层面定位法是根据旅游地和旅游者之间的关系而衍生出来的定位法。

四、旅游主题形象的塑造与识别

1. 旅游形象的塑造

吴必虎（2001）认为，区域旅游形象塑造的内容主要包括物质景观形象、社会文化景观形象、旅游企业形象、核心地段形象、代表人物或事件形象、视觉识别系统等。杨晓霞和向旭（2013）认为，旅游形象塑造应从旅游形象口号的设计、旅游徽标的设计、旅游吉祥物的设计以及旅游标准字体和标准色的设计等方面入手。

2. 旅游形象的识别

旅游形象识别系统（Tourism Identify System，TIS）源于企业形象识别系统（Corporate Identify System，CIS），指一个旅游地通过塑造具有典型个性和特色的主题形象，使旅游者和公众对其旅游产品和服务产生一致的认同感，成为识别该旅游地的重要手段。旅游形象识别系统主要包括四个方面：理念识别系统、视觉识别系统、行为识别系统和其他感知识别（听觉、嗅觉、触觉）系统，并在此基础上进行宣传与推广。

理念识别系统（Mind Identify System，MIS）是对旅游地开发思想和文化的整合，可以说是 TIS 的灵魂或心脏，属于战略的策略层。它对旅游地的发展具有宏观的战略指导性，主要内容包括形象定位、发展目标、市场战略、经营理念等。

视觉识别系统（Visual Identify System，VIS）是旅游地品牌识别的视觉化，可以说是 TIS 的脸面，属于战略的展开层。它通过标准字、标准色、图案、标识物、吉祥物、宣传口号、宣传标语、建筑外观等具体化的视觉系统符号，塑造出鲜明、生动、有强烈冲击力的旅游形象。

行为识别系统（Behavior Identify System，BIS）是旅游地从业人员行为规范的文本化，可以说是 TIS 的双手，属于战略的执行层。它通过旅游从业人员的行为和旅游地的各种生产服务行为，表达出旅游地的独特个性，主要内容包括员工形象、接待礼仪等。

其他感知识别系统以听觉识别系统为例（Hearing Identify System，HIS），通过特别设计的歌曲、声音，在目标群体中传达信息，形成对旅游地的识别系统，如旅游主题歌曲。

旅游形象定好位后，还有一个漫长的传播过程。在主题形象的传播过程中，应注意两点：一是正面强化，在第一个正面形象基础上，不断叠加新的正面形象，使正面形象范围比较广泛，从而会有一个比较稳定的正面形象；二是消除负面影响，因管理不善或者遇上不可抗力，出现旅游者体验负面事件，且经媒体放大报道，会成为旅游危机事件。对于该类危机事件，可从两个方面扭转这个局面：一是就事论事，多种渠道真诚化解危机，将负面影响降到最低；二是以积极的态度创造新的正面形象，并以真诚的举措获取旅游者新的认同。

五、旅游主题形象定位实例

案例5-3　广西花坪国家级自然保护区生态旅游形象定位[①]

花坪国家级自然保护区位于广西壮族自治区东北部的龙胜各族自治县和临桂

---

① 资料来源：《广西花坪国家级自然保护区生态旅游规划》（2008-2020 年）。

县交界处，是一个高山林区。其山体高大，谷深坡陡，峰峦叠嶂，区内雨水充沛，溪流密布，潭瀑众多。区内丰富的植被类型和多样的植物群落形成美轮美奂的森林景观效果，如挺拔俊秀的竹林、姿态万千的杜鹃花，原始神秘的活化石银杉具有重要的科研价值。遍布林区的禽鸟走兽等动物资源多样而繁盛，与山水相伴相依。这里兼具"云雾雨霜雪"的绚丽景象。春夏时节，雨多云重，缥缈的雾气萦绕山间，久久不去，如梦似幻；入秋，晴空万里的日子，一定有奇美壮阔的日出和日落；冰封的冬季，呈现在此的是南国罕有的景致："雾凇、白雪、坚冰"，常让人疑惑身在何处。这里的高山密林中，世代居住着壮、瑶、侗、汉各族人民，他们以勤劳和智慧建设自己的家园，拥有质朴的民风和极富特色的民俗文化，尤其是盘瑶和花瑶多彩的民俗节庆。1996 年保护区与三门镇党委、政府联合在花坪村集体经营区域的红毛岭建立花坪度假村，开始发展生态旅游，建设科教大楼和森林小屋，旅游区各项设施不断完善，2000 年开始接待游客，生态旅游初见成效。保护区积极沟通媒体，采用广告、宣传片、画册、图片等方式展示花坪生态旅游的发展情况。

花坪生态旅游区更强调大自然的整体和谐性，力求达到人与自然的和谐，将具有良好的疗养、休闲度假条件的生态环境与其他生态旅游产品结合起来，体验农趣、感受农情活动，使旅游者更走近自然、了解自然，从而更加热爱自然。所以，在旅游区的形象策划上要考虑本旅游区的地脉和文脉条件因素。

（一）地脉分析

花坪生态旅游区有着优美的自然地理环境：海拔高、气候宜人；森林资源丰富；地质地貌景观奇特；珍稀物种多样、景观奇异，有很好的观赏价值和科研价值。旅游区有着良好的旅游区位条件，北临龙脊梯田和龙胜旅游百里黄金带，南靠临桂，距离桂林市区仅 70 千米，因而花坪生态旅游区的地脉定位是：距国际旅游名城最近的原始森林。

（二）文脉分析

花坪生态旅游区内主要生活着瑶族人民，他们生活在优美的自然环境中，有着深厚的民族文化底蕴、独特的民俗风情和地方风物传说。花坪生态旅游区的文脉主要包括：瑶族的民俗风情、花坪地方风物传说。

根据以上文脉分析，花坪生态旅游区的文脉定位是：原始林区的瑶族风情、广福大王的仙境传说。

（三）旅游区形象受众分析

1. 景区旅游形象因素调研分析

（1）样本对花坪本底形象认知分析。提到花坪，受调查者最先想到是"天然氧吧"的占样本总数的 24%，其次是"国家级自然保护区"，占 16%，"银杉发现地"占15%，"民族居住地"占12%，"花的世界"占10%，"野生动物"和"原始森林"均占8%，"瀑布"占4%，"其他"占3%。通过 Google 检索，"花坪国家级自然保护区"信息条目占"花坪"检索条目的16.8%，"花坪银杉""广福杜鹃""红滩瀑布"等与花坪相关的检索项占43.6%，"花坪旅游"占"花坪国家级自然保护区"所有检索结果的92.3%，"花坪"的旅游形象较为突出。网上挑战这一形象的是湖北省建始县花坪镇，其名胜古迹众多，1956 年湖北省人民委员会确定花果坪为古生物化石洞群保护单位。此外，"自然""生态"条目分别占"花坪"检索结果的35.6%、21.6%，"森林"和"神秘"条目各占22.2%、7.4%，"原始"条目占14.6%，"银杉"条目占9.1%。在公众心目中，花坪最具有代表性的形象要素分别是"原始""生态""森林"和"保护区"。

（2）"银杉"作为国家一级保护植物，也是花坪主要形象要素代表。由于花坪旅游区尚处于旅游开发初期，形象不是十分突出，部分样本对花坪的了解较浅。通过市场调研组成员的介绍和调查表的前文文字介绍，在已初步形成本底形象的旅游者中，样本感兴趣的是良好的生态环境的占66%，瑶族风情文化占12%，其他占22%。因此，在开发建设中应深度挖掘花坪旅游区资源特色，着重保护其良好的生态环境，提高文化内涵，树立鲜明的形象。

2. 旅游形象受众定位调查结果

根据对国内潜在游客市场调查分析可知，花坪生态旅游区的旅游形象受众以中青年为主，占到54.7%；在受众地域分布上，桂林和广西其他地区占到61.73%，其次为湖南，占12.35%；游客的职业主要是机关干部和企业职员。

3. 旅游形象受众定位

根据以上旅游形象受众市场调查分析结果，花坪生态旅游区的形象受众定位是：立足广西，努力开拓湖南和广东客源市场，积极吸引国内其他潜在客源市场注意力。国内潜在游客受众以中青年为主，形象传播的重点是事业机关单位和企业公司，同时积极开拓专业技术人员和学生市场。

4. 形象定位

根据花坪生态旅游区的性质定位及旅游产品的定位，花坪生态旅游区的形象定位和形象设计都应围绕着旅游区的性质定位和旅游产品定位来树立和设计本旅游区的旅游形象。

（1）总体形象理念。综合考虑本旅游区的地脉和文脉条件因素，确立花坪生态旅游区的总体形象的方案为：银杉花海、广福瑶乡。

（2）二级形象理念：

花的世界、树的海洋、动物王国；

花海氧吧、广福瑶湖、林海花山；

生态度假天堂、休闲运动胜地；

广福圣地、人间仙境；

原始森林氧吧、人间养生福地。

5. 旅游形象设计

（1）旅游地形象标识设计。花坪生态旅游区的旅游地形象标识可以设计为以优美的森林环境为背景，起伏的群山中有一座高峰，峰上有一棵挺拔银杉的圆形标识。这寓意着花坪是一个生态环境优美、气候宜人的人间仙境。

（2）旅游形象宣传口号设计。根据花坪生态旅游区的资源特色，该旅游区的形象宣传口号可设计如下：

城市身边的森林花园，高山之上的花衣部落，生态之旅的绝佳选择——花坪；四时风光皆悦目，炎夏宜人独花坪；花坪仙境，广福王的福地传说；生态度假乐园，森林运动基地——花坪；探寻花瑶神秘风情，体验花坪森林风光，观百米森林瀑布，赏国宝银杉雄姿。

（3）旅游形象广告设计。花坪生态旅游区的旅游形象还必须通过广告设计艺术来体现和传达。花坪生态旅游区的旅游形象广告必须要符合旅游目的地的性质定位和旅游产品定位，符合当地的实际情况，要做到恰到好处，不要过分夸大其词，免得给游客带来负面印象。

1）广告内容要形象化，能够塑造花坪自然生态形象。要善于抓住游客的心理，把花坪生态旅游区文脉和地脉的内容通过广告设计的形式表现出来，重点突出花坪的优美的生态环境、适合人居的地理条件；花坪瑶族民俗风情的广告要重点挖掘最能突出高山梯田下瑶族的农耕文化和民间奇俗的文化内涵，给人以新奇的体验，达到吸引游人眼球的效应，塑造出花坪的生态文化旅游形象。

2）广告的形式要具有多样性、新奇性。利用一切能利用的来展示花坪生态旅游区的形象，花坪有着丰富的生物多样性、文化多样性、景观奇特性，从某一个侧面对这些进行艺术加工，就可以完成一个很好的广告。与众不同，出奇制胜，是花坪生态旅游区旅游形象得以被认可和树立的关键。

3）广告要以人为本，突出人与自然的本性。旅游区的形象广告是针对人而设计的，面对的群体是游客和社区居民。所以，在旅游形象广告设计上要注意人性化，体现人与自然的和谐性。

4）感观形象行为设计。旅游区的感观形象行为设计是透过旅游目的地的行为而对旅游目的地内在精神和价值观有更深一层了解的形象设计。花坪生态旅游区的感观形象行为设计可以设计为：

◆ **物象行为设计**

花坪——森林、珍稀植物、小溪、飞瀑、幽谷；

花坪——原始森林与野生动物共存，溪涧与溪河飞瀑同流；

花坪——具有传奇色彩的瑶族民俗风情的演绎舞台。

◆ 听觉感观设计

感观形象还可以通过听觉设计，如瑶族山歌、敬酒歌、长发谣、大自然生态康体之歌，通过歌声来传递旅游区的旅游形象。另外，还有服务人员的礼貌用语、服务用语和解说用语等，都应设计得亲切、感人和动听。

◆ 味觉和嗅觉形象设计

这主要是通过饮食来塑造花坪的地方民族饮食风味和绿色饮食特色。在开发地方瑶族饮食和山野旅游饮食上要进一步深入挖掘，令客人接受并留下深刻的印象。这一点在景区问卷调查中也有所体现，不少旅游者希望提供林区特色的餐饮。

◆ 视觉形象设计

花坪生态旅游区的视觉形象设计主要包括标徽、标准字体、标准色、吉祥物等，在设计原则上遵从体现特色、简练、凝聚文化、识别度高的原则。其视觉形象可以设计如下：

标徽：用葱郁的树（五针松、银杉、红豆杉）、自由的花草虫鸟（广福杜鹃、变色杜鹃）、别致的农舍（瑶家木楼）、广福王、人类与自然的和谐作为花坪生态旅游区的特色形象。

标准字体：请专家书写或设计"花坪生态旅游区"的艺术字体，与花坪生态旅游区标徽共同使用。

标准色：绿色、蓝色、白色、金黄色。绿色代表草木，象征自然；蓝色代表天空，象征环保；白色代表圣洁；金黄色预示丰收、吉祥。

吉祥物：银杉。

第三节　旅游规划功能布局

旅游地是由众多旅游资源和旅游设施共同构成的一个综合体，如何把这些复杂的要素在空间上进行整合，是旅游地功能布局的第一要务。旅游规划的功能布局是依据旅游开发地的资源分布、土地利用、项目设计等状况而对区域空间进行系统划分的过程，是对旅游地经济要素的统筹安排和布置。其目的是摸清规划区域的资源优势，确定各旅游区的性质、特征和地位，以明确其市场定位、目标市场与发展战略。旅游功能的空间布局决定了旅游地的内部结构，会对旅游地景观、交通路线组织等产生深远的影响。

一、功能布局的原则

1. 突出分区原则

在实际的旅游规划过程中，需要通过开发各种旅游产品和提供特色服务来突出各个旅游区的主题形象，也即通过标志性景观、特色建筑风格、园林景观设计、节庆活动等来打造与强化不同旅游功能分区的形象。

2. 整合功能原则

针对不同功能的旅游服务设施，如住宿、休闲娱乐、购物等设施，应采用相对集中的布局。比如休闲娱乐和购物设施区域，比较适合布局在游客服务中心或游客集散中心等交通便利的区位。

3. 协调功能原则

要协调处理好旅游功能分区与周边环境、旅游功能分区与服务管理中心、各个旅游功能分区之间的关系。各功能分区内的设施、活动安排也需要通过协调来选择合适的位置。

4. 保护环境原则

要处理好旅游功能布局与旅游地环境保护之间的关系，在保护的基础上实行功能分区布局，旅游功能分区的目的是能促进旅游开发与自然生态的和谐发展。

二、功能布局的结构

在众多旅游区中，其内部情况比较复杂，有些是纯旅游区，有些是保护区外围分散的旅游区。但旅游区的空间结构模型也不外乎景观生态学的"斑—廊—基—缘"结构和区域空间结构的"点—轴—圈"模式。旅游地内各功能区的布局，总体上要求与旅游地的主题保持一致，与旅游地的景观特色相适应，同时也会受到所在地的地形、地貌和原有基础设施条件等的限制。例如，旅游小镇的布局要依托已经具有一定规模的城镇，依靠其现有的基础设施和服务设施来支撑旅游业的发展。一般来说，旅游地功能布局有以下几种模式：

1. 同心圆式布局模式

该模式最早由景观设计师福斯特（Forster）于 1973 年提出，又称为"三区结构模式"，即核心区、缓冲区和服务区，如图 5-1 所示。其中，核心区受到严密保护，禁止开展任何形式的旅游活动，严格限制游客进入；缓冲区可以适当配置一些对资源、环境影响小的服务设施，如瞭望塔、野营地、观景点等，主要开展生态旅游；服务区可以建设为游客提供各项服务的设施，如酒店、餐馆、购物店以及大体量、高密度的休闲娱乐设施。

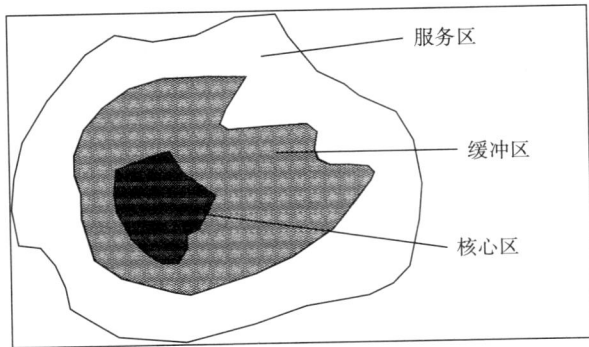

图5-1　旅游地同心圆式布局模式

在实际的旅游规划中，该模式常用于国家公园、自然保护区、地质公园、森林公园、风景名胜区等类型的旅游地。

2. 环核式布局模式

该模式是指旅游地空间功能布局以核心资源或主体项目为核心，或者说是以核心景区为中心，配套的相关旅游接待设施、服务设施和休闲娱乐项目等围绕中心进行空间布局和功能分区，如图5-2所示。在该模式下，旅游地的接待服务设施和核心资源之间的交通网络会呈现出车轮状或伞骨状。如果一个旅游地相对偏僻、独立，在一定区域范围内缺少周边其他旅游地的支撑，则该旅游地的当地居民会自发建设相关接待服务设施，并提供游客所需的多种服务，从而构建出围绕该旅游地的一道接待服务设施环。

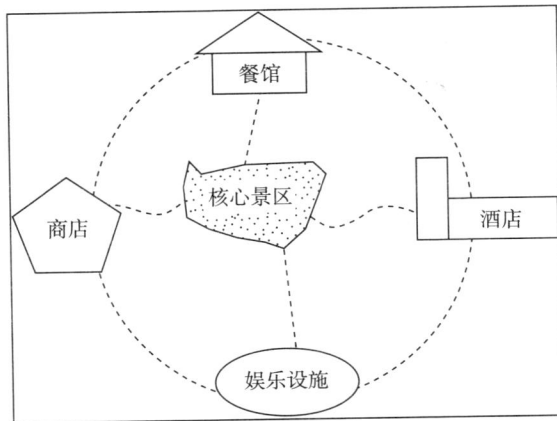

图5-2　旅游地环核式布局模式

一般来说，在旅游地的核心资源或吸引物比较单一的情况下，多采用该模式进行空间布局和功能分区。

3. 社区—吸引物式布局模式

该模式最早由甘恩（Gunn）于1965年提出，在旅游地中心布局一个社区服务中心，外围分散形成一批旅游吸引物综合体，在服务中心和吸引物综合体之间由交通联系，如图5-3所示。通常情况下，该模式适合旅游资源较为丰富，但空间分布又较为分散的旅游地。值得注意的是，其与环核式布局有一定的相似之处，即都会出现环状的分布和形成车轮状交通格局；两者也有所区别，即该布局模式下的环状中心是具有旅游接待服务功能的社区，而环核式布局模式下的环状中心是旅游核心资源。

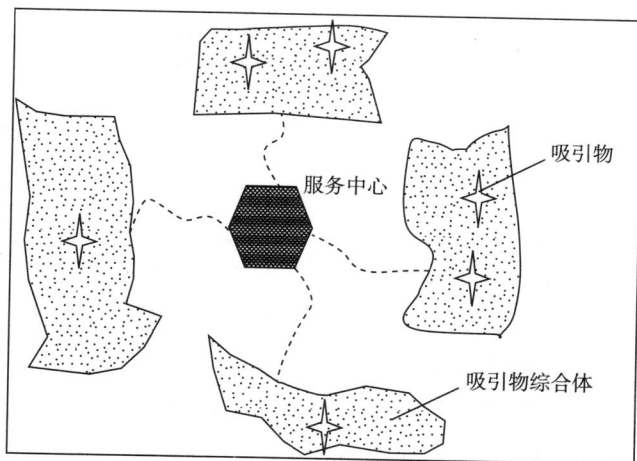

图5-3　旅游地社区—吸引物式布局模式

另外，部分旅游区明显缺乏代表性旅游产品，则可以将建筑风格明显的酒店布局在中心位置，使之成为旅游产品，其他服务设施布局在酒店的周围，如迪拜的帆船酒店。这种模式被称为环旅馆布局模式（见图5-4）。部分旅游区并不采用区域空间结构中的"点—轴—圈"模式，而是根据旅游要素空间分布的相对集中性来分区，如海滨旅游地空间布局模式（见图5-5），从海水区、海岸线到陆地根据旅游要素的相对集中度进行分区。

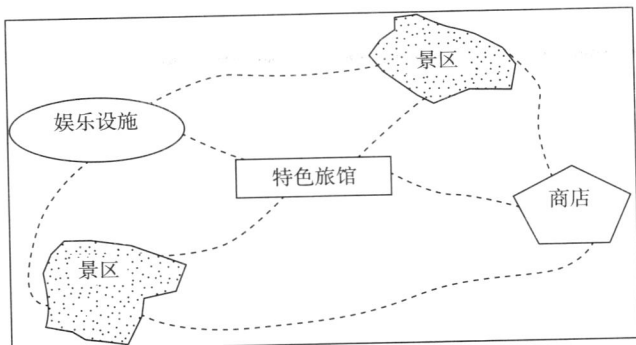

图 5-4　环旅馆布局模式

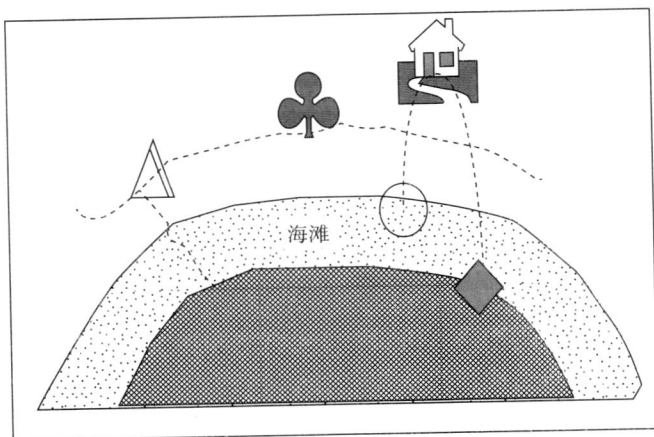

图 5-5　海滨旅游地空间布局模式

三、功能布局实例

案例 5-4　广西花坪国家级自然保护区生态旅游总体功能布局①

结合保护区的自然特点、环境现状、社会发展需要和保护与恢复生态功能的要求，将花坪生态旅游区划分为游览区、景观生态保育区和服务区，与典型的三区布局模式基本一致（见图 5-6）。

1. 游览区

游览区是适合各种野外观景和游憩活动开展的区域，包括广福顶游览区、红

① 资料来源：《广西花坪国家级自然保护区生态旅游规划》（2008-2020 年）。

滩游览区和红毛河游览区。其中广福顶游览区是以保护区的第二高峰广福顶为核心的游览区，是距离桂林最近的游览区；红滩游览区蔓延于红毛界以东地区，位于保护区的东北部，是山岳溪瀑精华景观最为集中的游览区；红毛河游览区位于保护区北侧，主要是指沿红毛河河岸的观光游憩带。

2. 景观生态保育区

景观生态保育区的主要功能是涵养水源、保持水土、维护旅游区生态环境。集中分布在粗江银杉景观生态保育区，位于保护区的中部偏北，紧邻红毛河景区，是活化石银杉的天然集中栖居地。

3. 服务区

服务区主要指安江坪综合服务区，本区域不在花坪国家级自然保护区的范围内，是保护区管理机构和服务接待设施重点分布的区域。主要为游客的餐饮、住宿、休闲度假、车辆停靠、信息咨询、游程设计、医疗保健等提供配套服务，还包括为方便游客而设立的小型服务点：天坪山服务点、红滩新站服务点、粗江服务点。

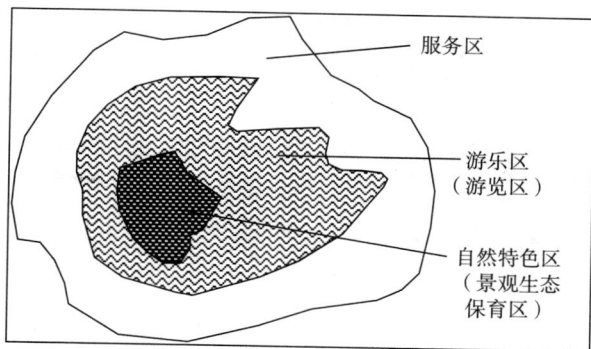

图 5-6　三区布局模式

案例5-5　东阳南山国家森林公园——总体功能布局[①]

1. 功能分区类型管控要求

根据森林公园功能区块需求不同，分区类型包括生态保育区、核心景观区、一般游憩区和管理服务区，这与游憩区—保护区空间布局模式基本一致（见图

_____

① 　节选自《浙江东阳南山国家森林公园总体规划（2021-2030年）》中"5. 总体布局与发展战略"部分。

5-7）。具体的建设管控原则是：①生态保育区是指在本规划期内以生态保护修复为主，基本不进行开发建设、不对游客开放的区域。②核心景观区是指拥有森林公园最主要的森林风景资源，需要重点进行保护的区块，该区块除去必要的保护、解说、游览、休憩、环卫和管理设施外，不允许建设住宿、餐饮、购物、娱乐等设施。③一般游憩区是指森林风景资源相对平常，且方便开展旅游活动的区域。该区域内可规划少量旅游公路、停车场、宣教设施、娱乐设施、景区管护站及小规模的餐饮点、购物亭等。④管理服务区是指为满足森林公园管理和旅游接待服务需要而划定的区域。该区域内规划有入口管理区、游客中心、停车场和一定数量的住宿、餐饮、娱乐等接待服务设施以及必要的管理和职工生活用房。

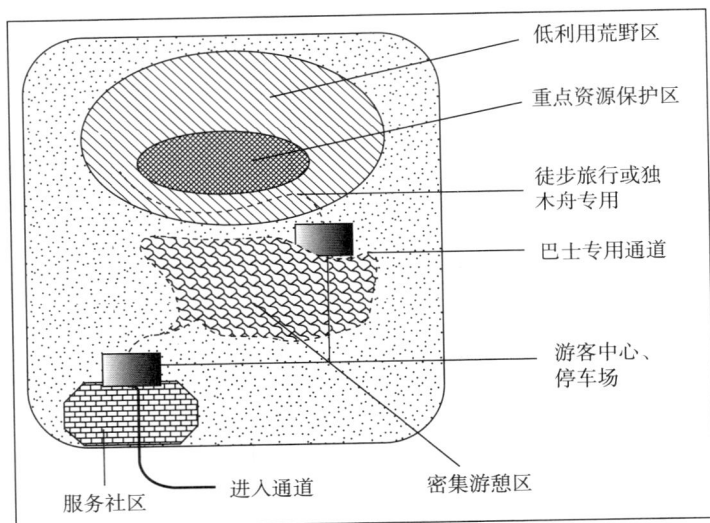

图 5-7　游憩区—保护区空间布局模式

2. 功能分区

（1）生态保育区。规划生态保育区面积 564.71 公顷，占总面积的 24.24%。位于公园西南方向远山腹地区块，主要以生态保护修复为主，不进行开发建设，不对游客开放。该分区的主要功能为森林培育、森林生态环境功能提升、生物多样性保护。

（2）核心景观区。规划核心景观区面积 467.19 公顷，占总面积的 20.05%，主要功能为开展森林游览、休闲、漫步等活动，重点位于以下几个地块：①和尚头尖—水竹坞区块。和尚头尖地块是森林公园北侧制高点，地貌景观突出，也是从东阳市区方向远距离欣赏森林公园最为亮眼的景观。水竹坞区块中部的山坳峡谷是典型的山间谷地，不但有冰川时代遗留的冰臼、瀑布等自然遗迹，且植被景观丰富，景色开阔自然。②西岘峰区块。该处是靠近城区一侧重要的城市绿色景观背景，是东阳城市远眺南山重要的视觉中心。③东岘峰区块。东岘峰区块是东阳老城区南侧最为核心的绿色视线区，对维持东阳南城整体绿地景观风貌起着至关重要的作用。

（3）一般游憩区。规划一般游憩区面积1211.11公顷，占总面积的51.98%，主要位于核心景观区两侧，包含森林公园内部主要范围，主要有穿月洞、坟前山、玉罗瀑布、老鹰尖等自然景观，还有白石岗题刻、白鹤亭、岘峰书院等人文景观，有部分游步道基础设施。该分区的主要功能为开展森林游览、休闲、漫步、野营、科普教育等活动。

（4）管理服务区。规划管理服务区面积86.99公顷，占总面积的3.73%。森林公园面积大，面对城区开口多，为便于对从不同方向进入森林公园的游客开展休闲游憩服务和进行管理，规划也在空间上划分出多个管理服务区。该分区的主要功能为负责管理、餐饮、科普教育、疗养、传统文化传承、停车等。

第四节　旅游创意产品设计

在日趋激烈的旅游市场竞争中，旅游主题分区中的创意旅游产品是竞争力的重要保障。随着同行信息交流的便利化，旅游产品的趋同化明显，产品的周期缩短，因此，产品开发的创意要求日益提升。

一、旅游创意产品及设计原则

1. 旅游创意产品

从生产者角度来看，旅游产品是指旅游经营者凭借旅游吸引物、交通和旅游设施，向游客提供的用以满足其旅游活动需求的全部服务。从游客角度出发，旅游产品是指游客花费了一定的时间、费用和精力所换取的一段经历（林南枝和陶汉军，2000）。在《中国旅游百科全书》关于旅游产品的定义中，旅游产品被分为整体产品和特定产品两部分。整体产品是指在旅游中能对游客经历或体验产生影响的一系列要素的组合，而特定产品是旅游企业向旅游者提供的物品。《旅游业基础术语》（GB/T 16766-2010）也对旅游产品进行了定义：为了满足旅游者旅游需求所生产和开发的物质产品和服务的总和。

旅游产品是旅游开发的终极表现形式，旅游产品规划是旅游规划的核心内容。对旅游产品进行分类是做好旅游产品规划的基础和前提。旅游产品的分类是一个复杂系统，特别是随着市场的不断变化，较为稳定的分类变得更为困难。从一个动态变化的角度对旅游产品进行分类，应是一个常态化的工作。吴必虎（2001）曾提出"旅游产品树"的概念，对旅游产品进行了动态分类。从这个层面来说，旅游产品具有时代性，与一个时代的科技水平和经济水平等息息相关。因此，所谓新兴旅游产品具有相对性，是相对于传统旅游产品而言的。当然，传统旅游产品随着时代的发展其开发程度也在加深，表现出一定的创新形式。但完全创新的旅游产品则是满足旅游者新需求，运用新技术、新方法、新手段设计、生产出来的旅游产品。

旅游创意产品正是对创新的旅游产品的进一步聚焦，主要聚焦新理念、新设计意识。因此，旅游创意产品的设计涉及产权的保护问题。旅游产品的开发与创新涉及知识产权。1986年《中华人民共和国民法通则》确立了知识产权的概念，即民事主体依法对其创造性的智力成果所享有的民事权利。世界贸易组织在《与贸易有关的知识产权协定》中明确规定知识产权属于私权。

2. 旅游创意产品的设计原则

旅游创意产品设计应遵循"人无我有，人有我转"的总原则。创意本身具有独有性、排他性的特征。"人无我有"的创意要求极高，旅游产品的外观、功能、内涵等方面都是全新的，属于独一无二的绝品。实际上，这种创意产品的高度很难达到，但却是追求的目标。人们对新旅游产品的膜拜、仿效是内心使然，也是竞争的必然选择。因此，取得创意第一桶金的创意产品设计者从趋之若鹜的效仿者中退出而另辟蹊径，需要极大的勇气。有时，开辟新的旅游市场可能是一种缓兵之计。

具体来说，创意旅游产品的设计原则有三个：

（1）基于资源本底。旅游资源具有地方性，其他地方是不可复制的。所以，旅游创意产品的设计应以当地旅游资源及其负载的社会文化环境为基础，产品的呈现形式要与本地的资源和环境特色相吻合。这样的设计结果，别人一时也难以模仿，"神似"的模仿也需要一定的时间，完全的模仿几乎不可能，这是旅游产品的地方性决定的。

（2）迎合客源市场。旅游目的地忠诚的旅游者始终在变化，游客的人数及结构均在悄无声息地发生变化。这就要求旅游规划者洞悉这种瞬息变化，及时做出调整。这种调整还不是一次性彻底的转型，而是超前性的量变的积累。

（3）追求长久品牌。完全的创意产品目标很难达到，但依然是可以追求的目标。创新往往发生在不经意间，人们对创新的接受可能还需要一些时间，在这个时间段，可以把创意规模、影响力做得更大，生产出同行无法撼动的品牌产品，从而给下一次创新留出缓冲的空间。这个原则是旅游目的地产品开发的长远原则。

二、旅游创意产品设计方法

旅游创意产品的设计方法是设计原则的具体化操作。旅游产品创意设计法的运用者不限于规划师，还有旅游目的地的经营管理人员、当地居民以及当地文化名人，乃至政府管理人员。可以说，一个成功的创意作品应来自多个主体之手，应得到相关主体的认可。因此，旅游创意产品的设计方法可以从资源、客源两个方面来展开阐述。

1. 在文化差异中找旅游认同

旅游动机源于区域文化差异，目的地与客源地的文化差异是引发旅游需求的直接原因。因此，在旅游产品的设计中，应坚持区域间文化差异的原初状态，面对已经出现的趋同，应在产品设计中予以校正。特别是因自然环境差异而出现的地方性文化资源特征，正是旅游创意产品设计的源头活水。

遵循文化差异法设计的旅游产品是否能被旅游者识别、认可，也是一个值得认真考虑的问题。设计思路过于繁琐，文化内涵难以被多数旅游者识别，就是一个大问题。所以，要寻找旅游者记忆中熟悉的东西，并引导其产生文化认同。而且产生这种认同的旅游者应该会有一大批，于是创造若干个轰动的文化主题庆典事件就变得非常必要。

2. 在因地制宜中逆向思维

前面的方法容易走极端，因地制宜法是相对保险的方法。旅游产品的设计一定要从当地实际条件出发，不能生搬硬套。不同区域拥有的旅游资源情况不一样，经济发展水平不一，基础保障条件有差异，因地制宜是基本保证。既然不能有太大的跳跃设计，逆向思维的设计方案就可以派上用场。例如，静态的资源活化利用，博物馆晚上开放即是一例，废弃监狱酒店化改造也是一例，还有野生动物园体验互动模式也是逆向思维的一大创新，考古遗址在地化展示也是一例。

三、旅游创意产品设计的影响

1. 旅游资源禀赋

一般来说，旅游资源丰富的地区，其旅游产品的设计有较大的选择余地，往往能给规划设计师多种灵感。创意设计的来源需要素材，缺乏创意素材，有时再聪明的设计师也难以取得设计突破。

2. 旅游市场的需求与认可评估

创意旅游产品的设计过程并不是闭门造车，还应关注外部市场和时代发展趋势。旅游产品价值最终是在市场中得以实现的，旅游产品的价值接受过程是否顺利，或者能否维持一定时期的认可，往往需要关注市场的发展趋势。

3. 规划与设计主体的能力

旅游创意产品是否能够成功设计一般受设计师的设计经验以及其所拥有的信息量的影响。产品的设计对规划设计师的工作经验有较高的要求，丰富的规划实战经验往往能给新的规划作品提供思路。对旅游市场中丰富、即时的产品设计供需信息的充分掌握，也是一个设计师或规划团队能力的重要体现。信息搜集需要配备最先进的仪器、设备，作品一定是最先进或最适合的软件绘制出来的，这样才能保证产品的设计水平，并以最佳形式呈现在旅游市场中。

本章小结

从旅游主题形象定位到空间布局，再到创意产品的设计，层层递进，有序找出旅游规划设计的核心所在，即旅游创意产品的设计。本章为后面两章做了铺垫，是后面两章的开篇，在空间布局方面承接了前面两章的内容。

思考题

1. 如何确定旅游地主题形象？
2. 旅游空间功能布局的结构有哪些？
3. 结合实例谈谈如何设计创意旅游产品。

案例5-6　面向游客的旅游路线优化设计——以丹霞山景区为例[①]

1. 提出问题

根据现有文献分析和实地调查，丹霞山景区的旅游导航服务存在以下问题：

现有产品只考虑交通状况或时间成本，缺少对游客游览过程中体验感与景观美感的分析；景区内部推荐线路灵活性较低，可供用户选择余地较小；部分自然景观点通信信号较弱，难以接收地质灾害提醒信息或在遇险时进行求救。

针对以上情况，团队的设计思想是将用户偏好（美学价值、安全性）加入网络属性，综合考虑时间或距离成本进行网络分析，求解最佳路径。

2. 总体设计思路

基于视域分析、缓冲区分析、网络分析等工具建立美学价值评价和安全性评

---

① 资料来源：https：//blog.csdn.net/qq_41127811/article/details/128393681。

价体系，采用 GeoSence Pro 模型构建器和 Arcpy 二次开发脚本工具进行功能实现。通过用户自主选择美学价值评价指标权重和游览景点，结合景区内不同景观点与道路的安全性评价，提供安全性较高、符合用户观景偏好的旅游路线规划方案。为更好地保障用户的人身安全，团队采用爬虫技术实时更新天气状况，综合考虑降雨对地质灾害易发程度的影响，进行最优旅游路线的推荐。所有优化成果均采用自动化方式生成专题图，并在弹窗中可视化呈现，高效解决游览路线的安全性评价和基于用户决策的美学价值评价问题。

3. 基于用户偏好选择旅游路线

基于用户主动选择游览的景观点及希望重点体验的风景类型（见图 5-8、图 5-9），综合考量出行安全保障与景区美学分析两个方面，定制个性化、更安全、能够满足用户观赏需求的旅游路线规划设计。在路线的规划设计阶段以网络分析为主要途径，同时考虑景区内部道路等级和出行方式，以景区入口作为起点，由用户自行选择感兴趣的景观点作为中间的停靠点和目的地，求解出最优路径（见图 5-10）。

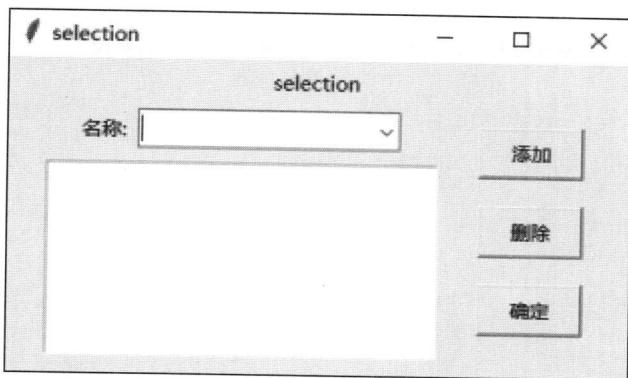

图 5-8　用户选择景观点打开时的界面

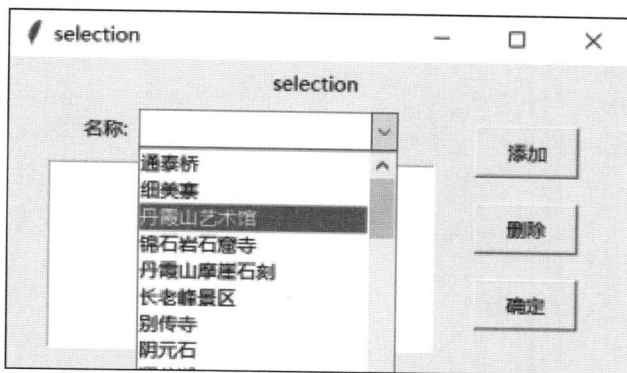

图 5-9　用户选择景观点选择时的界面

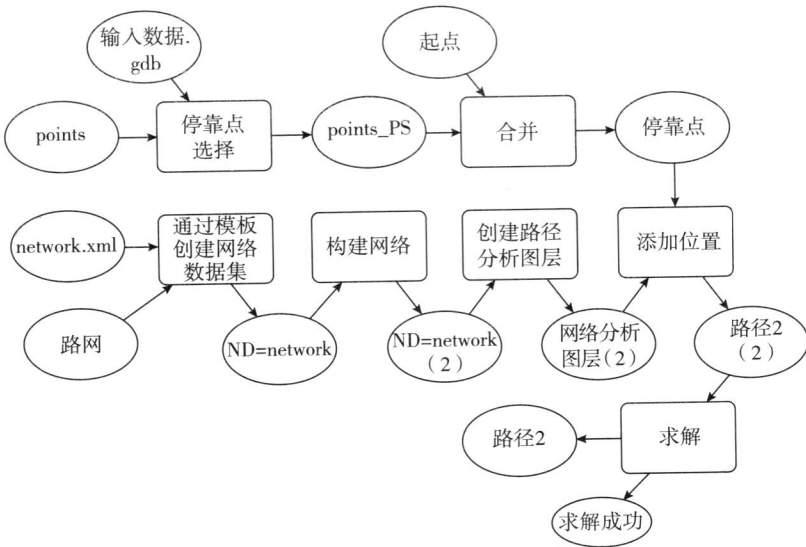

图 5-10 基于用户偏好选择旅游路线的求解模型

第六章 城市旅游规划与设计

发展旅游是城市高级功能的体现之一。旅游的流动性与精神需求对城市环境、城市空间、城市规划提出了较高的要求，城市道路交通等基础设施必须考虑旅游流的需求。本章将从历史文化街区保护与旅游展示、主题公园规划设计两个方面来对城市旅游规划与设计进行分析，旅游规划设计基本流程与方法贯穿其中。

第一节 城市旅游规划

在全球化和一体化大背景下，每个城市都有其最核心的竞争力，并追求独一无二的城市品牌。城市竞争力是由城市的实力、潜力、活力、魅力组合而成的系统合集。其中，城市魅力是城市竞争力的重要体现，其主要功能在于对周边非城市地区产生强大的控制力和吸引力。城市旅游规划实际上是体现城市魅力和影响力的规划①，通过对城市资源的挖掘、整合、包装，展现出城市独有的魅力和影响力。

旅游城市依托城市设施，以其现代化、便捷性和独特的城市游憩资源以及周到的服务对旅游者产生巨大的吸引力，并成为重要的旅游目的地②。一般来说，城市经济辐射力越强，辐射范围越大，旅游者必然越多；不同经济发展水平的旅游城市吸引力不同。城市的文化资源体现在城市的各种展览、博览、体育、文化活动中，这些均具有较大的吸引力。城市及其周围风景优美的地区是居民户外游憩活动的良好场所，也是旅游发展的重要资源。一座城市的经济、科技实力及其知名度，是最重要的旅游资源。

---

① 吴志强，吴承照. 城市旅游规划原理［M］. 北京：中国建筑工业出版社，2005.
② 吴国清，吴瑶，等. 城市更新与旅游变迁［M］. 上海：上海人民出版社，2018.

一、旅游城市的类型

1. 度假旅游城市

从旅游发展的历史来看，"城市度假旅游"是新兴事物。城市度假旅游兴起的原因有以下几点：①闲暇时间增多；②收入水平不断提高；③交通成本降低；④工业化城市持续发展；⑤城市旅游活动占游客度假方式比重上升。

城市度假是把整个城市作为度假旅游的目的地。度假旅游城市建设需要转变观念，城市不仅为本市居民服务，同时也为外来游客服务。也即度假旅游城市不仅是当地居民生活的城市，同时也是城市度假旅游者的度假旅游目的地。

（1）城市公共游憩空间。城市公共游憩空间分类见表6-1。

表6-1　城市公共游憩空间分类系统

服务组	主类	干类	支类
面向本地居民	城市公园	综合公园	市级公园、区级公园
		居住区公园	—
		动物园	—
		植物园	—
		儿童公园	—
		专类公园	植物园、体育公园、雕塑公园等
	道路及沿街绿地与环境设施	沿街小游园	—
		红线内绿地	—
		街旁绿地	—
	城市绿地	环城绿带	—
		郊野公园	—
		大型绿地	—
		公墓陵园	—
	文娱体育设施	文娱场所	青少年宫、文化宫、文化馆、公益活动机构
		艺术剧场	剧场、话剧院、音乐厅、电影院
		体育场馆	—
	半公共游憩空间	小区游憩空间	宅旁绿地、游园、儿童游戏场、健身设施
		单位游憩空间	—
面向外来游客及本地居民	步行空间	城市广场	交通广场、市政广场、市民广场、纪念广场
		步行街	商业步行街、步行林荫道

续表

服务组	主类	干类	支类
面向外来游客及本地居民	滨水游憩空间	滨海游憩区	—
		滨湖游憩区	—
		滨江游憩区	—
	文博教育空间	博物馆	—
		展览馆	—
		艺术馆	—
	商业游憩空间	商务中心	—
		商业街区	—
		娱乐场所	—
	特色建筑	建筑综合体	—
		独立建筑	—
	旅游景区及设施	旅游公园	主题公园、动物园、观光农业园、游乐园
		史迹旅游地	历史地段、纪念地、遗址
		旅游度假区	—

资料来源：吴必虎和黄潇婷（2010）。

（2）城市旅游空间。城市旅游地同样可以观察到类似旅游地生命周期模型的演化现象。城市旅游地的空间成长也表现出原理性规律，如最小规模原理、非均衡变化原理、依赖形态原理、非均质原理等。这些理论在旅游规划中的运用表现在旅游空间扩散的演化模拟方面。

城市旅游目的地是由若干不同主题的旅游节点城市，或者城市旅游范围构成。若是范围内有特定风格，那么此范围就可整合为城市旅游区。典型的城市旅游区可分为五大旅游区：历史文化旅游、宗教旅游区、民族旅游区、娱乐休闲旅游区和游憩商业旅游区①。

随着我国人民生活水平的提高和带薪假期的增多，以休闲度假为目的的旅游逐渐成为人们的生活方式之一，我国的旅游产品也正在由观光型向度假型转变。休闲度假产品中逐步出现高端旅游产品，即具有高品质、个性化和特色化的产品。

1）产品体系。此处总结前人经验，得到城市休闲度假旅游产品体系（见表6-2）。

---

① 吴必虎，黄潇婷. 休闲度假城市旅游规划［M］. 北京：中国旅游出版社，2010.

表 6-2　城市休闲度假旅游产品体系

传统度假产品系统	海滨度假旅游	
	温泉度假旅游	
	山地/滑雪度假旅游	
	乡村度假旅游	
城市休闲要素系统	城市游憩空间系统	市区步行系统
		环城游憩系统
		快乐购物系统
	城市休闲设施系统	娱乐休闲设施
		体育休闲设施
	城市休闲产品系统	观光休闲
		文化休闲
		美食休闲
		购物休闲
		体育休闲
		高端休闲
		博物馆文化产品
		可移型娱乐产品
城市娱乐要素系统	娱乐产业集群	
	城市节事策划	
	城市夜游系统	

资料来源：吴必虎和黄潇婷（2010）。

2）度假产品。度假产品包括海滨度假、温泉度假、山地/滑雪度假等，是旅游城市的主要吸引物。城市休闲要素系统，则是指度假旅游城市为满足当地居民休闲需求和度假旅游者度假需求提供的各类休闲设施和产品，主要由政府依照城市规划中的旅游规划进行建设；城市娱乐要素系统，是指为满足人们快乐需求提供的各类设施和产品。

3）休闲产品。城市之所以能够成为人们度假旅游的目的地，除了因为传统度假产品的吸引力之外，还因为"城市是娱乐、休闲生产地"。城市休闲产品中，常见的包括城市观光、文化娱乐、美食休闲、购物娱乐、运动休闲、小众休闲、博物馆旅游、候鸟型娱乐等。

4）娱乐产品。城市娱乐产品与休闲产品密不可分，同时又有自身的特点。娱乐产品与休闲产品相比，个性张扬，商业氛围浓厚，却又不失文化品位。一般常见的娱乐产品包括主题公园、游乐园、博物馆、文化教育设施、数字娱乐，以及一些非主流的娱乐产品。

2. 休闲旅游城市

随着经济社会的发展，居民生活水平普遍提升，休闲时间大幅度增加。全年休假日总数接近 120 天，休闲正成为我国城市居民重要的生活主题。政府将休闲度假视为社会控制问题，一方面，公民身心健康有利于建立和谐社会；另一方面，政府为公民提供休闲系统比提供就业机会更节约成本①。

（1）城市休闲产业。近些年，城市休闲产业的发展已呈现出休闲产业发展初期的普遍特征：其一，消费市场广阔。中国人口众多，旅游消费数额巨大，且随着经济持续增长，消费数额还将扩大。其二，近距离休闲，低价位消费。由于发展的不均衡性，大多数人的休闲呈现近距离休闲，低价位消费的特征。其三，产业投资，民营为主。餐馆、农庄等新兴休闲产业多为民营资本投资。其四，功能单一，产品雷同。目前休闲产业的功能主要是食、住、游、娱四个方面，且休闲产品普遍存在共性。其五，市场节奏快，产品周期短。现代社会消费趋异求新，从而缩短了产品周期，干扰了市场节奏。

（2）城市休闲空间要素。城市休闲空间有多种类型，室内室外是最笼统的划分，本节侧重室外休闲场所的分类，从城市步行系统、运动休闲场所、文化休闲场所和休闲购物系统进行阐述。

1）城市步行系统。城市步行系统包括人行道、商业步行街、林荫路和滨河路等，还包括生活圈步行系统、车站、码头、广场等。步行街是一种古老而普遍的交通方式，是集购物、餐饮、休闲、娱乐、旅游多功能为一体的商业街。步行街的建设一方面解决了人车矛盾，另一方面使街道和历史建筑得以避免因拓宽改造而被拆除，传统的城市风貌和宜人的空间尺度得以保存和延续。步行街的建设包括旧城更新、环境整治、建筑复兴、交通改善等内容，因此在促进商业发展的同时，也促进了商业街旅游功能的开发。

2）运动休闲场所。我国将体育与娱乐、文化一并升级为第三产业的第一门类。体育消费的主体是群众，而承载群众体育活动的场所是群众性运动体育设施，故应从公益性和商业性两种模式出发，考虑体育设施的多种发展模式。有学者提出了体育设施分类，即竞技类、娱乐类和健身类。竞技体育设施是国家综合实力的体现。娱乐体育设施是为满足体育运动形式多样化需求而产生的新形式，它讲求经济效益，培养娱乐体育市场。健身类设施可分为专业培训设施和景区专设区域的运动设施，后者诸如西安大唐芙蓉园儿童

---

① 吴必虎，黄潇婷. 休闲度假城市旅游规划［M］. 北京：中国旅游出版社，2010.

游乐区的健身设施。

3）文化休闲场所。文化休闲主要与文化服务等精神生活相关联，主要包括收看电视、收听广播、读书阅报、参观游览、聚会交际、餐饮娱乐、文化教育等各种活动。与运动型场所相比，它不以锻炼身体为首要目的，而是注重增长知识、开阔视野、提高自身的文化素质。

4）休闲购物系统。人们购物时希望店内环境良好，店外没有嘈杂车流，同时能有休憩、赏景的地方。研究表明，购物潜力的挖掘有赖于购物环境质量、吸引力和安全感的综合提高，而不仅仅是商品供给的改善。

（3）休闲度假旅游城市。休闲度假城市已成为人们关注的热点。虽然"北上广"的关注度仍位列前三甲，但一些休闲度假型旅游城市也颇受关注，比如昆明、桂林、成都等。本节主要论述建设旅游度假城市的基础条件。

城市发展休闲度假必须具备多种资源，如旅游资源、时间资源和土地资源。在时间资源方面，淡季时间过长意味着资源浪费，而城市主要资源并不因季节变化而消长。土地资源指城市空间对旅游者和旅游设施的承载能力，但土地供给有限，故其往往成为休闲度假发展的限制性条件。

科学合理的规划是度假城市旅游健康发展的重要基础条件，规划要考虑以下方面的要求：第一，开放性原则。即要求所有的公共休闲、游憩资源全面开放。第二，公平性原则。公共休闲游乐资源是全社会共享的，不应成为某些特殊团体独享的专利。第三，人性化原则。要使各类使用者的需求得到满足，尤其应该注意弱势群体的需求。

要缓和游客与居民对资源的竞争，必须在城市规划阶段考虑以下方面：功能分区方面要考虑到城市旅游功能分区，城市用地方面要协同考虑旅游开展所需要的吸引物用地和配套设施用地等，必须要充分考虑影响旅游开展的可达性因素，还要考虑市政设施，进行景观整治。

3. 娱乐旅游城市

（1）旅游娱乐与娱乐旅游。由于中国旅游业走的是先出境市场、后国内市场的道路，造成城市旅游基础设施不足，为此，各地各部门和企业做了很大努力，其中最成功的就是"印象系列""宋城千古情"等演出项目的开发。原来作为旅游节目辅助的娱乐演出，后来变成了游客的出游动机。以演出为主的娱乐旅游产品，是开展旅游市场经济活动的基本细胞，一个城市如果具备多种娱乐旅游产品，就可打造成娱乐旅游城市。

（2）娱乐活动与设施。娱乐活动是人们为追求放松或快乐而参加的活动。娱乐活动按参与动机可划分为 11 类，按所需器材则分为五类（见表 6-3）。

表6-3 娱乐活动分类

	类型	内容
按参与 动机分类	艺术型	舞蹈、音乐、摄影、美术、刺绣、插花、编织、雕塑、纸扎、根艺等
	运动型	下棋、打牌、登山、游泳、溜冰、冲浪、滑翔、围猎、潜水、航天等
	观赏型	看表演、看展览、赏山水、看动物、赏工艺等
	鉴赏型	藏字画、存古玩、采标本、集邮品、收钱币、藏图书等
	竞技型	拳击、摔跤、飞镖、赛车、赛球、竞马、武术等
	健美型	塑形运动、器械锻炼、跑步、体操、桑拿、按摩等
	益智型	游戏、竞技、网上冲浪、魔术等
	消遣型	茶馆、酒吧、垂钓、野炊、逛公园等
	刺激型	探险、蹦极、斗牛、攀岩等
	交际型	联欢会、网上聊天、结伴出游、休闲沙龙等
	综合型	家庭影院、文艺赏析、电脑上网、旅游探幽等
按所需 器材分类	空中活动类	滑翔机、跳伞、热气球等
	车辆类	自行车、摩托车赛、国际赛车、露营休闲车、遥控车、遥控飞机等
	球类	乒乓球、羽毛球、篮球、足球、排球、网球、高尔夫等
	家庭娱乐类	象棋、围棋、跳棋、麻将、桥牌、扑克、拼图、七巧板等
	种植饲养类	养花鸟、养蟋蟀、养鱼、养猫狗等

资料来源：笔者根据相关资料整理。

如何有效地对城市娱乐休闲设施进行管理，是休闲度假旅游城市必须直面的课题。我国《娱乐场所管理条例》对从业人员安检责任、场所安检设备作出规定，要求必须对迪斯科舞厅入场人员进行安检；所有娱乐场所必须安装闭路电视等监控设施及具有防暴预案等；任何场所不能将未成年人放入场内。目前休闲娱乐场所的分类相对明确，但娱乐设备和器材更新较快，不过我们仍然可以从近年来举办的一些专业展览会的参展内容中了解到休闲娱乐设备和器材的最新变化（见表6-4）。

表6-4 专业展览会中的娱乐设施分类

	类型		内容
康体娱乐与 运动器材展 览会所列娱 乐设施类型	竞赛器材	球类设备	乒乓球、羽毛球、足球、篮球、排球、网球等
		专项运动	田径、游泳、体操、举重、武术等
	户外运动用品		野营、登山、冰雪装备，航模车模，水上装备，滑翔设备等
	健身器材		健身器械、健身房设备、康体设备、会所设备
	运动服装		各类运动服装、运动鞋、帽、袜、手套、饰物
	运动场馆设施		塑胶场地、游乐场设施、场馆建材、座椅地板、电子设备
	其他		测试仪、运动医疗、教学仪等，纪念品、体育书刊、音像等

	类型	内容
休闲场所休闲娱乐设施展览会所列设施类型	场所和设施	主题公园、农家乐、度假村等，游乐场、喷泉、音响灯光等
	运动休闲车辆	游览车、过山车、碰碰车、休闲汽车、旋转木马、观光索道、游乐机器人、水上游乐设备等
	休闲娱乐用品	棋牌、游戏机等，数字影视、时尚用品、娱乐设施器材等
水上运动器材及水上休闲娱乐设施展览会所列设施类型	水上类	赛艇、帆船、龙舟、冲浪器材、垂钓器材、娱乐设施
	船艇类	游艇、监测船、消防船、救生艇、抢险船、指挥艇等
	动力及设备装置	船艇机组、舷内外机、辅料、高性能粘结材料，建造设备、五金件、通信导航、生活设施、环保设备、救生用品
	船艇修理	新技术、新材料等，游艇码头、船艇设计、规范及出版物等
	游泳	游泳馆及游泳池配套设施、游泳装备
	潜水	潜水服装及器材、水下摄影器材、潜水俱乐部等
泳池沐浴SPA展览会所列设施类型	泳池喷泉产品	水上乐园、喷泉、泳池设备、泳池外围设施
	SPA水疗产品	医疗SPA、矿物温泉SPA、美容护理设备、化妆品、护理产品
	沐浴足疗产品	沐浴设备、按摩设备、桑拿设备、足疗产品、沐浴产品、保健品
	热水及水处理	水体消毒、循环过滤、恒温器、热水设备、节水产品
	其他设施服务	连锁加盟、系统软件、工程公司、培训机构、服务机构、媒体

资料来源：吴必虎和黄潇婷（2010）。

（3）娱乐旅游产品。

1）主题公园。以迪士尼为代表的主题公园具备创新性与扩张性。其创新性体现在以下方面：在概念上，迪士尼的建成标志着以娱乐设备为主体，以音乐和展览为辅助的游乐园时代的结束。在形象上，迪士尼乐园的卡通形象是最有号召力的宣传。在模式上，良好的选址能减弱季节性变化对室外活动的影响，良好的主题选择能增加回头客，其影视优势有助于开展品牌宣传。在理念上，针对主题公园项目生命周期较短的特点，通过创新使新项目加入进来。其扩张性表现在两个方面：一是扩大规模，不断增添新项目使公园的规模不断扩大；二是全球扩张，迪士尼在亚洲和欧洲分别投建了东京和巴黎迪士尼乐园，在中国香港、上海也有布局。综上所述，主题公园的形象设计、建筑风格、自然特征、游乐设施，构成游客旅游的直接动力，推动旅游业的发展。

2）博物馆与文化教育娱乐。在欧洲，博物馆是较受欢迎的旅游产品之一，伦敦、巴黎、罗马等因著名博物馆较多而被誉为"博物馆城"。自我国旅游业起步以来，博物馆作为重要资源一直丰富着各地的旅游产品。如今许多城市大量投资博物馆设施，博物馆也从最初教育和展示的建筑，变成了游客的公共空间。在其他文化娱乐方面，各国精心挖掘了能体现地域特色的文娱表演节目，通常有民俗表演、杂技马术、竞技体育等，形式上有表演、"节日"、博览会等，都用极具民族风情的表演吸引外来游客。

3）可移型娱乐产品。可移型娱乐产品并不固定属于某个城市，而是作为一个相对独立的文化休闲产品品牌在城市之间移动，并向全世界提供旅游娱乐产品和服务。可移型娱乐产品最直观的特性是移动性，并按其移动规律分为市场型和固定型。市场型会根据城市市场情况安排移动线路和落点城市，以环球嘉年华为代表；固定型则是以固定周期在不同城市间轮流举行，以奥运会和世界杯为代表。可移型娱乐产品有不同的分类方法。从产生原因上分类，可分为商业性和非商业性移动娱乐产品；从参与群体上分类，可分为大众类和特殊群体类；从内容上可分为巡回演艺、现代展会、体育赛事、专业论坛及可移动文化遗产等。

要把城市建设成娱乐中心，基础的工作是要建设大批城市的娱乐与旅游基础设施。在城市的中心性形成过程中，旅游项目等起着决定作用。例如，20 世纪 70 年代以来，美国通过娱乐项目的开发，极大地推动了城市的发展，其中底特律在娱乐导向型城市更新方面就做出了有益的尝试。

城市的娱乐旅游发展过程中会呈现空间集聚的特点，著名的景点周围会形成旅游宾馆、旅游交通、购物商店等多个集群。例如，澳门葡京酒店周围就有多家高星级饭店及大量休闲观光场所，甚至出现很多小吃一条街、购物一条街等。

任何空间结构和场所精神的形成，都与城市规划理念密切相关。后福特主义以营建场所为方针，主张对城市的功能、社会和美学进行全面考虑。我国学者认为，新的规划理念应强调两个方面内容：一是对体验娱乐产业进行批判性的继承；二是对不合理政策的否定。总而言之，旅游业由于其服务对象的需求十分独特，在建筑功能和形象的创造上必须满足对象的多层次需求，并赋予旅游地一种独特的地域特征，使游客容易对旅游地进行辨识、记忆和传播。

二、城市旅游规划程序与方法

1. 技术路线

城市旅游景观规划设计包括以下五个阶段：调研、踏勘；编写计划；总体设计；详细设计；施工图设计[①]（见图 6-1）。

① 陈琴，张述林，等 . 旅游景观规划设计研究 ［M］. 北京：科学出版社，2014.

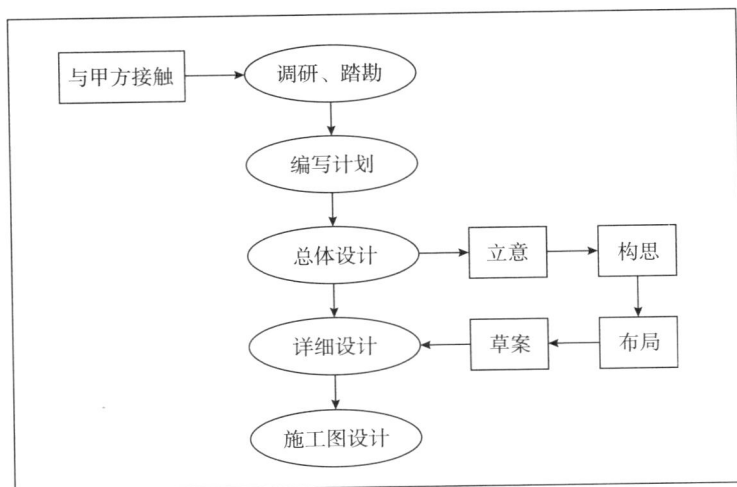

图 6-1　旅游景观规划设计流程

（1）调研、踏勘。

1）基本条件调研。基本条件包括以下内容：①建设方对项目的意见、标准及投资额度；②总体规划对项目的要求；③与市政的交通联系；④周边环境；⑤能源情况，排污、排水设施条件；⑥植被状况；⑦数据性技术资料，内容如表6-5所示；⑧材料来源。

表 6-5　基础资料及内容

自然环境资料		分析内容	互动关系
气候	月/年平均降水量	水资源可利用性、适应性	地球自转周期、台风干燥期、雨期、树干蒸发、灌溉的必要度、辐射、传导、对流、不适指数、寒期、暖期、集中暴雨、霜害地区等大气的停滞与扩散等
	冲蚀指数、降水强度	暴雨管理、估计潜在土壤流失量	
	月均温、最高最低温	游憩适应性、作物需求	
	风速、风向	游憩适应性、空气污染扩散	
	湿度	游憩适应性	
	蒸发量	水资源可利用性、作物需求	
	台风路径	灾害防治	
地质	岩石种类、软硬度、空隙度，地层年代、断层、走向等	地质灾害、矿物分布、地质与地形演变史、抗击作用与工程承受力、特殊地形、地下水分布与补注区	地震灾害、地质下沉、水平运动、海岸侵蚀与沉积物放射能等地块断层、地块运动的关系
	崩塌、侵蚀、风化度等	灾害防治	

续表

	自然环境资料	分析内容	互动关系
地形	等高线图	坡度坡向、集水范围、地质灾害、潜在土壤流失量、景观分析	景观价值、倾斜
水文	河湖湿地、河川等级、水位、水质、断面	水源保育、生态保护、洪水平原	水域分布、水位图、低水流、洪水频度、蓄水量等，水质、同系水、水源污染等地下水利用度，深度、水量、水质还原的必要性等
	地下水补注区、水量水位、流速	地下水涵养	
土壤	质地、母质、pH、厚度、阳离子、交换能力、排水性、有机质含量、渗水性、季节性地下水位	作物生产、暴雨管理、地下补注、作物需要、冲蚀防治、污染防治	营养保养、农业生产性、基础稳定度、伸缩膨胀度、渗透力、侵蚀
	土壤冲蚀指数	估算潜在土壤流失量	
	工程承载力	建筑物、开发建设适宜性	
土地使用	现状种类、分布、形态、管理方式	从人类生态学角度探讨人与环境关系	农业、林业、矿业、工业、城市街区、准城市街区

资料来源：陈琴，张述林，等．旅游景观规划设计研究［M］．北京：科学出版社，2014.

2）基础资料准备。基础资料有以下内容：①基地地形图，根据面积不同，建设方应提供1：2000、1：1000、1：500、1：200的地形图；②基地内的地形及现状物体的位置；③四周情况；④现状植被分布图（1：200、1：500），有较高观赏价值或保护意义的树木应附彩色照片；⑤地下管线图，此图要求与施工图的比例相同。

3）现场素材收集。现场搜集的素材包括以下内容：①补充图纸资料；②土地所有权、边界线、环境；③方位地形、最高眺望点；④建筑物特性；⑤植物特征；⑥市政。遇小场地应制作基本平面图，图应记载以下资料：①基地范围；②地形图；③水体植被现状；④房屋和其他建筑关系；⑤地下喷水孔，户外水龙头、电路、空调机位置；⑥户外照明设施；⑦构筑物；⑧道路台阶；⑨附近环境；⑩任何影响发展设计的因素。

（2）编写计划。计划任务书一般包括以下八个方面内容：①明确用地范围、性质和设计原则；②明确该旅游区在城市用地中的作用；③拟定功能分区、游憩项目及设施配置要求；④确定建筑物规模、结构和材料；⑤拟定风格特点和卫生要求；⑥做出投资及造价定额；⑦制定地形图及基础工程设施方案；⑧制订分期计划。

（3）总体设计。总体设计包括立意、概念构思、布局组合、草案设计。立意是明确设计理念。概念构思应围绕游客需求提供增强景观吸引力的途径。布局组合需考虑旅游区内容、容量、线路、地形、植物等。草案设计中要求根据旅游区性质确定各分区特性，根据城市规划和旅游区布局确定出入口，根据旅游区规模、分区、容量和管理需要确定道路和铺装，路网密度在 $200\sim380m/hm^2$，管理用路不与主路交叉，根据水源和地形确定水体设计，根据气候、景观确定植物设计，根据功能景观要求及市政条件确定建筑物特性，管理设施的位置应既隐蔽又方便。总体设计应反映以下内容：所处地段景观特征，基地面积和游客容量，总体构想和风格，景观结构，游憩项目布局，景观单元布局，旅程安排与路线组织，分期计划以及投资匡算。

（4）详细设计。详细设计是以总体设计为依据，对旅游区做出具体的安排和对每个局部进行技术设计。对于规模较大的旅游区，应以其控制性详细规划为依据进行详细设计。对于规模较小的地域，在总体设计阶段就可穿插详细设计。详细设计通常包括下列内容：①建筑、道路、绿地和景观；②交通出入口、界线；③道路景观；④种植；⑤工程管线；⑥基地剖面；⑦游憩服务设施及附属设施；⑧投资概算与效益分析。

（5）施工图设计。完整的施工设计图应包括：图纸目录、设计说明、技术经济指标表、坐标信息、施工总平面图、竖向设计图、土方工程图、道路广场设计、种植设计、水系设计、建筑设计、管线设计、假山设计、小品设计等的平面图、立面图、断面图、剖面图、节点大样图、鸟瞰图或透视图，以及苗木规格和数量表，并编制工程预算书及施工规范[①]。

2. 规划方法

（1）标准化全方位调查法。旅游规划的调查都应该规范化，针对不同的问题设计不同的调查表格，调查是获取第一手资料的重要手段，做细、做深、做全调查是规划取得成功的重要保证。目前规划调查中的普遍问题是调查的局限性，包括时间局限性、样本有限性、统计分析的表面性。

（2）旅游区位分析法。旅游区位分析有市场、资源、新游憩地和服务设施区位分析。市场区位分析是分析吸引何处人、吸引哪些人、吸引多少人、人怎么来等；资源区位分析有目的地区域、同质与异质竞争分析；新游憩地区位分析用于选址；服务设施区位分析也是选址问题。其中，市场与资源区位分析在规划前期开展，新游憩地和服务设施区位分析在规划后期完成。

（3）双向互动映射法。双向互动有左右互动与上下互动两个方面。左右互

---

① 陈琴，张述林，等. 旅游景观规划设计研究［M］. 北京：科学出版社，2014.

动指资源与市场互动，两者的互动建立在区域平台基础上，产品具有导向作用，但起决定作用的是资源、市场与经济水平的平衡。上下互动指国家、区域战略与城市、景区开发之间的互动，根据自身特点和发展形势明确方向与策略。

（4）SWOT 分析法及地位分析法。SWOT 分析是国际上流行的惯用分析方法。在规划实践中我们发现 SWOT 分析并不完善，必须增加地位（Status）分析，明确城市旅游发展的起点。地位分析是一种比较分析，在国家、省域、区域、同类城市等众多参照系下，比较城市旅游业现状、发展水平与存在的问题，使发展战略的制定建立在更加现实的基础上。

第二节 城市旅游设计

一、城市建筑景观设计

从广义旅游建筑体系来看，旅游建筑既指为旅游服务的建筑，也指吸引人们进行旅游的那些成为吸引物的建筑。建筑旅游是指以观赏和体验建筑、通过建筑探求历史与文化为目标的旅游行为方式[①]。建筑设计本身可以创造旅游价值，那么，建筑景观设计应该以发展旅游为目标。

1. 方案设计流程

设计师需先了解项目用地要求，还需浏览任务书并进行构思。了解任务后，设计师要调研同类建筑并查阅资料，为立意做准备。调研完成后，设计师需形成立意构思，并用简图的形式记录下来。立意构思时只有草图，草图只画关键图纸，如平面、立面、剖面、透视。草图记录功能与立意结合的探索过程，使设计变得清晰。

有了明确的设计方向，绘制控制性草图就有了依据，草图只需有平面、局部透视或剖面。草图应该严格按照比例绘制，主要体现在房间的开间进深、房屋的面积、楼梯门窗的位置等。草图使功能安排、建筑造型、空间组织、环境关系等问题能够得到基本解决，也能形成正式方案的雏形。正式方案草图是在控制性草图的基础上，更深入地推敲，并对全套方案图纸进行集中表现。

设计方案的明确还需经多方案的比较，最终肯定一个方案进行深入设计；或

① 王钰. 旅游·建筑·设计［C］//旅游规划与设计（28）. 北京：中国建筑工业出版社，2018.

将若干方案进行综合，构成一个新的方案深入刻画，最后完成用于汇报的方案。该方案比上一阶段要更加正式，不仅要严格按照比例精确地用电脑或尺规绘图，还要精确地绘制透视图，并制作方案的模型。

2. 城市旅游建筑类型

（1）服务建筑。在城市设立旅游服务建筑首先要考虑选址问题。这一问题要考虑很多因素，包括城市规模、城市旅游资源分布、交通状况、地理环境、土地成本、客流量、停车场地等。旅游服务建筑的中心功能是集散换乘，故一般选址上紧邻交通枢纽、景区及大型公共设施。

因为旅游活动受天气、季节、假期等多种不确定因素影响很大，且在全国城市中普遍存在旅游淡旺季游客量不稳定的问题，所以旅游服务建筑在设计前期就应做出合理的策划和规模估算。

城市旅游服务建筑作为城市对外展示的"窗口"，其风貌能够给游客留下深刻印象。一般来说，旅游建筑及其景观设计是影响游客满意度的两个重要因素。故建筑师在设计时应整体考虑，即建筑在满足基本功能的同时应体现当地文化、风貌和特色。城市旅游服务建筑作为城市的旅游公共服务设施，内部空间集合交通、旅游、景区和旅行社等相关部门。其外部空间对外地游客是一个集散换乘的"调整地"，对本地市民是一个"休闲地"，有大量人流、车流且流线复杂，如何在设计中安全合理地组织内、外部流线，对建筑师来说是一项重要的工作①。

（2）餐饮建筑。景区餐饮建筑设计据客源而定。景区客源分团队和散客。当下景区餐饮以大众需求为主，未来可向商务、休闲型餐饮发展。本节将结合三种饮食文化对三种景区餐饮建筑进行设计方面的分析。

1）大众型餐饮建筑。大众型餐饮建筑以服务团队和散客为主。旅行团饮食行为的特点是食用固定团队餐，就餐人数多；用餐标准、开餐时间统一，用餐速度快。综上所述，此类建筑应针对游客饮食行为特点设计，根据游线时间安排建设场地；要求建筑规模较大，能对多类型游客进行服务；应选择开阔地作建设场地，从而解决疏散问题。该类建筑功能相对单一，但需注重游客及后勤流线设计，以满足客流大时的饮食需求。

2）商务型餐饮建筑。商务型餐饮建筑的主要服务对象为因商务或公务前往景区的游客，其饮食行为特点是就餐人数不定，用餐标准不定但普遍较高，开餐时间、用餐速度不定。根据该类型建筑使用者需求分析，商务型游客前往景区不仅是观光，故应将场地设在远离核心景点但又可感受优美环境的地段，并有到达核心景点的便利交通。建筑规模需据不同项目具体设计，功能不限于餐饮，可附

① 王涛. 城市旅游集散中心发展研究与设计实践［D］. 长江大学硕士学位论文，2020.

属会议、休闲、住宿等功能。

3）休闲型餐饮建筑。休闲型餐饮建筑主要服务散客，其特点是就餐人数不定，成员间相互熟悉；用餐标准不定，希望品尝特色食品；开餐时间不定，用餐速度不定。此类餐饮建筑选址较灵活，可选择靠近景区出入口、人流较为集中、特色景点周边地段。建筑面积通常较小，功能较灵活。休闲型餐厅应注重室内外环境的贯通，使顾客最大限度接近大自然①。

（3）展示建筑。展示建筑就是以展示为核心目的与内容，通过外部形态传达一定的历史文脉、地域特征、科技发展、品牌文化等信息，对内以具有参与性的展示参观空间为主体形式，以实物和其他相关信息传递手段作为媒介，结合一定空间环境要素，表达相应的展示内容，且具有代表性、标志性以及强烈的艺术个性与艺术感染力的建筑形式②。

展示建筑外部形态千差万别，形态丰富多样，运用的手法方式也不尽相同。总体来说，展示建筑外部形态主要拥有三支主干：一支朝着全球社会文化精神的方向发展，一支朝着科技时代技术的方向发展，一支则朝着自然生态的方向发展。这三支主干不论朝着何种方向生长，其脉络枝叶都相互盘结交错且不断互补、共生，在不断的交融中朝着同一个方向不断创新、成长。文化精神不应遗忘，科学技术总在进步，自然生态不能忽视，这正是展示建筑外部形态的发展总趋势。我们进行展示建筑外部形态设计时，不应该将文化性、科技时代性、自然性孤立地考虑，而应当以交融、共生、统一的发展眼光来审视和处理问题，只有这样才能将展示性建筑的外部形态设计之路走得好、走得长。

二、城市风景区景观设计

1. 分区设计

（1）分区原则。分区应遵循以下原则：第一，同一景点设计对象的特性及其生存环境应基本一致。如张家界的黄石寨景区，四周多为绝壁，景点以高耸的山峰为多，而旁边的腰子寨则四面开阔、有花海奇树，两处景区形成鲜明的对照。第二，同一景点内的设计原则、措施及其成效特征应基本相同。如陕西太白山九九峡景区是飞瀑深潭、深沟峡谷，而相邻的开天关景区则是地域开敞、藤蔓遍野的栎林风光。分区应保持其自然、人文、现状的完整性③。

①　韩瑞晴. 具有饮食文化特色的景区餐饮建筑设计——以湖南宝山矿山公园餐饮中心为例 [D]. 中南大学硕士学位论文，2012.

②　陆路. 展示性建筑设计手法研究 [D]. 长安大学硕士学位论文，2011.

③　李文，吴妍. 风景区规划 [M]. 北京：中国林业出版社，2018.

（2）分区类型。旅游景区一般由休闲游览区、运动休闲区、露天野营区、科学考察区几部分组成。休闲游览区可分成眺望区、岩石区、水景区、植被区、特色区等。运动休闲区可开展有益身心健康的体育运动，如划船、垂钓、登山、滑雪、探险等。露天野营区可选择环境幽静、水源充足，有斜坡、山峰的地方，专供游客野营、露宿、野炊、夏令营等。

具有科研和教学价值的地区可划作科学考察区，这些地区资源丰富、地貌良好、气候独特，如西双版纳的热带雨林、东南沿海的亚热带季风林、新疆内陆的高山针叶林、滇桂湘黔的喀斯特地貌等，设计时应对该地区资源进行登记并标示。景区内还可设置休养疗养区，如青岛、大连、厦门、海口、庐山、黄山、泰山、太湖等，要注意不能把休养疗养区设在主要景点内，以免造成对自然的破坏。面积较大或离城市较远的景点，需要建立旅游接待区以满足游客需求。设计时为了不破坏自然风景，应将旅游接待区设在景点之外。同时旅游接待区要与游览区有方便的交通联系。

2. 游线设计

景点游线组织实质上是景象展示、时间进程、景感转换的综合，故游线必须精心组织。游线组织要求形成舒适的游览过程，于是便有了起景—高潮—结景的基本段落结构。规划中要运用各种措施来突出主题区域和景观高潮的感染力，诸如空间的进深、穿越与连通，景观的主次、借景与配景，时间速度上的景点疏密与节奏，景感上的色彩与联想，手法上的隐藏、显露、呼应、衬托等。应依据游赏方式、景观特点、游人构成、游人体力与游兴规律等因素，精心组织各级各类游线，并应包括下列内容：①游线的类型、级别、长度、容量和序列；②不同游线的特点差异和多种游线间的关系；③游线与游路及交通的关系。

道路交通设施与游览线路决定游客如何进入景点，故在规划过程中应因地制宜地运用可识别性原则、游旅结合原则、地方特色原则和自然美学原则。每条游赏路线应有效地组织第一印象场域、主题印象场域、最后印象场域等，并根据旅游项目的不同特点、功能空间关系组织旅游序列。游览线路的组织应避免重复。

3. 节点设计

（1）入口节点。

1）选址：可分为四类（见图6-2）。

①单一出入口：小景区通常呈环形游线，一个出入口即可。②出入口分别设置：游线特殊的景点或考虑安全疏散的景点会分别设置出入口，游客从固定出入口进出不会造成拥堵。③一个主入口，多个出口：多用于大规模景区，且出入口与城市道路相连，方便游客疏散。主入口的设计应有标示性和多元化功能。④多个出入口：对于规模较大且景点分散的景区需设多个出入口，且规模较大景区游

客容量也很大，多出入口可缓解交通压力。

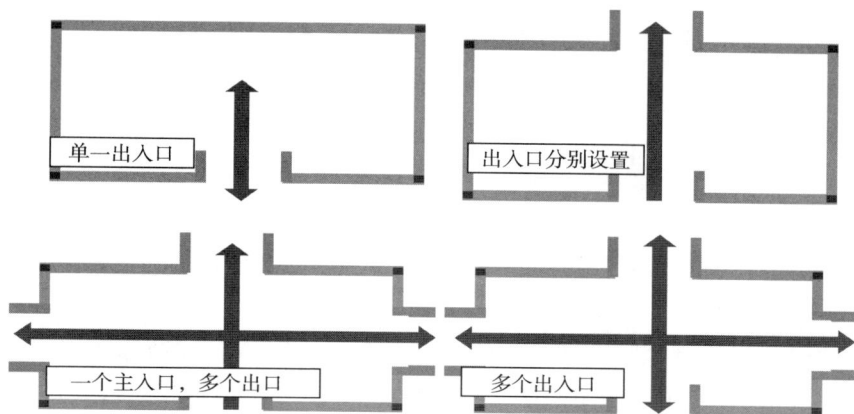

图 6-2　入口空间布局

2）功能。入口空间功能可分为两类：其一是基本功能；其二是衍生功能。基本功能可分为以下几个部分：

第一，交通功能。交通功能是入口空间的首要功能。入口空间常与城市道路相连，连接方式可分四类：尽端式、临侧式、十字式和丁字式（见图 6-3）。入口设计首先要将入口与景区内外道路相连形成人车分流，其次要考虑停车场规划，再次是游客交通方式的转换，最后需为假期大规模游客提供足够集合场地。

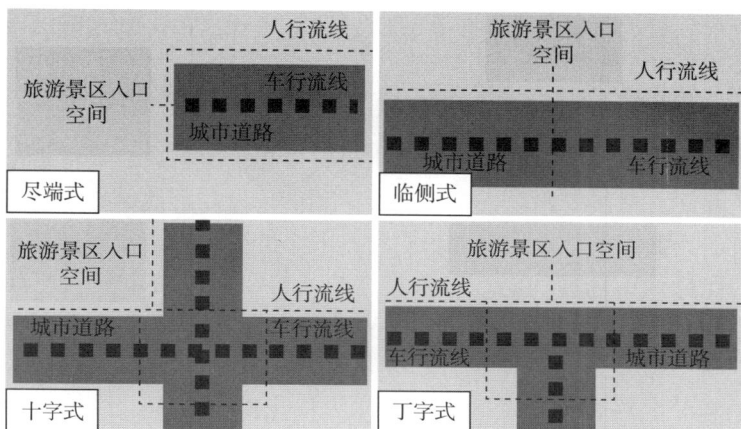

图 6-3　景区入口空间与道路连接方式分析

第二，标识功能。景观标识能让游客清楚地知道入口所在地。现代设计师会运用独创形式来表示入口，使游客对景区有独特记忆。作为景区的第一个节点，入口空间的标识有总揽全局的作用，可利用地域文化历史、民俗宗教等元素来设计，使游客留下深刻印象。另外，景观标识的形式、风格和尺度也能够暗示游客景区的性质、类型和规模。

第三，管理功能。景区入口空间每天承接众多游客，管理功能可以合理地监管客流量，限制游览时间。景区的售票处、检票处、保安室、监控中心等办公处均应设在景区入口空间的公共建筑内，为游客的旅行保驾护航。

第四，服务功能。为游客提供贴心的便民服务和多种准确的信息，具体包括游客接待、咨询服务、导游讲解、餐饮部、卫生间、失物招领、物品寄存、医疗服务、提供住宿信息等。景区的服务功能大多是由门体和辅助性建筑一同实现的，其服务设施的规模与景区的规模成正比，而它的建筑风格与景区风格也是协调一致的。

衍生功能可分为以下几个部分：

第一，代表城市人文形象功能。旅游景区入口空间有深层次的文化意味和象征意义，其整体景观效果应起到揭示这个城市或景区的文化内涵的作用。因此设计师应使景区入口空间淋漓尽致地表现其独特的人文形象，营造更为浓郁的文化氛围。

第二，城市与景区过渡功能。景区入口空间是介于城市和景区之间的过渡地，它既有城市公共环境的性质，也有景区自身的特征。首先，入口空间完成了景区主题的过渡，是表达景区主题的景观节点；兼容相通的景观递进不仅丰富了景区的层次感和渐进感，也能让游客逐步了解景观主题。其次，景区入口空间也为游客提供了心理的过渡，使游客能从嘈杂的街道环境中安静下来，融入到景区舒缓的氛围中去。

第三，丰富民众活动功能。旅游景区入口空间是一个多元化的场所，作为城市的公共空间，它不单单只为景区提供服务，也担负着城市广场的职能，为城市居民提供了参观、交流、娱乐、参与社会活动的场地。因此，在入口空间处常常会聚集大量的人群，如果设计合理，它将是一个舒适的城市交往、活动场地。

第四，优化城市环境功能。旅游景点的入口空间是城市公共空间的组成部分，入口空间的景观表达影响着城市公共空间的景观效果。充分利用入口空间环境可以对城市景观进行延伸和升华，从而改善和美化城市景观。入口空间水体和植被的充分利用，使得景区入口空间为优化城市环境、维护生态平衡贡献了一份力量。

3）尺度。在景观空间中，尺度是指景观单元的体积大小。尺度还有绝对尺度和相对尺度之分。绝对尺度是指物体的实际空间尺寸，这是一种功能上的实际尺度。在景区入口空间中，涉及入口空间的长宽尺寸比、入口空间各景观要素之间的比例关系，以及景区入口空间的整体组成内容与周围环境的比例关系等。而相对尺度则是指游客的心理尺寸，反映的是游客对空间的心理感知。景区入口空间的尺度对游客的情感和行为也会产生一定的心理影响。大尺度的入口空间会给游客气势磅礴之感；而小尺度的入口空间则营造出了舒适宜人的气氛，给游客一种舒适、自在的感觉。总之，对于旅游景区入口空间尺度的把握，要与游客的行为活动和使用尺度相匹配。

4）构成。旅游景区入口空间是由四个密切相关的小空间构成的大空间，包括起始空间、广场空间、建筑空间、引导空间。

第一，起始空间：进入景区入口广场的前奏，亦是交通缓冲空间。无论是景区附近道路规划还是停车场设计，都要使游客在安全畅通的情况下进入景区入口主题广场。

第二，广场空间：由周围的建筑、广场、小品、绿化、水体等组成的为游客提供良好服务和使用功能的开阔场地，同时也是注重视觉效果和交通流线的场所，既增加了景区深度，也构成了城市的景观节点。入口广场空间是游客进入景区前的首要体验区，其设计是为展现景区的内涵和主题，同时为引导游客顺利进入景区。

第三，建筑空间：景区入口大门和其旁侧建筑构成了入口建筑空间。入口建筑形式很多，有利用山门、牌楼等构成的入口，也有利用亭台楼阁结合山石或古木等构成的入口，还有模拟自然山石构成的入口。入口在建筑形式、空间体量、形态结构、材料颜色等方面都要与周围的景观相协调，从而表达景区的主题特点。

第四，引导空间：通过检票口进入景区后的第一个游客汇集、分散的场所。它是入口空间的"终点"，也是景区内各条游览线路的"起点"，这个空间场所注重的是景区内外的贯通。在设计引导空间时应注重景区主题的体现与表达，形成景区高潮前的铺垫。而一些较大型的旅游景区，在引导空间处除了做景区主题的表达外，也会在这片场地上设置景区电瓶车停靠点，空间也会更为开阔①。

（2）滨水节点。

滨水景观指在陆地与水体之间的区域，通过整体规划和设计，形成既实用又美观的优美景观空间。景区滨水节点属于城市滨水景观的一部分，因此可参考城市滨水景观的以下营造原则进行设计。

① 许婉璐．旅游景区入口空间的设计研究——以大荔县皇家沙苑景区入口空间设计为例［D］．西安建筑科技大学硕士学位论文，2017.

1）生态性原则。城市滨水空间是完整的生态系统，景区内也同样如此，保持生态系统的平衡和连续性是创建景区滨水节点活力的第一步。为保持生态系统的平衡和连续性，滨水节点设计应以景观生态学原理为基础，实现风景园林与城市的可持续发展。景观生态学（Landscape Ecology）是德国地理学家 C. 特洛尔在 1939 年提出的。它是以整个景观为对象，通过物质流、能量流、信息流与价值流在地球表层的传输和交换，通过生物与非生物以及与人类之间的相互作用与转化，运用生态系统原理和系统方法研究景观结构和功能、景观动态变化以及相互作用机理，研究景观的美化格局、优化结构、合理利用和保护的学科。

2）公共性原则。实践表明，公共性是未来城市滨水空间发展的方向，也是滨水节点的设计方向，现在的景区滨水节点都尽可能满足公共性要求，作为各种元素汇集的自然环境区域，空间开敞、风景秀丽的景区滨水节点应该向所有公民无保留开放。

3）亲水性原则。亲水性是人的天性。通过研究发现，亲水性设计的一种重要方式是将过去的工业痕迹转变为充满活力的场所。德国鲁尔区北杜伊斯堡景观公园里，景观结合工业遗迹与水系塑造生态休闲活动空间，同时还可以开展自行车骑行等活动。由此可见，通过景观营造可以吸引城市中不同人群，为人们提供多维有趣的滨水活动场所。

4）可达性原则。城市滨水空间可达性指的是城市中各地区市民到达滨水空间的便捷性，景区则同理。可达性分为行为可达性、视觉可达性和心理可达性。行为可达性与交通有关，视觉可达性与建筑物、路堤布局、景观和观察者的距离有关，心理可达性则与滨水地区景观营造给人带来的认同感有关。

5）经济性原则。经济是限制和发展城市滨水空间的重要因素，因此要先选择合适地块以吸引投资，为后续建设奠定基础。例如，巴黎的拉维莱特公园在场地周边设置剧院以聚集人气，纽约高线公园也是通过举办活动提升场地价值。故设计师应采用合理策略吸引人气，带动休闲场所的协同发展。

6）复合性原则。居住功能是滨水空间最早的功能，然后是商业功能，商业建筑常处于滨水空间核心位置。复合功能型空间是滨水空间中不可或缺的，因为它一方面满足了人类的交流需求，另一方面能够抬高建筑价格并吸引更多的城市竞争资本；此外，复合型滨水公共空间可达到丰富空间层次的效果。总之，景区滨水空间需要多种功能复合才可产生意想不到的效果。

7）文化性原则。城市纹理和背景是城市文化的集中体现，在建设城市滨水空间时，有必要保持城市纹理和环境的连续性，但滨水空间的日新月异使其失去了连续性与特色。因此在开发城市景区滨水空间时，应充分利用景区的人文景观。

（3）山地节点。

当今社会人们多关注健康，山地旅游受到青睐。近年来，山地节点逐渐摆脱单一景观而转向以自然人文底蕴为基础的休闲地。在旅游地主题定位中，"资源+形象+市场"的综合规划优于单纯的资源或市场导向型规划。景区山地节点范围通常较大，地形变化较丰富，因此需进行合理的功能定义让其充分发挥自然和人文资源优势，让人们更方便游览。合理的交通规划可以带给旅客轻松的游览体验，还可以更好地保护生态环境。山地节点中常用的交通方式是索道，可在原有基础上进行完善。

山地节点内的建筑设计要点包括：其一是要思考建筑和环境的联系；其二是设计主题需要根据场地特点进行变化；其三是山地节点内建筑的存在需要更谨慎，要控制建筑的面积与层数。

旅游度假已由单纯的观光模式变为综合的休闲度假模式，故城市周边风景优美地区成为人们的优先选择。研究表明，山地节点的自然生态模式、农业生态模式、文化生态模式在其生态发展中最为常见[①]。

4. 标识设计

旅游标识系统是指提取旅游活动中所需的信息内容，将文字、符号、图像等按照合理的关系进行组合，将各类信息传播给旅游者，帮助他们了解城市中相关旅游目的地事物，并满足其服务于旅游功能的集合。标识系统的规划设计主要包括布点设计与构成设计。

（1）布点设计。

布点设计具有以下特性：

1）全面性。旅游信息的接受者按使用的交通工具分类，可分为车行、步行、车行步行共用三种使用环境。不同接受者行驶速度不同，其对信息的感受不同，要分别进行布点，设置人车分流的标识系统；同时还应针对步行、车行的方向性和目的性，来满足不同需求。

2）连续性。标识布点位置的确定，使信息的接受者在空间上形成一条完整充分的旅游信息链。标识设置布点时应充分考虑标识的辐射半径，结合接受者的感知特征进行合理布置，保持标识信息传递的连续性。

3）安全合理性。标识牌设置的位置必须合理，要保证其不被遮挡，现代景观设计使许多标识易被景观设施遮挡，故标识牌应避开此等障碍物。标识设计还应结合景观、建筑、照明等，使标识显而易见，以达到具有安全性、可读性的目

---

① 陈丹阳. 山地旅游度假区规划设计——以湘湖旅游度假区罗家坞片区为例［D］. 北京林业大学硕士学位论文，2016.

的。标识设置的数量也要恰到好处，避免造成浪费①。

（2）构成设计。

1）视觉要素。视觉要素主要包括图形、文字与字体、色彩、造型、材质。

第一，图形。在标识系统设计中，一般采用简洁的抽象图形；另外，设计中的图形符号应主要在国际或国家标准图形符号中选取使用。

第二，文字与字体。在文字设计上，首先应采用多语设计，其次应分别针对步行、车行进行具体设计，并合理使用国际上已有的研究成果（见表6-6）。

表6-6　信息使用者及其视认情况一览

信息的使用者	使用者行为状态	视认距离（m）	中文字高度（mm）	英文字高度（mm）
驾驶者	高速移动	65~100	200~300	100~150
驾驶者与步行者共用	中速移动	30~50	100~150	50~75
		20	80	40
		10	40	20
步行者	低速移动或静止	4~5	20	10
		1~2	9	4.5

第三，色彩。色彩的设计应先结合色彩理论进行色彩分析，再进行具体设计，才能既合理又科学；还应注意色彩的面积与视认度、色彩与文字图形的关系以及色彩与环境的融合。

第四，造型与材质。标识信息载体的造型如今呈现多元化、高科技的特点。在选用材质过程中，一方面在设置地点、使用方便性、安装可实施性等基础上选择材料与工艺；另一方面加工工艺的多样化使材质呈现独特肌理。

2）非视觉要素。非视觉要素指触觉、听觉、嗅觉及其他除视觉之外的感官要素。对于视觉障碍人员，可以通过触觉、听觉、嗅觉及其他感官感知信息。

标识信息并非全部通过视觉进行传递。例如，对于有视觉障碍的人群来说，视觉要素不具备传递信息或只具备传递少量信息的作用。因而设计时可以考虑尝试视觉与其他感官要素并用，以满足正常的信息传递。感官设计的使用群体不仅是视觉障碍群体，不具备中文或英语语言能力的外国旅游者或不能完全理解本国语言的儿童等都包括在内，在这种情况下设计师就可以通过颜色、形状、声音、振动及气味等来传达信息。

---

① 金洁梅．城市旅游标识系统规划设计研究——以昆明市主城区为例［D］．昆明理工大学硕士学位论文，2014.

针对听觉障碍者采用手语及触感语言等也是针对弱势群体进行标识信息设计的方式之一。在城市建设中的地面人行盲道的规划设计中，盲道通过颜色与一般硬质路面做分离，同时通过凹凸的路面产生的声音及振动感知路线进行引导。广州利用举办亚洲残疾人运动会的契机，在标识系统信息设计时充分考虑残疾人的出行需求，在广州地铁线路各站设置盲道、残疾人液压电梯盲文牌，同时还在车站入口加装盲人导向牌等，这些设施的添加方便了盲人的出行。此类设计还体现在交通要道十字路口，除了红绿灯的颜色警示之外，同时伴有声音、音乐的提示，这样能够方便盲人出行。这类型的标识设计是对社会弱势群体的关怀，同时也是一个城市文明程度的体现。总之，面向感官的导向设计就是希望能将标识信息传递工作以更多人理解的手段而加以活用①。

第三节　历史文化街区保护规划与旅游展示

城市文化遗产保护规划与旅游展示主要包括历史文化名城保护规划与旅游展示②。一般城市的文化遗产保护规划与旅游展示、历史文化街区保护规划与旅游展示②。本节主要围绕历史文化街区保护规划与旅游展示来阐释城市文化遗产的保护与利用问题。

一、历史文化街区保护与开发相关理论

《中华人民共和国文物保护法》（2017 年修正版）中历史文化街区的概念是"保存文物特别丰富并且具有重大历史价值或者革命纪念意义的城镇、街道、村庄"。《历史文化名城保护规划标准》中认定，历史文化街区是指经省、自治区、直辖市人民政府核定公布的保存文物特别丰富、历史建筑集中成片、能够较完整和真实地体现传统格局和历史风貌，并具有一定规模的历史地段。从保护与旅游开发角度来说，历史文化街区是指在都市范围内，具有一定规模及历史文化特征，可达性较高，历史遗迹较完整，传统街巷特征突出，在适度开发的基础上仍能体现一定历史时期特征的街区③。

①　金洁梅．城市旅游标识系统规划设计研究——以昆明市主城区为例［D］．昆明理工大学硕士学位论文，2014．

②　周宏伟．城乡文化遗产保护基础［M］．北京：科学出版社，2021．

③　王飘．历史文化街区保护与都市旅游开发的耦合协调度研究——以重庆市主城区为例［D］．重庆大学硕士学位论文，2017．

历史文化街区旅游开发是指在历史文化街区中，以历史和文化为基础，以突显历史文化为主题，以满足人们休闲旅游及文化体验需求为目的而进行更新的一种手段。相关理论主要有：

1. 文化生态理论

文化生态理论认为，城市历史文化环境要素只有在人类社会经济活动中才能真正表现出来，历史文化街区的非物质文化构成了街区的精神血液。该理论强调对历史的尊重，重视街区文化生态延续性。

2. 有机更新理论

该理论认为，从城市到建筑，从整体到局部，如同生物体一样是有机联系、和谐共处的，主张城市建设应该按照城市内在的秩序和规律，顺应城市的肌理，采用适当的规模、合理的尺度，依据改造的内容和要求，妥善处理关系，在可持续发展的基础上探求城市的更新发展，不断提高城市规划的质量，使城市改造区环境与城市整体环境相一致。在城市历史文化街区的保护与开发中遵循合理尺度、适当规模、依法改建的策略，妥善处理好眼前与长远、整体与局部的关系，不仅能够促进街区环境改善，而且能达到有机更新的目的。

3. 街区复兴理论

第二次世界大战后街区复兴理论逐渐兴起。该理论认为，应以满足居民诉求、改善街区环境为目标，促进街区与城市其他要素整合。历史文化街区旅游开发是在保护文化的基础上，实现文化与经济的联动发展。

4. 遗产旅游理论

文化遗产保护在当今社会面临着巨大的挑战，因此合理的遗产保护与开发势在必行。早在 18 世纪末，遗产旅游就在欧洲兴起；20 世纪 70 年代的建筑遗产年则将遗产旅游推向大众。历史文化街区作为文化遗产的重要组成部分，对其适度开发能够保护文化遗产、传播地域文化。

5. 体验经济理论

一般来讲，体验经济是以消费者亲身感受与体验为对象而提供相应的产品或服务的经济模式。历史文化街区旅游开发通过引入文化元素、创造文化环境、开发旅游产品，为游客提供追溯历史的高品质服务①。

二、历史文化街区保护规划的基本原则、主要内容

历史文化街区保护规划是城市规划编制体系中的保护性详细规划。作为保护

---

① 马昭. 基于文化传承视角下兰溪天福山历史文化街区旅游开发研究［D］. 浙江师范大学硕士学位论文，2016.

性详细规划，其编制原则、内容应结合历史文化街区实际情况，并符合城市控制性详细规划的要求。

1. 基本原则

（1）保护历史遗存的真实性，保护历史信息的真实载体。文物古迹和历史环境是不可再生的历史信息的物质载体，要延续街区的历史文化环境，突显街区历史文化的真实性内涵。

（2）保护历史风貌的完整性，保护街区的空间环境。应统筹保护历史文化资源及其历史环境，避免街区历史氛围丧失，为公众传达准确的历史信息。

（3）维持社会生活的延续性，继承文化传统，改善基础设施和居住环境，保持街区活力。历史文化街区应在城市更新中发挥文脉传承的重要作用。在保护与整治过程中，应坚持多方参与原则，既能保护历史文化信息和空间格局，也能改善街区的基础设施和居住环境，并处理好保护与更新的关系。

（4）明确街区保护界线。保护界线是为了有效保护和管理特定保护对象而划定的边界。

2. 主要内容

《历史文化名城名镇名村保护规划编制要求（试行）》第四章历史文化街区保护规划编制第三十三条规定历史文化街区保护规划应当包括以下内容：①评估历史文化价值、特点和现状存在问题；②确定保护原则和保护内容；③确定保护范围，包括核心保护范围和建设控制地带界线，制定相应的保护控制措施；④提出保护范围内建筑物、构筑物和环境要素的分类保护整治要求；⑤提出保持地区活力、延续传统文化的规划措施；⑥提出改善交通和基础设施、公共服务设施、居住环境的规划方案；⑦提出规划实施保障措施。

《历史文化名城保护规划标准》强调，历史文化街区保护规划应达到详细规划深度要求，应对保护范围的建筑物、构筑物提出分类保护与整治要求。对核心保护范围应提出建筑的高度、体量、风格、色彩、材质等的具体控制要求和措施，并应保护其历史风貌特征。

三、历史文化街区旅游展示模式、原则与方法

1. 展示模式

（1）营造休闲空间的模式。近年来，随着历史文化街区发展诉求的提升，旅游产品逐渐多元；体验设施大多由老设施改建或新建而成。在这种情况下，营造休闲空间的开发模式要求街区保持传统肌理风貌，拥有能适度改造为旅游设施的建筑群，辅之度假生态资源及适宜的内部空间更佳。

（2）塑造文化性格的模式。塑造文化性格模式以发展休闲业为目标，对街

区典型的文化性格要素进行活化，形成突出的旅游产品。其开发一般遵循"街区定位与文化分析—目标群体界定—旅游产品策划—经营模式构建"的流程，塑造街区独特的文化性格。

（3）复兴商业繁华的模式。为满足街区居民生活生产需要，大部分历史文化街区都具备商业功能。但现代大型购物街等模式对传统街区的商业发展产生了巨大冲击，街区的影响力逐渐衰败。为激发传统商业的魅力与活力，复兴商业繁华的开发模式备受关注。

2. 展示原则

（1）保持街区原真性。原真性原则要求所要保护的历史文化街区必须是真实的、非虚假的原物，即要整旧如旧。原真性体现在对街区的保护上，即历史真实性、生活真实性和风貌完整性。要体现历史真实性，街区的建筑必须是历史原物；生活真实性，即历史文化街区应是传统文化和生活保留最特别、最完好完整的地区；风貌完整性是使居民和游客感受到历史的气氛，故街区风貌要基本一致。

（2）突显地域特色性。历史文化街区的特色表现在街道景观及其格局，建筑物的立面、形式，民居建筑群的布局等，都要有机延续传统文化的痕迹。值得注意的是，历史文化街区的地域特色是在历史条件的基础上形成的，但不同时期的文化艺术与生活习俗等也会在历史文化街区的发展上留下踪迹。因此，在开展旅游活动时必须充分体现历史文化街区的地域性。

（3）旅游结合游憩需求。随着生产发展，游憩空间的缺乏使得居民的游憩需求急剧上升，故游憩业有广阔发展空间。我国大多数地区采用的游憩方式是历史遗存与现代生活共存，居民和游客共存；但大规模游客必然会给街区环境和结构造成冲击，故必须防范不良影响。

（4）保护与开发相互促进。随着人们的认知越来越先进，居民生活和历史文化街区的保护以及社区发展的问题也越来越突出，故历史文化街区的合理再利用是发展历史遗产的关键因素。历史文化街区的合理利用一般有下列几种方式。

1）文化科研利用：历史文化街区反映了城市的文化水平。对历史文化街区内的部分高质量建筑或者街区格局进行文化科学研究，对城市发展和城市历史的研究具有很多可借鉴利用之处。

2）鉴赏展示利用：历史文化街区集中反映了某个地区和某个历史阶段特有的文化和风貌，其文化特征非常明显。历史文化街区部分建筑由于年代久远，遗留甚少，故吸引游客争相目睹。

3）遗产空间利用：遗产空间利用应注意可持续发展。可持续发展应考虑历史文化街区的容量与发展之间的关系。以旅游为主要内涵的可持续发展要求以资源为基础，以市场为导向，强调人的活动与客观环境相和谐①。

3. 展示方法

（1）历史文化街区保护与旅游利用相互和谐。历史文化街区的保护性是第一性，在保护的基础上，应进行以下方面的控制。首先是分类控制：第一类是不适合大众旅游的街区，应进行保存；第二类是大众旅游成熟的街区，应在保护的前提下发展旅游。其次是容量控制，包括游客人数、街区承载力、设施数量等。

（2）历史文化街区旅游利用结合体验活动。旅游的本质就是体验。历史文化街区的体验主要包括历史环境和民俗文化的体验。前者主要表现在街区的生活方式、特色风格以及传统习俗上，后者可通过建设"民俗村""民族村"使游客体验不同文化。

（3）历史文化街区旅游利用可持续发展。历史文化街区可持续发展包括经济价值、文化价值、使用价值和历史价值的可持续发展。经济价值体现在：一是位于城市历史中心的历史文化街区有商业价值；二是旅游资源带来经济收益；三是服务业发展能吸引游客。文化价值体现在街区文化习俗可推进文化多元化，文化旅游可增强生活气息。使用价值体现在街区改造上，局部注入新的功能，也可进行房屋改造达到良好居住效果。历史价值体现在街区开展旅游不仅能为游客提供观赏历史建筑的机会，也提供了历史信息能更好地被大众接受的客观环境条件。

4. 具体操作

良好的历史文化街区空间质量为开展旅游活动打下了良好的基础。但对于旅游空间来说，人的活动至关重要，故在街区改造时，还需思考活动内容、活动路线、活动主题等问题。

（1）旅游活动内容。历史文化街区的旅游活动，首先要根据游客需要来组织，游客的需求是多样化的，除了观光、游览，还有购物、休憩、娱乐等；其次要体现当地特色，突出本历史文化街区的旅游特色。同时要增加相应的服务设施，以便游客休闲饮食。旅游活动的设计和布置应该结合街区的历史文化传统，有意识地安排各种富有文化特色的活动，这样才能吸引更多游客参与到旅游活动中。

（2）旅游路线设计。进行旅游开发，必然要考虑到旅游路线的设计问题，要合理地设计旅游路线，使主要景点成为主要活动内容；在设计路线时，应把街区内景点的串联和观光线路的组织作为设计重点。另外，应加强对游客的引导，尽量引导游客沿主要路线方向行进，可借助路面铺装和标识系统，使游人能顺着

---

① 张零昆. 城市历史文化街区保护与旅游利用方法研究［D］. 同济大学硕士学位论文，2007.

指示路线到达周边景点。

（3）空间主题变换。在历史文化街区改造过程中，应根据街区具体情况，在不同街道区域之间，进行适当空间主题的变换，以适应旅游活动的多样性要求。不同主题的活动空间可以吸引游客在街区内停留更长时间。旅游活动应结合街区的历史文化和现有条件，营造不同的主题空间。

（4）旅游空间优化。历史文化街区的合理改造能够优化旅游空间，使其得到充分利用。改造首先要着重改善沿线公共空间的环境质量，同时根据游览活动的需要，增加节点空间，改善卫生条件，增加绿化和服务设施等。另外，应该重视传统格局和传统氛围的保护，以更好地展现街区的历史风貌；同时需要突出旅游项目的重点，给重点项目以足够的支持。

四、案例分析

案例 6-1　北京鼓楼西大街三年复兴计划

1. 项目概况

鼓楼西大街，地处北京市什刹海北岸，本名斜街，是北京老城区内独有的一条人为规划的斜街，至今已有将近 800 年的历史。800 年来，街道宽度和走向基本未变，仍是元大都街道的主要历史遗迹。元大都营建之始，刘秉忠奉忽必烈之命规划设计元大都，按照《周礼·考工记》中"前朝后市，左祖右社"的理念规划都城。原本横平竖直的街巷恰好在此遇到积水潭（今什刹海），刘秉忠顺应地形，就势取斜，在积水潭至鼓楼之间规划了这条斜街。后来元代通惠河建成之后，积水潭成为重要的水运码头，大米、茶叶等纷至沓来，附近商铺、客栈林立，斜街一度成为元大都最繁华的"斜街市"。《大都赋》中所刻画的"扬波之橹，多于东溟之鱼。驰风之樯，繁于南山之笋"，即积水潭之忙碌盛景（见图 6-4）。

图 6-4　鼓楼西大街元代景象

　　街道周边文物古迹众多（见图6-5）。街道两侧保留古槐，环境优美，集中体现了北京老城区的风貌特色。经过岁月更迭，斜街两侧渐渐盖满了平房院，违建、拥堵、乱停车等问题正侵蚀着老街的风韵。街道不仅拥挤，交通秩序也显得紊乱，很难看出老城古街的原貌。

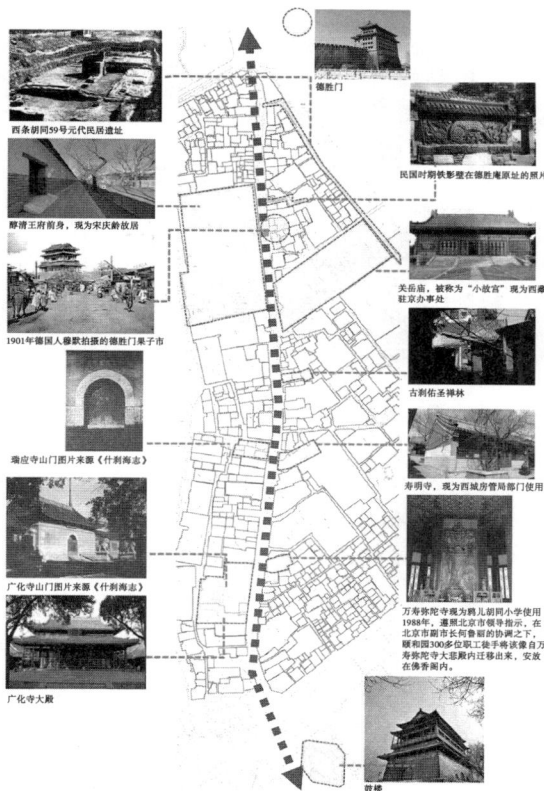

图6-5　鼓楼西大街历史文化沿线分布示意

2. 复兴规划

　　该项目引用了吴良镛先生提出的"有机更新"理论，提出"鼓楼西大街三年复兴计划"，从空间形态、环境生态、经济业态、文化活态四个层面进行街区总体提升，以建设宜居、绿色、韧性、智慧与人文街区为目标，促进老城复兴。这是《首都功能核心区控制性详细规划（街区层面）（2018年—2035年）》批复之后西城区第一个重点推动完成的历史文化街区保护更新项目。历经三年的整顿提升，"鼓楼西大街三年复兴计划"已于2020年底精彩面世——通过"微修缮、微更新"，这条北京的最老斜街全街老貌变新颜。

（1）三年计划。本次街区整治与复兴计划，采取"远近结合，以点带动，以区发展，整体提升，分步实施"的工作策略，制订清晰的三年实施计划，实现鼓楼西大街街区的全盘复兴（见图6-6）。

图6-6　鼓楼西大街43号更新后

（2）稳静街区。规划全面考虑了街区的整体问题，以公共空间的细致化设计为方针，营建了承载古都风韵历史文化、舒适安全、环境优美、以人为本、慢行优先的林荫大道（见图6-7）。还落实了北京市新的总体规划及核心区控制性详细规划的要求，让什刹海地区"静下来、慢下来"，实现"更安全、更人性、更健康、更智慧"并且可持续的"稳静街区"。"稳静街区"实现了还路于民的目标，为居民提供了出行通畅、交通安全、生活舒适、环境优美的高品质街区空间，为扎实保护历史文化街区、突显老城空间秩序助力。

图6-7　鼓楼西大街东口

（3）立面提升。以风貌恢复为原则的立面提升设计，并不是简单地还原回古代，以清一色的仿古建筑为目标，而应以传统风貌为基调，并结合现状和历史发展脉络，合理认识各时代的特征，展现出从明清、民国至现代、当代的不同风格，形成和而不同的街区风格，体现出街区上百年来的变迁（见图6-8）。对违建、开墙打洞的治理与立面整治同期开展。对拆违后的房屋，精心开展城市设计，进行立面提升。鼓楼西大街总体上以居住功能为主，沿街房屋的立面提升工作则是以"一户一策"的方法实施渐进式改造。也就是说，每一户的改造更新形式或许都是不同的，在依据旧城肌理、协调统一的原则下，展示出来建筑形制，也显示出北京城市千百年来的发展变化。整治与复兴的过程，不再是传统意义上的全部拆掉再修复，而是谈好一户修复一户。另外，立面提升在实施过程中也密切配合了古建修缮的施工团队，在更新改造中，按照《北京老城房屋保护和修缮技术导则》，严格控制施工工艺和材料做法，整旧如旧。

图6-8 鼓楼西大街41号更新后、更新前对比

案例 6-2 奥本罗历史城区中心（Aabenraa Historic City）

ADEPT和Topotekl团队合作完成了对丹麦历史城市奥本罗的改造（见图6-9）。2014年完成了奥本罗总体规划草案，旨在根据历史文化街区的特殊条件重新设计公共空间，通过趣味的设计手法和对传统材料的新诠释来为历史文化街区建造崭新的公共生活空间，2018年该项目最终完成。改造后，历史中心拥有了更加连贯的街道以及多个新广场。从城市总体规划到铺装的细致设计，设计团队通过对城市内在潜力的深刻领悟来进行规划设计，为街区创造了更强的衔接性和更诱人的公共活动空间。

图 6-9　项目鸟瞰

改造延续了该街区作为历史中心的既有特色、尺度特征以及体验感受，并在此基础上新设铺装以及多种城市家具，将街区及广场空间转变为现代化的公共生活空间（见图 6-10）。

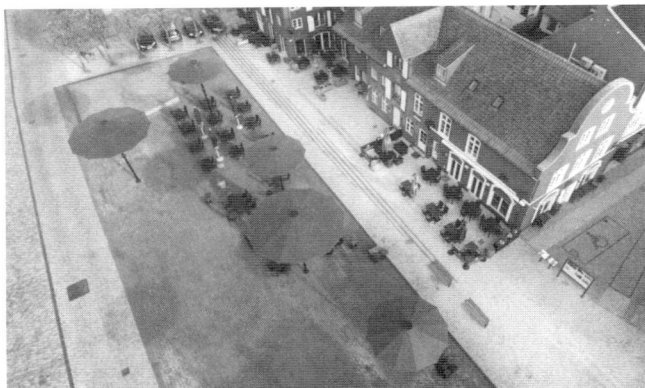

图 6-10　城市广场

改造区域的棕黄色瓷砖和传统的鹅卵石铺地形成鲜明对比，突出了城市的尺度感（见图 6-11、图 6-12）。该手段通过不同的铺装材料以及拼接方式令人们感觉到空间功能的转变，并情不自禁地放慢脚步。

本次改造更新将大尺度的城市总体规划以及小尺度的细部设计衔接贯通，保证了城市风格与面貌的统一性（见图 6-13），同时也为小型公共空间发挥自身的独特性创造了可能。

图 6-11 特制的棕黄瓷砖和旧有的鹅卵石铺地对比

图 6-12 铺地细部

图 6-13 改造后的城市街道

第四节 城市主题公园规划与设计

一、主题公园概述

国外学者认为主题公园是依据主题打造活动与项目，为游客提供游憩、娱乐、科普的场所。马志民将主题公园的概念定义为"作为某些旅游资源非优地区的一种吸引物补充或是为了满足游客多种需要"的公园[①]。现代主题公园的物质形态与文化元素原型是中世纪欧洲的市集娱乐，后吸取了欧洲公园的场地设计、世界主题博览会、美国游乐园游乐要素及影视动漫手法等经验[②]。1955年，美国迪士尼乐园的出现，标志着主题公园时代的到来。

根据主题内容，主题公园可分为科技娱乐主题公园、历史文化主题公园、自然生态主题公园、名胜微缩主题公园、影视娱乐主题公园、民俗风情主题公园、综合旅游主题公园。

（1）科技娱乐主题公园。这类主题公园主要采用高科技，将主题公园打造成科幻基地和娱乐乐园。这类主题公园科学技术含量高、科普与创新能力强。

（2）历史文化主题公园。这类主题公园有两种形式：一种是以真实的文化遗存和历史故事为原型，深入挖掘历史文化元素，展现文化底蕴；另一种是以著名的文学著作为原型，借助多种技巧再现文学著作的经典场景。

（3）自然生态主题公园。这类主题公园以丰富多彩的自然资源为基础，具有极高的生态价值和生物价值。一般以动植物为主题，打造自然生态观赏性主题公园。

（4）名胜微缩主题公园。这类主题公园聚集了多个著名的建筑，可以使游客同时领略各地的建筑风光，是我国最早建设的主题公园类型。

（5）影视娱乐主题公园。这类主题公园以影视作品为题材，打造娱乐体验型主题公园。影视作品类别丰富，主题公园也因此主题鲜明，各具特色。

（6）民俗风情主题公园。这类主题公园以民间风俗为基础，通过深入挖掘民间习俗和民间小故事，结合当地的民食、民宿和民俗，生动展现当地民风特

---

① 陈雅晴. 文化主题公园规划设计研究——以山东东阿福地公园为例［D］. 山东建筑大学硕士学位论文，2020.

② 梁增贤. 主题公园开发与管理［M］. 重庆：重庆大学出版社，2019.

色，促进旅游业发展。

（7）综合旅游主题公园。这类主题公园是将主题公园与其他行业结合，联合发展。这样能够更好地打造主题公园品牌、整合旅游资源，便于把主题公园产业链进行横向和纵向的延伸和拓展，打造综合性旅游主题公园①。

根据占地规模、投资规模以及客源市场范围，主题公园可分为目的地级主题公园、区域级主题公园、城市级主题公园、社区级主题公园。目的地级主题公园主要吸引中远程市场，停留一晚的游客较多，如迪士尼乐园。区域级主题公园以2.5小时车程范围内的市场为核心，游客停留时间一般在5~7小时，投资规模在5亿~7亿元，每年旅游人次在200万~500万，如欢乐谷系列。城市级主题公园主要吸引2小时车程范围内的市场，如华强集团方特乐园。

将主题公园整合到城市发展规划中已成为城市发展的普遍选择。主题公园正成为促进城市现代化的有效工具。比如巴黎的马恩河谷，迪士尼未进驻前是一片荒芜的麦田，随着迪士尼乐园的建设，配套的基础设施、房地产投资均活跃起来，从而改变了原有的河谷城市景观，带动了整片新区的发展。

二、主题公园规划设计的理论与方法

1. 相关理论

（1）景观设计学。景观设计学是集分析、保护、改造、规划景观于一体的自然与艺术结合的学科，它指出设计师应多思考人与景观之间的关系，因为规划设计不仅是对景观园林的设计，更是对人类体验景观的设计。主题公园规划设计充分反映了体验感对于规划设计的重要性。

（2）景观美学。景观美学是一门让景观环境统一、和谐、美观而富有层次的学科，考验设计者的鉴赏和协调能力，要遵循功能性和艺术性原则。景观美学在主题公园规划设计中具有重要理论意义，将文化内涵与自然景观融合，需要景观美学的支持。

（3）行为地理学。行为地理学是研究人们在不同环境下所表现出的行为与心理特征的学科。人类常进行有目的的活动，这种活动会形成一定的习惯。为尽快到达目的地，人们会选最近的路通行，故在规划设计时要充分考虑人类行为方式、行为习惯和活动心理，以获得良好的空间体验感。

（4）公园规划设计理论。总体来看，公园设计理论在三个方面的研究比较深入：

---

① 李泽宁．历史文化主题公园规划设计研究——以洛阳市庄王山文化公园为例［D］．河南科技大学硕士学位论文，2018.

1）人与公园。阿尔伯特·J. 拉特里奇（Albert J. Rutedge）在《大众行为与公园设计》中对行为特点及行为与设施、公园空间的关系进行了深入研究，并在《公园的剖析》中明确了公园设计原则①，即为人而设计，功能美学令人满意，认为每个事物都有其目的。

2）社会与公园。加伦·克兰慈在《公园设计的政治》中指出，公园政策必须建立在对社会问题进行深刻分析的基础上。② 对公园"社会性"的理解，有助于把握公园类型随社会发展变化的趋势。

3）生态与公园。全社会对生态问题的关注使公园的生态意识成为焦点问题。在《过去和未来的公园》一书中，赫伯特·马斯卡姆认为人类对生态灾难不但必须而且可以做出反应，而公园，尤其是注重生态的公园可发挥重要作用。③

2. 主题公园规划设计要素

（1）景观要素。置山、理水、植物配植、建筑设计以及景观小品构成了主题公园的景观规划设计。在置山方面，山石配置形式多种多样，立意丰富，能够达到不同的景观效果。水体是公园规划设计的必要元素，国内理水以河流、溪水、湖潭为主，并与当地文化结合，营造富有意境的水体景观。在植物配植方面，要尊重适地适树原则，配合多种配置形式以达到丰富的景观效果。在建筑设计方面，要注意不同建筑因其自然人文特征不同，形式也截然不同。在景观小品方面，将景观小品融入到景观氛围的营造中，能加深游客对当地文化的了解。

（2）价值要素。主题公园景观规划设计价值要素是指公园的建设相对于当地历史文化、政治经济、自然因素、人文因素等相关方面的价值体现。

1）文化性价值要素。文化性价值要素包括艺术价值、人文价值和科学价值三个方面。艺术价值是指文化主题公园建设的文化艺术个性特点和风格特征的价值体现，具有内在美学价值，所反映出来的不同地区的典型文化特点，是独一无二的艺术价值，融入到整个公园规划设计中，能够提升公园的艺术内涵，提高艺术价值；也代表了这个时期的艺术成就，增添整个园区的艺术氛围。人文就是指人性文化，人文价值指"以人为本"，尊重以人性为本和人文关怀方面的价值理念。科学价值指文化主题公园的建筑设施等方面所能展现出和供后人学习研究的建筑技术、景观展现技术、设施管理技术等价值。

2）实用性价值要素。主题公园的实用性价值要素包括功能、经济和社会价

---

① Albert J. Rutedge. 公园的剖析［M］. 李丽雪，译. 中国台北：田园城市文化实业有限公司，1997.

② 加伦·克兰慈. 公园设计的政治：美国城市公园的历史［M］. 剑桥市：麻省理工学院出版社，1982.

③ Muschamp Herbert, Karasov Deborah, Waryan Steve. The Once and Future Park［M］. San Francisco：Chronicle Books LIC，1993.

值。功能价值指的是主题公园能够承载的社会活动空间以及它能够为游客带来的实用功能的价值体现。经济价值是指主题公园所具备的文化性价值，能够吸引游客前来游玩观赏和消费的潜力，经济价值越高，越能带动主题公园的经济效益和城市经济发展。社会价值是指主题公园的建成能够为社会带来影响、警示和借鉴的价值，能够提高城市的精神文明发展水平。

3. 主题公园规划设计方法

（1）利用当地素材，传承文化。在有限的范围内将文化融入到景点当中，要求设计师深入挖掘当地素材进行景观设计，这使得主题公园的景观设计更有意义。当地素材可应用在景观元素上，如置石、植物、铺装及建筑材料等。

（2）保护现有资源，开发、建设并重。进行景观设计时，要尽量还原原始的历史场景，但不能纯粹做加法式还原，要做到保护与开发并举。在充分利用文化、保护资源的同时，将文化融入到景观设计和人们的生活之中，做到共同发展。

（3）寓教于乐，发挥娱乐性教育作用。在公园内部建设科教性景观场所是最直观地表现文化的形式，可采用文化墙、科普角等方式展现给游客。当代青少年除了在教室里学习知识，也可以在户外活动时学到历史文化知识，更有利于文化传承。

（4）创新人性化设计，建造趣味景观环境。在增加趣味性上，一方面要充分考虑游客的行为习惯、心理情况和生理结构，并加入创新景观元素；另一方面可增强景观的多变性，如设置游客自选的游览路线、随季节变化的植物景观、游人独立解读的场景。另外，增强游客的参与性也十分重要，这有利于文化传承和发展。

（5）建设民间艺术符号景观，再现历史文化场景。民间艺术是充分反映该地文化的重要符号。在主题公园景观规划设计时，设置专门的民俗活动场地，将民间元素融入景观小品，形成特色的民间艺术符号，都是表现文化的重要形式。这时的景观已不是单纯供观赏的景观，而是一个让游客们找到历史记忆的文化场景。

（6）构建并弘扬城市特色。构建和弘扬城市特色是主题公园设计的重要环节。有些城市是历史文化名城，如北京、南京、杭州等，而有些城市有丰富优美的自然景观，如桂林。但对于一些缺乏历史文化景观但又希望打造出优秀的城市特色的城市，特色主题公园是最好的选择。

（7）运用高科技手段，丰富景观内容。在主题公园景观设计时，可营造光影和声音效果烘托景观环境，可以结合多媒体技术打造表演舞台渲染气氛，也可以用虚拟技术重现历史文化场景。例如，河南清明上河园晚上有大型的《大宋·东京梦华》水上表演，经典宋词和豪华场景配合高科技舞台艺术，震撼游客视听。

三、案例分析

案例6-3 张家口工业文化主题公园

1. 项目背景

京张铁路由詹天佑设计并主持建造，1909年顺利建成，是中国首条自行设计营运的铁路。它是中国铁路史的起始点，而同年投入使用的张家口北站，便是这段历史的重要标志。2019年，随着京张高铁的开通，张家口南站成为这座城市新的交通枢纽，同时北站退出历史舞台。事实上，北站和南站之间的铁路在几年前就已逐渐停用，再加上沿线的煤机厂、探机厂面临清退和拆迁，这片曾经兴旺繁荣、热火朝天的工业重地早已丧失其功能与地位，沦为了混乱荒芜的废墟（见图6-14）。

图6-14 场地原状

这一狭长区域穿过城市中心，仿佛城市脸上一条无法忽略的伤疤，加之周边是大面积住宅区，考虑到原城市肌理中公共休闲空间较少，政府决定将这片区域重新设计为公共景观空间，用于提升市民的居住环境质量。综合背景与诉求，设计团队将设计目标定为——建造一所具有观赏价值、人文意趣，同时满足市民娱乐生活需求的主题性公园。

2. 规划设计

（1）和废墟聊聊天。一谈到观赏性与人文性，大家很容易想到的就是古典园林、唐诗宋词、五千年悠久历史……这是当今的潮流趋势，一套中国风模板，能套用在所有的中国城市，运用此种设计思路既不费脑也不出错。然而，潮流大多浮于表面，千篇一律的设计模板更是对场所特征的忽略。当认真思考张家口这一片废弃空地时，看到了经年日久的铁道枕木、锈迹斑斑的货车车厢、早已弃用但气势犹存的大型工厂机器、曾经喧闹如今空旷的厂房……这些物件与场所仿佛是一群退休老人，初次见面是沉默的，但如果你坐下来和他们聊聊天，就会感受到一段段精彩纷呈的鲜活历史（见图6-15、图6-16、图6-17）。

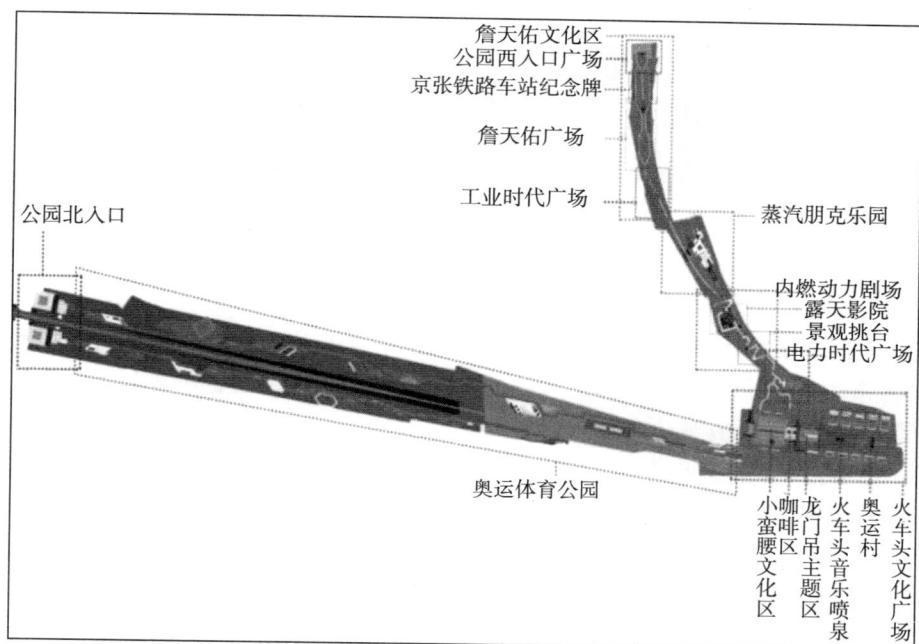

图6-15 张家口工业文化主题公园索引

图6-16 公园顶视

图 6-17 公园北入口

实际上，这段铁路的历史，承载着一代张家口人的记忆，也支持着张家口工业的发展。土地有自己的语言，如果忽视这种语言，粗暴地将旧地粉饰一新，最终结果只能是丧失其独特的表达方式。

（2）勾陈与焕新。全面考虑之后，队伍将思路明确为营建一座纪念张家口工业历史的文化主题公园。设计上注重勾陈与焕新，即勾陈历史，焕新价值，营造有故事、有温度，独属于这一地域的公共空间。勾陈，就是从废铜烂铁中寻觅宝藏。焕新，则是给旧物件赋予新的价值，重现光彩，使公园再次成为提升张家口市民生活、环境水平的亮点。这次设计基本保留了完整的铁道，并依据场地内现存的两条主要铁路的走向，对公园进行人字形布局，东西向为人文轴线，展现张家口工业的历史过程；南北向为运动轴线，结合北京冬奥会主题，以体育运动休闲公园作为主要功能形式。两个轴线的交汇点是火车头文化广场（见图 6-18）。

图 6-18 火车头文化广场

作为景观核心处亮点的火车头文化广场，其原场地为南口货场，设计中围绕着原场地内的铁轨和一座46米高的废弃水塔来进行布局。广场以铁轨为中轴线，自北向南布置奥运树、火车头喷泉广场、龙门吊主题区（见图6-19）、小蛮腰文化区四个部分，两侧为银杏+白蜡的林下空间。设计将一台1983年产的上游型蒸汽机车放在旱喷泉广场中央，两侧则是用旧起重机机械臂改造的灯柱，二者呼应，形成了工业感十足的特色场地，旱喷泉则增强了体验者的参与感，使氛围变得轻松有活力。另外，还有奥运树——舞动的钢铁，并且尝试使用三维软件进行钢铁雕塑装置的设计。

图6-19　龙门吊主题区

龙门吊主题区的设计更加强化了工业感。设计将原煤机厂与探机厂的龙门吊天车置于场地之中，布置上一定程度重现了当年的生产场景。体验者徜徉其间，像抚摸艺术品一样抚摸老旧机械，仿佛穿越时空，历史触手可及。另外，设计还用集装箱、给水水管、枕木、古城砖等构建了一处咖啡休闲区，将厚重的工业感与现代时尚糅合起来。枕木的乌黑、龙门吊鲜明的橙红、粗壮有力的机械设备，这就是重工业时代粗犷文明的表达。在区域的结尾，设计将高潮留给了46米高的废弃水塔，用钢结构进行包裹，同时在钢构上设置分时控制的LED照明系统。白天，它是城市中有趣的大型装置，夜间，则变身成大型灯光表演秀，在整个区域内成为极具张力的标志物（见图6-20）。

张家口工业文化主题公园的工业历史，离不开对京张铁路的纪念。公园的东西轴线设计是以时间为脉络的景观叙事。自西向东分别为詹天佑文化区、蒸汽朋克儿童乐园、内燃动力剧场、电力时代广场（见图6-21），将张家口这一城市的工业文化脉络串联了起来。作为起点的詹天佑文化区，其场地肌理来自铁轨变道，以钢轨制作的主入口LOGO雄伟大气，徐徐向东，阳光草坪两侧列植着八块京张铁路的站牌，结合中心的詹天佑铜像，正在默默地讲述着这座城市那段辉煌的历史。

图 6-20　广场夜景

图 6-21　电力时代广场

　　紧邻的蒸汽朋克儿童乐园则充满幻想气息（见图 6-22）。在这里，设计结合了高差，在飞马、大蜗牛、蚂蚁等有西北记忆的乡土元素中大胆加入了蒸汽朋克的风格，同时，对工厂零件进行改造，使其变成滑梯等儿童娱乐设施，别具一格、童趣盎然、参与感强，使孩子在游戏玩耍中体会不一样的工业氛围。

图 6-22　蒸汽朋克儿童乐园

内燃动力剧场是一个以木质平台为主的室外场所，利用原有铁路在场地内形成的不同高差，用钢板和工业元素建成观演空间，同时也起到露天电影院的效用（见图6-23）。

图6-23 内燃动力剧场

与历史线浓墨重彩的风格相比，南北向的体育运动主题公园更加活泼（见图6-24）。现场原有的两条城市铁路得以保留，辅之以夜景照明后，为整个南北向公园塑造了一快一慢两条步道，沿铁路还铺设有一条彩色沥青跑道，整合整个南北向公园。步道与跑道两侧放置了原探机厂、煤机厂的工业设备，经过防锈处理，它们的存在更像一条艺术长廊两侧的展品，与植物、花卉互为彰显又相互融合，当人们锻炼、休闲、漫步时，在移步换景中就能完成与城市文化的探望与对话。

图6-24 南北向的体育运动主题公园

3. 如何保存历史

2018年，京张铁路入选第一批"中国工业遗产保护名录"。中国城市的历史，不只有雕梁画栋的古代史，更有与人们息息相关的现代史。这次设计尝试将真正的历史与现代并置，尊重每一段历史和每一个个体的价值，并探索了景观文化的多样性可能。结合新与旧，串联了过去、现在和未来，使得一堆支离破碎的历史废料重新获得价值，并再次融入到城市生机中，从荒芜变得温暖，将"伤疤"变成亮点（见图6-25、图6-26、图6-27）。

图 6-25　游憩步道

图 6-26　工业元素的点缀

图 6-27　结合铁路创造景观记忆点

约翰·奥姆斯比·西蒙兹在《启迪》中写道：接触每一个人，每块材料，每个地方和事物，去发现和挖掘它们的最佳特质。在张家口工业主题公园项目中可以感受到这样做的正确性。历史是久远的、鲜活的，把历史归还生活，是设计中最有价值和值得记忆的部分（见图6-28）。

图 6-28　夜间的市民活动

案例6-4　以色列宾亚米纳体育公园

项目坐落于以色列滨海平原城市——宾亚米纳，是一个集运动休闲与景观漫步于一体的开放式公共场所。宾亚米纳体育公园由 BO Landscape Architecture 进行规划设计，是当地慢行体系与自行车道体系规划中的一部分。项目的完成为附近的居民、儿童、行人、运动爱好者提供了一个良好的聚会活动场所。公园位于一条连接海岸高速公路和城镇的宽阔步道上，并形成附近住宅附属商业区的入口广场。公共空间在城市发展中具有重要的社会作用，优质的公共空间可以促进邻里之间的交流，营造友好和谐的社区氛围。而该项目不仅以新奇的手法促进了商业活动、社交活动与娱乐活动的有机结合，同时还为当地的居民提供了运动场地，这充分地反映出现代设计中以人为本的理念。

公园不仅为游人们提供了宽敞舒适的休憩空间，还提供了丰富的体育运动空间：一条蜿蜒的柏油路环绕着六座小山丘，构成了富有动感与童趣的立体运动空间（见图6-29）。项目由操场、健身区以及两条步道构成。这两条步道，一条较为平缓，用于散步休闲，另一条则更跌宕起伏，适合骑行与滑板（见图6-30）。虽然项目中活动区域都是平行布置的，但每一个活动区都具有独特的风格与特定的活动内容。

图 6-29　蜿蜒的柏油路

图 6-30　富有动感与童趣的立体运动空间

路边设有一系列带有健身器材的活动区，这些器材包括单杠、双杠、滑梯等。宽敞的长凳分布在砖制铺地的区域，不仅为游人提供了聚会休闲的场所，而且为其他体育活动提供了条件，让人们拥有更多选择（见图 6-31）。

图 6-31　砖制铺地的活动区

除此之外，项目中还突出了公园规划中景观视野与风土人情的联系。场地内的老橄榄树被留存下来，并被巧妙地融入崭新的景观规划设计中。起伏的小山丘被一簇簇草本植被覆盖，规整的种植方式让人联想到当地的果园与葡萄园（见图

6-32）。设计师采取了减少园艺面积、增加高大乔木种植的手段，目的是提供更多的绿荫遮蔽空间，营造出舒适宜人的公园微气候，使场地四季皆宜。高大的落叶乔木，在夏天能够为人们遮阴，而在冬天则能够迎接暖阳（见图6-33）。被步道围绕的小山丘上的草坪，给人们提供了舒适的集会与交谈空间。

图 6-32　草木植被

图 6-33　落叶乔木

该项目为当地居民营造了理想的社区环境，在促进人们互动交流的同时，鼓励人们积极参与到体育活动中去。宾亚米纳体育公园不仅是居民的集中地，还是当地慢行体系与自行车道体系中的重要节点。这个富有生机与活力的公共场所（见图

6-34）给人们带来了良好的第一印象，可称为宾亚米纳市的城市"窗口"。

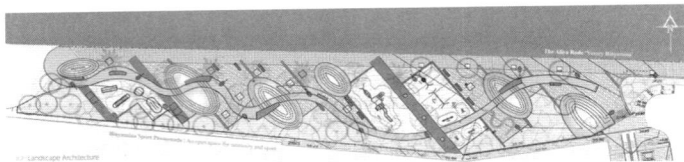

图 6-34　总平面图

本章小结

　　本章对城市旅游规划设计的理论与方法、历史文化街区的保护与开发、主题公园的规划与设计进行了梳理。随着信息化进程的加速，进入"十四五"后，城市旅游规划设计将面临新的挑战与机遇，其理念、方法和内涵也将随之调整与拓展，应关注城市旅游规划设计领域的新趋势、新特点。历史文化街区的保护更新研究是综合性、系统化的重大课题：通过对历史文化街区进行细致、周密的调研才能为街区保护更新方式提供科学的参考；将历史文化街区的保护与开发更好地融入现代国土空间规划与城市设计中。随着目前国家公园、公园城市理念的不断发展，主题公园的规划设计也应不断更新，以发挥主题公园的最大作用，给人们提供更丰富的游憩空间。

思考题

1. 历史文化街区保护中如何进行旅游设计？
2. 城郊主题公园如何选址？
3. 谈谈城市更新与旅游转型的关系。
4. 结合实例，谈谈城市主题公园规划设计的理念和方法。

第七章　乡村旅游规划与设计

乡村旅游是指发生在乡村地区，农民或乡村居民为外来人员提供旅游购品及服务，并收取一定费用的旅游活动的总称，也即在具有产品特色和乡村性的地区进行的旅行活动。乡村因其独具特色的自然、人文景观，具有有别于城市的吸引力。本章通过介绍乡村旅游规划设计的基本内容以及乡村民宿、休闲度假村，来论述乡村旅游规划与设计内容。在乡村全面振兴的背景下，明确乡村旅游规划设计的要求与方向，以期为未来乡村旅游规划与设计提供思路。

第一节　乡村旅游规划与设计

一、乡村旅游概述

1. 乡村旅游的概念

关于乡村旅游的概念，较为典型的来自英国的 Gannon[①] 以及 Bramwell 和 Lane，Gannon 认为乡村旅游是指乡村居民或农民出于经济目的，为吸引游客而提供的广泛的活动、服务和令人愉快的事物的统称。Bramwell 和 Lane 认为乡村旅游不单是基于农业的旅游活动，而且是多层面、多层次的旅游活动，它除了包含基于农事的假期旅游外，还囊括能满足特殊爱好的生态、自然旅游，在假日的步行、登山等活动，也包括探险、运动和康体旅游、打猎和垂钓、教育旅游、文化与传统旅游和部分地区的民俗旅游活动。经济合作与发展组织（OECD）将乡村旅游定义为在乡村开展的旅游，田园风味是乡村旅游中独特的卖点。在我国，有研究者认为乡村旅游是以促进农村发展为目的、以农村地区为特色、以农民为

---

① 熊国平．村俗文化生态保护区规划［M］．南京：东南大学出版社，2017.

经营主体、以旅游资源为依托、以旅游活动为内容的社会活动①。

2. 乡村旅游的特征

（1）独特的旅游资源。我国乡村地区地域广阔辽远，多数乡村仍保持着其自然风貌与风格各异的风土人情、乡风民风。乡村旅游在活动对象上具有独一无二的特点：古朴的农村作坊、原始的劳作形式、纯正的乡风民俗、土长的农副产品。在特定乡村地域上形成的"古、始、真、土"的特征，拥有城镇资源所无可比拟的亲近自然的优势，为游客返璞归真、亲近自然提供了条件。

（2）时空结构的分散性。中国的乡村旅游资源可谓"十里不同风，百里不同俗"，且大多以自然面貌、乡村生活、劳作状态和传统风俗为主，受自然条件的影响较大，在时间上表现出可变性，在空间上表现出分散性，能够满足游客多层次的需求。

（3）客源市场的定势性。乡村旅游以农业为基础，为游客提供休闲娱乐等旅游服务，这就决定了其客源市场的重心定位在与乡村不同的城市，尤其是高度商业化的大都市。乡村旅游对居住在城乡一体化的中小城市的居民很难产生较大的吸引力，故乡村旅游的客源多是生活在大都市的居民。

（4）主题活动多、参与性强。乡村旅游不单指传统的观光游览项目和活动，还有包括娱乐、民俗、科考、康养等在内的复合型的旅游活动。乡村旅游的复合性使游客有更多机会参与主题活动，如划船、钓鱼、捕捞、劳作、娱乐等活动。乡村旅游重在体验活动，在活动中能够体验乡村的农家生活、民风民俗和劳作方式，在快乐体验之余，还能购买到称心的农副产品或民间工艺品。

（5）深厚的文化内涵。乡村民间文化具有悠久历史和丰富内涵，乡村各类民俗节庆、民间建筑、民间文艺、工艺美术等，都给予了乡村旅游以深厚的文化底蕴。由于乡村具有浓厚的区位本位主义和家乡观念特色的非规范性特点，故民间文化具有淳朴性和神秘性，这对于城市游客来说具有巨大的吸引力②。

3. 乡村旅游的核心

乡村体验是乡村旅游的核心。乡村旅游常常被认为是城市居民旅游兴趣所在，是短时间内的旅游行为，但事实并非如此。乡村旅游的市场与行为特征取决于乡村旅游地旅游资源的类型、特点以及区域组合。然而，绝大多数的乡村旅游都具有城市居民消费和短距离的特点。从乡村旅游的核心行为系统来看，乡村旅游既不同于以现代城市文明体验、城市设施体验和时尚商品购买为主的城市旅游，也不同于以自然风光和历史人文景观游览为主的风景名胜区旅游，更不同于

---

① 王颖. 乡村旅游理论与实务［M］. 北京：中国农业科学技术出版社，2020.
② 陈梅. 乡村旅游规划核心内容研究［D］. 苏州科技学院硕士学位论文，2008.

以主题旅游为主的景区旅游。

乡村旅游主要体验乡土传统和农耕文化，体验形式受乡村旅游资源特点影响。一般来说，乡村旅游资源并不适合在快节奏移动的过程中进行游览，更适合在日常生活中去感受和体验。乡村的美很具特色，这种美只有住下来才能够真实感受到，并可能产生进一步的认同。因此，乡村体验是乡村旅游的核心。乡村旅游适宜开展参与式旅游、休闲式旅游、体验式旅游和度假式旅游等。

乡村旅游的内涵主要包含两个方面：一是发生在乡村地区或周边郊区，二是将乡村性作为旅游活动的核心，二者缺一不可。我国学者早期对乡村旅游的认知是以农民或农业参与者为经营主体，以其土地、农庄、住宅、农作物和乡土资源为载体，以为游客提供特色旅游服务为手段的农村家庭经营方式，即"农家乐"。随着乡村旅游内容的丰富和模式的发展，乡村旅游已远超"农家乐"的经营模式，逐渐形成集农家乐、民俗文化体验、生态旅游等内容于一体的旅游综合体。乡村旅游概念的不断扩展，使得乡村旅游与农家乐、生态旅游的概念交纵错杂在一起：乡村旅游与生态旅游是对等相交的概念，农家乐属于乡村旅游的一部分，乡村生态是乡村旅游与生态旅游的交叉部分。

4. 乡村旅游资源及利用分类

按照《旅游资源分类、调查与评价》(GB/T 18972-2017)，可以将我国乡村旅游资源分为 9 个大类和 51 个亚类。9 大类分别为突出自然景观的乡村资源旅游、突出地理景观的乡村资源旅游、突出水域景观的乡村资源旅游、突出生物景观的乡村资源旅游、突出建筑与文化的乡村资源旅游、突出旅游产品的乡村资源旅游、突出历史遗址的乡村资源旅游、突出风俗文化活动的乡村资源旅游、突出饮食文化的乡村景观旅游资源。而按照景观分类，则可以分为民俗文化景观、聚落景观、农业景观三类[①]。

根据我国乡村旅游发展的地域特色和文化特色，发展模式主要划分为以"农家乐"经营模式为主的乡村度假休闲型、以服务景区为目的的依托景区发展型、以特色小镇为方向的旅游城镇建设型、以民俗文化为载体的原生态文化村寨型、以民族风情为特点的民族风情依托型、以特色产品为客体的特色产业带动型、以新农村为亮点的现代农村展示型、以采摘园为特色的农业观光开发型、以生态观光为特色的生态环境示范型、以红色教育为核心的红色旅游结合型 10 个类别。

---

① 丁鋆. 基于 SWOT 分析的岱岳区乡村旅游发展研究 [D]. 山东农业大学硕士学位论文，2020.

二、乡村旅游规划

1. 乡村旅游规划研究动态

无论国外还是国内，现代乡村规划都是由协调土地与人的关系慢慢发展到推动村庄自身的发展。最开始的村庄规划偏向工程建设性质，包含了村镇总体规划、村镇道路工程规划、村镇给排水工程规划、村镇电力与电信工程规划、乡镇公共中心与工业区规划、村镇居住区规划、村镇绿化规划、村镇环境保护与旅游资源规划、村镇防灾减灾规划等内容，到后来慢慢延伸至历史文化保护规划、生态环境建设规划、经济产业发展规划、社会事业发展规划等类型，涵盖了村庄规划建设与发展的各个方面。

对于乡村旅游发展规划，国外最早在 20 世纪 50 年代开始农村景观规划，为新形势的农业向休闲旅游转变奠定了基础，而我国乡村旅游规划起步较晚，20世纪八九十年代，旅游区规划快速发展，2000 年之后旅游规划进入快速更新发展阶段，2008 年《中华人民共和国城乡规划法》的颁布，使得村庄规划步入正轨，村庄与旅游业渐渐开始结合起来做规划。2015 年基本完成编制体系建设，其目标就从简单地协调人地关系变成适应村庄需要、促进村庄发展，规划的内容涵盖了村庄发展的各个方面，乡村旅游进入快速发展阶段。2018 年，文化和旅游部的成立，标志着文化和旅游在国家层面的结合。随着文旅新时代的开启，文化旅游型乡村规划有了新的意义和更高的要求。对乡村旅游的规划，要从理论应用到实践上，从整体上把握，再落实到细节，不能破坏生态环境，还要保持乡村特色，对布局进行规划的同时还要根据市场需求做出调整，在规划的构思上要有创造性①。

2. 乡村旅游规划原则

（1）生态优先。在乡村旅游开发的过程中，应对乡村生态进行保护，修复乡村受损生态环境。其中生态保护原则主要包括：不填坑，不砍树，保护山体、河流等，主要途径为划定生态保护范围。在近年来的乡村开发中，不少村庄存在过度开发的问题，如将山地、林地开垦成农田；村内大坑被填平；盲目效仿城市绿化，将所有村庄原有行道树进行砍伐等。生态修复原则针对我国乡村建设中存在的山体破坏、坑塘破坏及植物破坏等问题，主要途径包括：对乡村破碎地形进行整理；对已填平坑塘进行恢复；丰富村庄绿化植物，做到乔灌草花结合种植。

---

① 刘琛. 基于研学旅行背景下的乡村旅游规划设计研究——以临武紫薇天下乡村旅游规划设计为例［D］. 湖南农业大学硕士学位论文，2019.

（2）以人为本。乡村居民是乡村旅游的主要受益者，城市居民是乡村旅游的主要服务对象，乡村旅游发展的过程也是乡村居民与城市居民互动的过程，即"两民互动"。在乡村旅游的开发过程中，应充分发掘本村人力资源条件，对城市居民乡村旅游需求进行深刻分析。规划师应本着"两民互动"的原则，重在听取乡村居民对本村旅游规划的建议、意见，最大限度调动乡村居民投身乡村旅游产业的积极性。城市居民是乡村旅游的服务对象，在乡村旅游规划中，应着重对游客需求进行分析，发展既符合本村特色，又适应客源需求的乡村旅游规划。

（3）可持续发展。广义上的可持续发展是旨在满足当代人需要，又不对后代需要造成危害的发展，包含生态可持续、经济可持续、社会可持续三个方面的内容。乡村旅游产业发展以乡村农业产业发展为基础，以乡村产业转型为契机，以乡村集体发展为依托，以村委会经营或旅游公司开发、经营管理为形式，形成产业可持续发展。城镇化和乡村产业化是我国近年来发展的重要方向，乡村旅游通过"两民互动"的形式，促进了城市与乡村的互动，从而形成了城镇化与乡村产业化的互补，即"两化互补"。

（4）乡土文化保护。2013年，习近平总书记在中央城镇化工作会议上指出，乡村发展建设，要让居民"望得见山、看得见水，记得住乡愁"。乡土文化是乡愁文化重要的物质和文化载体。乡土文化的物质载体主要包括以古庙宇、民居为代表的村庄历史建筑，以古井、残墙为代表的历史构筑物。乡村文化载体是指村庄先民在世世代代繁衍生息的劳作、生产的过程中所总结的生产方式、习俗特色、宗教文化、民族个性的总和。如村民公约、村庄内的家族祠堂、家谱、家训等，也包括非物质文化遗产以及传统的手工文化、特色民俗文化和戏剧表演文化等。

（5）依托本地人力资源的开发。人力资源评价指对乡村人力资源进行分类调查，根据调查情况确定乡村旅游定位及特色产业发展方向。乡村旅游特色人才主要围绕着乡村旅游六要素进行人才筛选。例如，"吃"以村庄内特色乡土菜系制作人为依托；"住"以村庄旅游管理、企业管理专业优秀大学生为资源，以本村从事酒店管理的人才为依托；"行"以村庄中交通运输司机资源为依托；"游"以村庄口才优秀人才、退伍转业军人为依托；"购"以村庄传统手工艺人为依托；"娱"以村庄非物质文化遗产传承人为依托；其他人力资源包括有意愿在家乡投资或从事乡村旅游经营或管理的村庄优秀企业家。

（6）增加体验感。微度假具有时间短的特点，如何让游客在最短的时间内了解乡村自然特色、乡土文化成为微度假旅游的重点问题之一。随着旅游产业的不断发展，旅游者已不再满足于观光旅游，个性化和体验感十足的旅游成为旅游产业中的新宠。乡村旅游活动的个性化主要体现在旅游产品的多样化中，针对不同年龄层次的游客，开展不同种类的旅游活动，如中老年人以养生度假为主，青年学生以户外拓展、丛林真人CS、主题寻宝为主；家庭为单元的城市居民以各个年龄层次的亲子游为主。乡村旅游体验感体现在农事活动体验、科普体验、民间手工艺品加工体验、采摘活动体验、无公害农产品种植体验以及土地租赁种植体验中。

我国台湾地区乡村旅游规划注重发挥体验经济原则，将业态规划与空间设计一并推进。其产品设计原则有：提供健康、有机的旅游方式，充分引导发挥感官的功能，自然地融入各种知识和观念，培养谢天、敬地、惜物的气氛，配合四季的运转安排不同的活动①。

3. 乡村旅游规划内容

（1）功能分区。

1）旅游接待区。旅游接待区位于乡村入口处，主要包括停车场、住宿、餐饮等主要内容，通过对城市居民乡村旅游交通方式进行分析可以发现，城市居民在短途旅行中较多采用骑行的交通方式，在中长距旅行中多采用自驾或公共交通工具的方式出行。在旅游接待区中，首先对停车场进行布局，既要满足游客自驾需求，也要满足公共交通工具停泊需求。不少城市居民选择从周五下午工作结束后开始微度假，他们通过自驾或公共交通工具到达乡村时已经接近傍晚，需要解决餐饮、住宿的需求，而乡村入口交通便利，也能够满足居民第二天的旅游需求。

2）观光区。观光区主要分布在乡村旅游过程的前期，在这个阶段游客体力充足，且对乡村充满好奇。观光区主要包括自然观光区和人文观光区，其中自然观光区包括麦田观光、花海观光等；人文观光包括民俗活动观光、历史遗迹观光和科普展馆观光等。游客通过观光了解乡村自然特色，感受民俗文化。

3）体验区。体验区分布在乡村旅游过程的中期，该阶段游客体力出现下降，但注意力开始集中。体验区活动主要包括美食体验、农事体验、采摘体验、探险活动体验、休闲活动体验以及养生活动体验等。在体验活动中，游客可以根据自身体力情况重点选择两到三项进行体验，其中美食体验是游客通过味觉记住乡土特色，并补充体能。农事体验是游客通过参与农事活动了解乡村农耕文化；采摘体验是游客可以通过采摘果品将有机健康的食品带回家；游客

---

① 叶美秀，郑健雄. 台湾乡村旅游规划的特色［C］//旅游规划与设计（20）. 北京：中国建筑工业出版社，2016.

通过参与探险活动体验了解自我，挖掘自身潜能。休闲活动主要包括骑行、垂钓等，适合体力较弱的中老年人。养生活动体验以足疗、水疗等活动形式为主，使游客身心得到放松。

4）旅游产品加工销售区。旅游产品加工销售区主要分布在乡村旅游过程的后期，这个阶段游客出现疲劳的状况。旅游产品加工主要包括农产品加工和手工艺品加工两类，其中农产品加工指游客通过采摘体验获取的果蔬、花卉，可以在技术人员的带领下制作果蔬干、蜜饯、花茶等；手工艺品加工主要包括剪纸、泥人、皮影加工等，也可将采摘收获的花卉制作成永生花。游客通过亲自制作的形式，将特色的农产品、手工艺品带回家。

（2）线路规划。

1）形成环线。通过对乡村旅游功能进行分析，基本可以确定在打造乡村旅游路线过程中，应以节点串联的组织方式为主，区域内形成环状串联线路。环状的旅游路线可以避免游客在旅游过程中走回头路，节省游览时间，避免游客在各个节点的连接过程中因路程过长耗费体力，从而提高游览效率。

2）变换主题。根据旅游活动规律发现，在游览过程中如果相似景点不断重复，很容易使游客失去游览兴致。心理学家调查显示，游览过程中每20分钟宜视觉集中或激活一次，所以在旅游线路的规划中，应注意节点的差异性和连续性。

3）动静结合。在乡村旅游路线的规划中，应注意节点的动静结合，游客既可以通过欣赏麦田、湖泊、山体感受乡村原生态的自然环境，也可以通过骑行、徒步等形式达到锻炼身体的目的①。

（3）设施规划。乡村旅游服务设施以集散、中转、交通以及综合服务为功能，为旅游活动提供全面的服务系统支撑。在规划的过程中，首先应根据旅游地发展现状以及发展目标进行规划，规划内容主要包括住宿设施、商业餐饮设施、娱乐设施以及辅助设施四个方面。其中在住宿设施规划中，应以"住得下、住得好"为基本原则，在满足以上两点的基础上针对高品质游客需求规划高品质民宿、会所。在商业餐饮设施规划中，商业区主要进行旅游纪念品、特色商品销售，以及日常生活用品销售，在餐饮规划中，围绕"乡土"原则对餐饮建筑、餐饮食品进行定位，以农家特色建筑风格、农家特色菜肴为主打招牌。在娱乐设施规划中，主要围绕乡村旅游活动策划展开，保证旅游活动的顺利进行。在辅助设施规划中，以咨询、解说、指引服务为主，满足景区管理要求及提供必要的医

---

① 李文雅. 基于微度假模式下乡村旅游规划研究——以宽城满族自治县南天门乡村旅游规划为例 [D]. 河北工程大学硕士学位论文，2017.

疗服务需求。

基础设施规划具有双重性。首先是村民改善自身生活的需求，其次在乡村旅游品质提升中具有重要作用。乡村基础设施规划具有用量小、分散、乡土的特征。乡村旅游基础设施规划是在村民使用量的基础上增加预期游客使用量，从而得到科学合理的乡村基础设施用量估算。乡村旅游基础设施规划内容主要包括道路、公共交通换乘站点、给水、排水、供电、燃气、环卫设施等。进行乡村道路规划时应考虑旅游主要道路、次要道路、支路相结合铺设，而除了主要道路使用沥青或水泥铺制外，应在次要道路、支路中使用乡间常见的废弃物碎砖头、石磨盘、碎瓦片、碎瓷器以及卵石等材料，做到变废为宝；乡村旅游公共交通工具既包括大巴、公交车，也包括在村庄内行驶的环保电瓶车，在公共交通站点停泊规划中应优先考虑交通通达度。乡村排水规划中应根据地形、地势确定排水系统布局，排水模式的选择应该因地制宜。在污水处理中，应以生态处理方式为主，即在原有村庄坑塘内部种植净化植物，使用植物根系对生活污水进行净化，并与乡村旅游景观相协调。环卫设施规划主要包括公共厕所、果皮箱等规划，乡村核心景点应每 1 千米设置公共厕所一处，次要景点每 1.5 千米设置公共卫生间一处，每 0.5 千米设置垃圾箱一处。

（4）规划模式。以田园农旅综合体为例。田园农旅综合体是以"基础农业+旅游体验"为主导的区域辐射型发展模式，该模式通过高效生产、农事体验、农业观光、交旅融合、民宿体验、商业购物等促进农旅联动，整合农业全产业链，坚持农旅产业与其他产业相协调，构建三产融合体系。保持田园主体风貌、挖掘文化资源、塑造品牌形象、发展地域特色、强化文化意象是该模式主导下旅游开发的重要内容。

三、乡村旅游设计

乡村旅游开发是旅游发展规划的最小尺度。把某个乡村看成一个标准景区，从设计层面来打造，其总体构成可分为大市场定位设计、旅游体验序列设计、业态布局规划设计、运营管理模式设计、资本收支系统设计、美学与人文表达设计、旅游建筑设计和空间的软性装饰设计[①]。新时代背景下的乡村发展更加注重设施配套、产业支撑，往往会利用自身资源条件，开展乡村旅游等活动，合理处理乡村规划与旅游设计之间的关系，对于美丽乡村建设来说显得尤为重要。尤其是对于资源特色突出的地区而言，将村庄规划与乡村旅游相结合，成为一种方法和思路。赵兵等（2015）认为，在乡村旅游逐渐成为乡村发展一大推手，成为乡

---

① 王金涛. 旅游小镇综合设计 ［M］. 南京：凤凰科学技术出版社，2019.

村经济持续发展动力的时期，有必要以新的视角探索新的方法，将乡村规划设计与乡村旅游有机结合，并以实例探讨了设计中将功能布局、景观提升、景观环境规划、交通规划四个方面有效融合的策略和路径①。

对于乡村规划设计的研究相对较晚，尚未形成体系，主要集中于对问题的描述、提对策以及对乡村规划技术和理论的一般性探讨等方面。随着旅游成为乡村造血新动力，国内学者开始研究探讨在乡村设计实践中如何有效考虑旅游需求的问题。在村落改造与更新设计、景观规划设计、建筑设计、公共空间设计、产业规划、文化等各方面分别进行了研究。

在村落改造与更新设计方面，陶涛（2014）提出了"生活世界"理念②，即村庄规划中要以生活为本，以生态为先，以旅游为进。还有学者分别基于全域旅游的核心价值导向、乡村旅游界定和村镇旅游开发等理论基础研究了"美丽乡村"背景下的乡村设计实践要点，如丁凯以皖西地区村落中具有旅游开发价值的村落为研究对象，探讨了利用村落空间、乡村建筑等资源开展乡村旅游的可行性策略③。陈晓玲（2016）认为美丽乡村建设应当与旅游相互促进，探讨了"美丽乡村"建设过程中回归乡村真实生产生活、促进乡村持续发展的合理设计④。

在景观设计方面，研究者提出要注重挖掘乡村景观的旅游价值。杨文静（2010）对小井沟进行旅游景观设计时，提出要将当地的景观资源特色、文化元素以及地方民俗相结合，景观设计领域内的研究开始立足于探讨如何有效地以我国乡村旅游为机遇，使环境生态和乡村文化通过景观设计来实现有效的发扬和保护⑤。

许少辉（2022）从传统村落的历史、农业、生态价值入手，对全国三大区域9个省份部分乡村文化旅游设计进行了梳理，具体从传统村落的空间分布、宏观源流、文旅活化三个方面展开⑥。

———————————

① 赵兵，郑志明，王智勇．乡村旅游视角下的新农村综合体规划方法——以德阳市新华村综合体规划为例［J］．规划师，2015，31（2）：138-142.

② 陶涛．以乡村旅游为导向的村庄规划策略研究［D］．浙江大学硕士学位论文，2014.

③ 丁凯．基于旅游开发的乡村聚落更新改造研究——以皖西地区为例［D］．合肥工业大学硕士学位论文，2015.

④ 陈晓玲．从村庄改造到美丽村居建设的嬗变——以东莞水濂社区村居建设为例［J］．低碳世界，2016（3）：15-18.

⑤ 杨文静．乡村休闲度假旅游的景观规划设计研究——以呼和浩特市小井沟乡村旅游区为例［D］．内蒙古农业大学硕士学位论文，2010.

⑥ 许少辉．乡村振兴战略下传统村落文化旅游设计［M］．北京：中国建筑工业出版社，2022.

第二节　乡村民宿规划与设计

一、乡村民宿概述

民宿是以家庭、个体或组织为主体单位，将少数富余或闲置的房间进行装修改造，使其符合住宿招待标准，并以此提供床位或短租房间获利，同时提供配套休闲或餐饮服务的经营活动。旅游民宿是利用当地民居等相关闲置资源，主人参与接待，为游客提供体验当地自然、文化与生活方式的小型住宿设施。旅游民宿和一般酒店有较大的不同，主要表现在地理区位、依托资源、商业定位和业主类型等方面。

现如今民宿有较为成熟的开发和经营模式，这是在这些年的发展过程中经过多次实验尝试而产生的。乡村民宿根据其策划、设计、经营中的不同因素变化，可以从开发模式、经营性质、资源依托、建造方式四个方面划分成不同类型。

1. 按开发模式分类

（1）点状介入。开发者选择一个着重点介入，将特定的群落民居甚至单个民居改造成民宿。投资少，改造时间较短，是点状模式的优点，房屋风格和营造出的家庭氛围往往是根据每栋房屋主人的喜好，如德清莫干山民宿线都是以点状介入的模式进行开发的。

（2）面状介入。民宿改造方案对于开发方来说，也只是其对自然村落或整个村庄地区进行全面建设方式中的一项。一般来说进行这种改造的开发商都是大企业集团，有时还会有政府投入，帮助推动整个乡村地区的发展。目前，我国采用这种模式进行开发的地区有很多，如无锡的阳山项目。

在我国现存的民宿中大多是以这两种模式进行改造的。主人特色较为明显是点状民宿的关键所在，但往往对周边乡村环境的考虑会有欠缺。并且单独的个体很难充分与乡村产业对接，对村庄经济发展和环境保护的帮助有其局限性。

2. 按经营性质分类

（1）传统型乡村民宿。以本地家庭真实生活为基础是这一类型民宿的突出特点。我国台湾的"阿将之家"就是一个典型的传统型民宿，民宿主人本身是原住民，打造的特色民宿也是自己的家，他们花费了很长时间才完成了这一工作。夫妻二人用邹族传统建筑材料修建该民宿，开放给旅客住宿，游客可体验邹族传统生活。游客和夫妻二人在一个院子里，可以从他们的日常生活中，真实地体验到邹族人民的淳朴生活。

（2）专营型乡村民宿。以莫干山西坡山乡民宿为例，民宿主人是本地人，2008年租下了几栋闲置的房屋，经过一系列的重建和翻修之后开起了民宿。莫干山劳岭村一座山坡上分别散落着这五栋房子，在建筑方面依旧是白墙黑瓦的建筑外立面和原有的民居建筑体量，新建的外平台运用了玻璃落地窗来展现新的创意。

3. 按资源依托分类

一般会根据场地周边及每个乡村本身拥有的优势资源来构建乡村民宿想要体现的独有特色。更好地维护和使用原有资源，使乡村的自身特色在建设营造过程中产生助力作用。根据依托的资源和环境可以将民宿划分成三大类：

（1）文化建筑体验型。在保存完好的历史村落中开发商可以利用迄今为止仍然完整保存的历史建筑打造出别具一格的民宿，如黄山宏村张公馆民宿。此类住宿要求对老建筑进行保护性开发和改造，然后增加住宿的功能；引导游客对建筑内部的兴趣，使游客的注意力集中在历史建筑上；使参观者仿佛置身于历史建筑中，生活在历史中。

（2）自然风光体验型。开发商往往利用风景名胜区附近村庄和风景秀丽村庄的自然风景作为住宅的主要卖点。这种民宿利用场地的优势，使游客对景观的体验更加真实。

（3）农业休闲体验型。在农场和草地附近，开发商利用农业资源开发（提供农业收获、捕鱼、放牧等农场经验）作为卖点。在高山草原沿路建设的我国台湾地区清境农场居住群，为游客更好地体验草原生活、开展休闲旅游提供了便利。有规模较大的牧场，主要业务是休闲观光以及生产干酪。除了提供定期住宿外，还可以在草原上露营。在农村居住区设计的初期，需要对居住区周边的环境资源进行深入研究，确定主要的支撑类型，并对周边的环境进行设计。在风景名胜区附近的村庄，或有秀丽风景的村庄，开发商通常会通过周边风景来打造卖点。此类民宿主要借助于区域场地资源优势，使立面朝向自然景观并且更加透明，从而呈现拥抱四周环境的景观，加深和放大游客对景观的体验。

4. 按建造方式分类

根据民居建筑的施工方法，农村民居建筑可分为新建型和改造型两种。在未建场地或旧建筑拆除后的场地上建造的是新建型民宿，或者保留部分建筑再加上新的改建或规划。场内已有建筑的设计和改造，以及对老建筑价值的评估是决定新建或改建的基本依据。建筑价值、建筑空间和建筑质量是评价标准的内容。对于建筑空间的评价主要是考虑其空间是否适合改造成居住用房；对于建筑质量的评价主要是对其围护结构的质量和结构承重进行检验；对建筑内部和外部各个方面进行评测是建筑价值的评价标准。

（1）新建型乡村民宿。莫干山清境原舍场地原有的旧建筑是已经被废弃的小学教学建筑，经过评估之后将其拆除。虽然是全新的，但大量地使用当地材料，如当地砖厂烧砖、竹篱笆等就是为了使其外观刻意低调、简约，尽可能地寻求与当地农村住宅的体积和色彩的融合。一般来说，传统文化的复兴应以"兴"为中心，而不是"复"。乡村民宿建设不仅要遵循旧建筑风格，还要用传统材料。农村居住区的空间、规模和形状应注重功能的应用和与外部村庄空间的整合，这两点是设计中需要注意的。

（2）改造型乡村民宿。与新建型相反，建设改造型住宅可通过三种方式：一是新建筑与旧建筑融为一体，将新的内容作为一个整体包含在旧的气氛中。二是新旧并置，新结构与旧结构分离。新旧建筑以相对独立的方式表达各自的物质和历史特征，并保持对话关系。三是把旧建筑修成新建筑，把旧建筑的剩余部分作为材料、构筑物和装饰品来模糊建筑的界限，最终形成一个新建筑。

二、乡村民宿的选址

民宿的长期可持续经营关键在于选址，好的选址能降低民宿初期投入和未来运营的成本。影响民宿选址的因素有很多，但不外乎内在和外在两种因素，外在因素应考虑客源市场、交通条件、地方支持力度以及当地文化氛围与特色[①]，内在因素主要有周边生态环境、设计师水准、区域景观以及投融资成本等。行业从业者认为民宿选址应该考虑三个圈层，即主流消费圈、旅游圈及生态圈[②]。乡村民宿的选址有别于城市依托型民宿、景区依托型民宿的选址。乡村民宿一般选在比较原生态的村庄、林地、山地和田地，较多民宿投资者选在大城市近郊，有新建的，也有对现有民宅进行改造的，往往外部体现乡村性，而内部装修的现代化气息较为浓厚。

三、乡村民宿的设计

民宿设计要体现自己的特色，主理人要有文化情怀，且对宾客有人文关怀。民宿内部陈设应注重地方风情和主人情感的表达。民宿经营要达到外在环境优美、内在宾客关系融洽的目标。

---

① 吴文智. 民宿概论［M］. 上海：上海交通大学出版社，2018.
② 崔盛，Ada，王旅长. 民宿的选址与定位——莫干山品牌民宿主理人访谈［C］//郑光强，温晓诣. 理想空间（78辑）：乡村民宿［M］. 上海：同济大学出版社，2017.

1. 民宿设计原则[①]

第一，人与自然和谐共生。民宿的设计应依据选址处的地形地貌，不宜做大规模的土方搬运工作。充分尊重民宿外在的地理环境，在有限的改造过程中充分尊重自然环境。

第二，文化与科技共生。民宿设计应尽可能体现当地文化元素，使旅游者住宿时有文化上的新奇感。在内部装修方面，应体现先进高科技技术，以创意的方式体现生活的便捷性。

第三，创新与品质共存。高标准服务、新理念应同时体现在民宿营建或改造的全过程中。

2. 民宿设计要素

民宿设计应充分融合所在地的文化，对名字、建筑、功能空间及文化符号进行精细设计。

好的名字能体现民宿的主题、定位、环境、气质、场景及卖点。比如"树也别墅"，强调以树为生，人树共生。"后院"将普通小院落进行改造，以"友情""亲情""爱情"作为三期开发，获得了消费者的认可。民宿的空间功能相对简单，主要包括院子、大厅、客房、楼梯、餐厅、消毒间、布衣间和设备空间等，院子是主要卖点。客房数量不宜过多，4~15 间不等。每个房间应有不同的主题，并配以对应的装饰。设计民宿文化符号时应先刻画出地域文化的主脉络，通过进一步的概念化，归纳成系统性的文化符号，再将这些符号演绎到具体的建筑或景观的改造过程中。

《旅游民宿基本要求与等级划分》（GB/T 41648-2022）规范了建筑和设施要求，包括建筑装修、客房设施、厨房与餐厅、公共休闲设施、布草间、消洗间、卫生间等各功能区的设施要求。

四、案例分析

案例 7-1　南岔湾·石屋部落民宿[②]

该项目位于湖北宜昌的一个小山村。整个村落由两条水系环绕，由半环形山地与农田组成，山体大部分为自然原石，项目房子全由当地石料砌筑而成。

（1）源。源于当地的民俗传承与古法石墙的砌筑方式，因地制宜，因势利导，顺应当下的生活方式，如图7-1所示。

---

① 洪涛，苏炜. 民宿运营与管理［M］. 北京：旅游教育出版社，2019.

② 资料来源：http://www.archcollege.com/archcollege/2020/10/48154.html。

图7-1 建筑位于群山之中

（2）问。房子是原村落的两个兄弟的石屋，外部由小石块堆砌而成（见图7-2），肌理混乱，但由于时间沉淀而变得厚重。屋内由木结构加土砖砌筑，年久失修，已支撑不了石墙的重量。

图7-2 建筑正面外观

（3）解。为保留石墙肌理，把原有的木结构更改为钢架结构。石墙开启大面积玻璃窗，进行适当的拆除和反砌。两栋石屋中间嵌入一个钢结构玻璃体作为入口前厅与天井，后方增加楼梯至二层，如图7-3、图7-4所示。

图7-3 钢结构玻璃体嵌入石屋中间

图7-4 两栋石屋之间置入楼梯

(4) 内部设计。一层的一侧设有西式的咖啡厅和围合式壁炉，客人谈天说地，畅聊人生，另一侧则是中式传统的书、香、茶、画，再配置一个餐厅，以满足不同入住客人的需求（见图7-5、图7-6）。

图7-5 香道区

二层由四间客房组成，三间大客房加一间亲子房，户型的多样性，让客人的体验更丰富。空间对原有木材进行再次利用，结合石墙与钢材，刚柔并济（见图7-7）。整体内外塑造更讲究建筑与环境的融合、空间与自然的关系，可视的窗景意为画境。

图 7-6　茶室

图 7-7　客房

案例 7-2　日本长屋民宿

　　大阪城有六栋建于 1926 年的长屋，建筑师将其中三栋改造成私人出租屋。三栋房屋都已经空置许久，多处损坏漏雨，十分破败。剩下的三栋长屋连成一排，已经做过翻新，都有居民居住。

　　在观察建筑外立面叠加的表皮以及背部加建的悬挑后，设计师感受到了真挚的"生活感"。舍弃过去数年的自由翻新，设计师决定恢复大阪长屋本身的框架，再植入必要的元素（见图 7-8）。考虑到私人出租屋的运营需要，三间长屋各有不同。与酒店不同，每间 50 平方米的屋子要能容纳八人居住。为此，建筑的边界墙需要足够厚重，满足防火和隔音的需求。日夜住在墙壁单薄的长屋里会令人徒增压力，音量控制是需要做到的最低礼节。

图 7-8　项目外观

在 SORA 屋中，已经损坏的房梁和屋顶被替换，床的位置适应现有柱网。在一层，从街道到庭院的视线被打通（见图 7-9），八间卧室如台阶一般层层向上。在上层卧室中，人们可以俯瞰庭院景观（见图 7-10）。

图 7-9　层层向上的卧室

图 7-10　庭院

在 TEN 屋中，设计师在对角线上设置天井和隔墙。对于狭长的长屋来说，一层的采光和通风最难满足，这样的布局使阳光和空气可以进入空间中部。卧室布置在切割下来的角落中（见图 7-11）。

图 7-11　对角线布置的结构与隔墙

在 GEN 屋中，加建在东侧的构件被部分移除，形成了一座庭院（见图 7-12）。此外，设计师还重建了与主屋分离的茶室、卧室（见图 7-13、图 7-14）。

图 7-12   庭院的一角设有别室

图 7-13   茶室

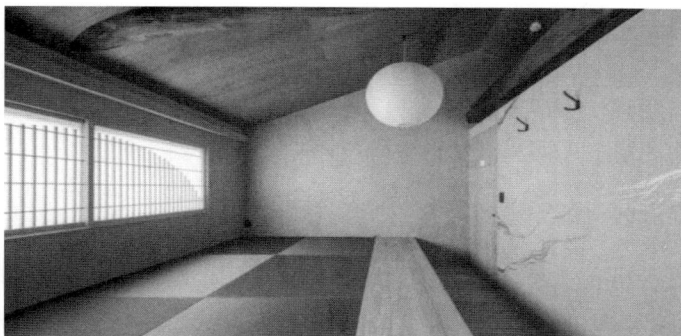

图 7-14   卧室

本项目主要针对国外游客，保留了长屋的一些临时功能，人们能感到长屋中相互冲突的元素。"在长屋中住宿，如同生活在此。"在此理念的影响下，随着当地旅游业的发展，长屋旅店的数量不断增加。本项目可以说是对长屋居住形式的一次再评估。

第三节　休闲度假村规划与设计

休闲度假产业的度假产品是以度假酒店、度假村或度假社区为依托，以度假服务为纽带的多种产品的组合。旅游度假区是度假旅游的载体和依托。对旅游度假区的理解，见仁见智。《旅游度假区等级划分》（GB/T 26358-2010）中将旅游度假区认定为：具有良好的资源与环境条件，能够满足游客休息、康体、运动、益智、娱乐等休闲需求的，相对完整的度假设施聚集区。旅游度假区可以在城市布局，也可以在海滨布局，但多在乡村布局。

一、休闲度假村概述

度假村是以度假、休闲、娱乐为主要目的的短暂居住场所，其规划内容包括酒店和特色民居等多种居住建筑形式、丰富多样的休闲娱乐设施以及原始生态的自然环境。度假村应是一个融合旅游、服务、商业、农业甚至制造业等多产业的复合旅游发展形式。有人将度假村与度假酒店等同，实际上，度假酒店只占据了度假村的一部分，度假村除了包括度假酒店之外，还应包含场地内丰富多样的度假环境、度假设施等[①]。

依照不同分类标准有多种度假村分类体系。根据功能可以将度假村分为自然资源度假村、农业度假村、商业度假村、主题公园度假村、文化度假村。根据位置选址可以将度假村分成海滨度假村、森林度假村、温泉度假村、山地度假村、农田度假村和高尔夫度假村。

二、休闲度假村规划设计原则与案例分析

度假村的景观规划是在一定尺度下对当地的景观资源进行合理再分配的过程。随着新型城镇化与乡村振兴战略的持续推进，我国乡村度假与分时度假、产权酒店等多元化市场度假行为渐渐形成产业集群。度假村的规划宜参照旅游度假

① 李雨童. 田园养老度假村景观设计研究——以唐县张合庄养老度假村设计为例 [D]. 河北农业大学硕士学位论文，2021.

区规划编制要求，即突出地域特色，挖掘文化内涵，合理布局功能，符合国土空间规划要求，并做好与旅游发展规划等相关规划的协调。

1. 规划设计原则

（1）自然优先。规划的首要原则是自然优先原则，所有规划影响范围内的自然景观资源和生物多样性都要考虑在内。度假村规划应基于可持续发展的战略思想，从整体出发，优先保护自然。同时，考虑具体的规划布局方案，以达到度假村和当地自然环境协调发展的目的。度假村的规划不应以牺牲当地自然环境为代价，任何以破坏、损害自然利益为前提的度假村规划都是违法的，也是违背道德准则的。

（2）体现地域特征。景观的地域特征是属于一个地区、一个村庄的特殊的人文底蕴、景观风貌或文化内涵，每个区域独特的区位、气候、地形、水文等地理特征造就了各具特色的地域背景，良好的地域特征表达是一个区域景观的魅力所在。度假村规划的地域特征表达可以体现在很多方面。例如，江南水乡属于亚热带季风气候，多丘陵平原，气候湿润，河道密布，湖泊众多，江南的度假村应具有明显的水乡特色，小桥流水、乌篷摇橹，应将度假村建筑塑造成青砖、黛瓦、马头墙的风格，景区树种的布局多搭配桃李、香樟、月季等乡土树种。

（3）以人为本。人是度假村的设计者、使用者、参与者，度假村规划应坚持以人为本的规划原则，从人的心理学特性（审美偏好、使用需求）来考虑度假村的规划、功能和设计意义。对于游客来说，个人的心理学特性是决定其评价一个度假村好坏的重要因素。人的审美偏好受到各自的生活环境、年龄、教育背景、工作内容等因素影响。例如，有人喜欢安静的湖泊，有人喜欢活泼的山泉，度假村规划应该充分考虑景区能给游客带来的美学体验，尤其是直观的视觉冲击。在使用方面，游客对于度假村的使用目的也不尽相同，对于度假村所期待的体验需求包括亲近自然、缓解压力、科普教育、互动社交、追求新鲜感和刺激感等，合理的功能布局是给人们带来丰富游憩体验的前提。反之，在度假村规划中忽略人的需求必然无法吸引足够的游客前来观光度假，造成度假村的市场缺失、发展缓慢，甚至投资开发失败①。

2. 度假村案例分析

案例 7-3　在森林中度过闲暇时光②

进入 21 世纪以来，国外旅游度假产业的发展呈现出高端化、体验化、私密

---

① 董嘉莹.康养旅游视角下的休闲度假村景观规划设计研究——以柘荣县休闲度假村为例［D］.北京林业大学硕士学位论文，2019.

② 资料来源：https://www.gooood.cn/glamtree-resort-by-archiworkshop.htm。

化和产权化的特点。法国分时度假一时成为旅游热点选择，其间，形成了休闲旅游度假集团——地中海俱乐部、美国国际共管公寓式度假村公司（Resort Condominiums International，RCI）。分时度假是指年限或永久内的指定时间段的居住权。

韩国 Glamtree 度假村的私密性特点比较突出。该项目完工于 2020 年。基地种满了栗树，环境十分优美，身临其中，就仿佛行走在森林深处，随后，Seori山中溪谷的优美风景便映入眼帘，而山中景象也每时每刻都不尽相同。设计者期盼游客在此地度过悠然时光后能够以悠闲愉快的心情回到日常生活。Glamtree 不仅意味着露营棚屋和树木，而且体现了对大自然的深刻领悟。该项目的总体规划和露营设计的灵感源于森林中的树叶和鹅卵石。

游客到达度假村时，会先通过一个停车场，沿着森林的小路走，会看到场地中用乱石堆砌成的石墙。穿过这里，便到达接待中心（见图 7-15）。

图 7-15　接待中心鸟瞰

接待中心的屋顶从地面漂浮而起，故透明立面得以拥抱背后的自然（见图7-16）。漂浮式的屋顶是为了让游客即使身处屋内也像置身于森林中。接待中心前设置巨大的梯田式阶梯（见图 7-17），连接花园和溪谷，它顺应地势，为游客创造多样体验。

图7-16 接待中心

图7-17 梯田式阶梯

露营棚屋像树叶脉络,沿着缓坡布置在森林小路旁(见图7-18)。在其露台上,游客可以充分享受自然。室内空间也变化万千(见图7-19)。

图 7-18 露营区域鸟瞰

图 7-19 露营棚屋室内

第四节 乡村风景遗产旅游规划与设计

风景遗产是指在自然美方面十分突出，地质地貌、生态上同时具有重要价值的地域单元，是自然赋予我们的遗产，有的还包含丰富的人文遗产①。董莉莉和温泉（2017）认为风景园林遗产包括世界遗产、文化景观、历史（纪念）园林、乡土景观、寺庙胜迹、遗址公园等。有些遗产位于乡村，如世界遗产地——西递、宏村。历史园林是从历史或艺术角度而言民众所感兴趣的建筑和园艺构造。乡村风景遗产保护规划中有旅游展示，比如在改建或修缮、重建或复原以及风貌设计中都会考虑旅游发展的要求。

一、风景遗产的旅游价值

风景遗产的旅游价值包括美学、科学、历史、文化、生态等。由于其所拥有的自然资源和人文遗产不同，不同风景名胜区的价值和功能亦不相同。在全面综合考察评价风景名胜区自然和人文遗产资源的基础上，需确定风景名胜区最为重要的价值，首先是它的美学、科学价值；如果是人文遗产，再确定其历史、文化价值。

1. 美学价值

以名山为例。名山四季皆景：春山如梦，云雾缭绕，山花烂漫；夏山苍翠欲滴，绿树成荫；秋山如醉，层林尽染，色彩斑斓；冬山如玉，雪封冰裹，玉树琼林，一派琉璃世界。而不同的风景区都有不同的季相特色。除了季相特色外，有阴晴风雨、云雾雷电气象之景，还有日月星辰、昏旦变幻的天象之景。常见的有山中云海、雾凇、日出、佛光、神灯及沙漠、海上的蜃景。

风景的美还包括地貌的美。泰山以其雄著称，黄山以其花岗岩地貌为奇，张家界以其石英砂岩峰林为美，桂林以其典型的喀斯特峰林地貌的天然图画为美，九寨沟以其高山湖泊为美，黄龙以其钙化彩池为美。对美的形象的概括，清人魏源在《衡岳吟》中说："恒山如行，岱山如坐，华山如立，嵩山如卧，惟有南岳独如飞。"有山必有水，泉池瀑潭溪，各种水流形态，也是在每座山中出现的。庐山瀑布、黄果树瀑布，便备受赞誉。

风景区还有植物景观之美、动物景观之美。四川的四姑娘山在秋天呈现出无与伦比的斑斓色彩，由于地处两块台地交错的边缘，产生了丰富的植物带谱，奏出了华彩乐章。苍山的杜鹃，到了春天，各种品种、各种形态，从山下到山顶，次第开放，漫山遍野，绚烂铺呈。鱼虫鸟兽，也显出独特的生命之美。云南的千里鸟道，是候鸟飞行的路线，在大理巍山的鸟吊山，每年都有数以万计的壮观的候鸟群如约而至，在此停留，成为"鸟道雄关"。植物和动物景观之美源自独特

---

① 曹新．风景遗产概论［C］//中国风景园林学会．中国风景园林学会2011年会论文集（上册）．中国风景园林学会，2011.

的生态系统，是一种生态平衡带来的美。

2. 生态价值

风景遗产不仅具有美学价值，而且其独特的植物群落和动物群落组成的生态系统在更大范围的生态系统中起着重要的作用。不仅给人类提供了优美的风景来欣赏和游览，还给城镇的人工环境竖起了生态屏障，如保持水土、保护栖息地动植物的多样性、提供濒危动植物赖以生存的环境等，尤其是在原生环境以越来越快的速度消失时，风景遗产无疑是人类最后的乐土之一。

许多风景遗产是自然保护区，具有较高的生态价值，是生态系统保护的重要区域。例如，三江并流保护区是中国生物多样性最丰富的区域，同时也可能是世界上温带生物多样性最丰富的区域。该地区的横断山脉是世界地球生物多样性资源保护区中最主要的资源保护区，该地区具有突出的地形多样性和气候多样性，它正好处于东亚、东南亚和西藏高原的生物地理区的交界处，是植物和动物运动的南北通道（特别是在冰河时期），作为稀有濒危动植物最后残留的广阔生活据点，该地区具有突出的世界性价值。

3. 科学价值

风景遗产的基础是独特的地貌，它不仅在审美上提供愉悦，更是科学研究的基地。突出的地质地貌，具有科学研究的典型性，而其独特的形态特征，往往都是很美的。泰山地区的寒武纪片麻岩群是华北台地的基底，地层剖面出露齐全，保存完好。泰山杂岩是世界最古老的岩石之一，对于研究中国东部太古代地层的划分、对比以及太古代历史的恢复，均具有重要意义。泰山西北麓张夏、固山、炒米店一带的灰岩和砂页岩发育典型，已确定为我国寒武系中上统的标准剖面，是古生物许多种属的命名地或标本原产地。

4. 历史价值

中国的风景遗产有一个很重要的特点就是拥有深厚的人文积淀。中国人对山水的钟情，有着久远的历史，并一直延续下来。由山水产生了丰富的文学、艺术、哲学等无形遗产，特别是山水诗、山水画，引发了对自然的审美、对宇宙的哲学思考、对自身的反思，更产生了影响中国文人的思与行、人格的完善、人生价值的判断，对中国的人文精神产生重要影响的隐逸文化。

5. 文化价值

中国古典文学中的山水诗歌和山水游记，是对风景之美的高度概括，留下的文学形象长久地烙印在民族的心灵中，不仅在艺术上有着极高的成就，而且引发更多的对自然风景的向往。这种热爱不仅表现在对名山大川的讴歌，更泛化于周围的每一处自然风景，表达于各种文学体裁，渗透出民族的一种重要的精神。同时，还蕴含深刻的哲思，体现出人与自然交融一体的理念，这种艺术和哲思不仅在历史中熠熠生辉，在今天显得更加珍贵。

历代成就卓著的山水画家，都是以造化为师，写生不倦，打下深厚的写实基础。自然山水促使他们发展新的艺术表现形式和手法，并陶冶性情、开阔胸襟，促使其心物交融、物我两忘，找到艺术和心灵的归宿。他们寄情山水，抒发性灵，兼之人格高尚，修养精深，艺术表现方能炉火纯青，有新的风格和新的创造。

中国的名山之所以闻名，除了文学艺术声誉外，宗教的影响也是显见的。道教、佛教都崇尚出世，寺庙尤其是道家宫观大都觅远离人间烟火之处。因此，道教和佛教的名山系统把形胜之处都囊括进去，而儒家又将书院设于环境优美之处，故而人文、自然相映生辉，留下了丰富的有形遗产和无形遗产。这些有形遗产中的一部分，其历史、宗教、艺术、科学价值表现突出。佛教名山与道教名山系统将中原大多数景观优美的山川纳入体系，成为声名远播的风景区，更成为宗教发展的基地。书院教育历时一千多年，是我国文化遗产和自然遗产完美融合之地。众多的名山都有书院的遗踪，自然的美景、奇景成为学术传播、研究、交流的背景[1]。

二、乡村风景遗产旅游规划

乡村风景遗产主要包括乡村传统园林和传统村落文化遗产。其中乡村传统园林承载了当地文人对园林文化的向往，结合当地形胜，关注宗族的生存环境，具有浓厚的乡土文化氛围，从而增加凝聚力[2]。乡村园林是开放的空间，是比较实用的公共资源，一定程度上弥补了自然村落的缺陷。从旅游规划视角来看，乡村传统园林为现代园林的建设提供了范本，也对城市古典园林的保育有参考价值。乡村传统园林强调"天人合一""因地制宜"，追求拙朴自然、万物皆可入境的效果。对当前风景园林设计中所追求的"大园林""生态园林""绿色园林""低碳园林"的设计观念均有重要借鉴意义。一部分乡村传统园林因地处偏僻一隅，周遭环境变化缓慢，保留了一些比较好的营造手法，对变化较快的城市古典园林具有重要的过程参考价值。

乡村风景遗产的旅游规划内容多包含在其保护规划中，以旅游展示的方式体现出来。旅游展示部分多体现遗产比较突出的价值，如选址的科学性、园林的美学价值和艺术价值。以传统村落文化遗产中的安义古村群为例，保护对象主要有

---

① 曹新.风景遗产概论［C］//中国风景园林学会.中国风景园林学会2011年会论文集（上册）.中国风景园林学会，2011.

② 董莉莉，温泉.风景园林遗产保护与利用［M］.北京：中国农业大学出版社，2017.

传统建筑、空间特征与关系、周围环境、村落肌理。具体来说是保护重要的历史建筑的内部平面布局、外观式样与设计手法、典型装饰风格与建造材料，以及其他体现古村落群历史文化特征的建筑元素，保护各类绿化庭院和开放空间，维持各类公共空间的层次关系，保护古村落周边的自然环境和农田景观；保护历史形成的由街坊、地块、建筑及其布局所形成的村落肌理等。旅游展示主要是通过对保护对象的修缮、更新，以及公共空间的旅游化处理来达到公共开发的条件。例如，开辟水南民俗馆前空间为广场，并增添旅游服务设施，京台村内现有的小块菜地、打谷场、空地等，根据规划确定为绿化用地或开敞空间，规划的绿化用地鼓励作为生产性的小片菜地使用，部分开敞空间可以结合农业劳作的打谷场共同使用；在三个村落间的农田中开辟环通的景观步道，作为村落群之间的内部联系，并可通行观光电瓶车。在旅游展示中，也可以通过旅游线路将可开放的旅游景点串联起来，并形成闭环，方便经营管理。

总之，乡村风景遗产的旅游规划应充分尊重保护要求，在规划中应强调目的地地方特色，在旅游规划中准确把握总体风格和规模尺度，不能越过保护要求的限制。特别是不能为了发展旅游而轻保护，应该说保护是发展旅游的基础，没有好的保护，旅游业的可持续发展几乎不可能实现。

三、乡村风景遗产旅游设计

乡村风景遗产的旅游设计包括两方面：一是围绕既有风景文物进行维修、搬迁、改建；二是用新材料创造已消失的景观，以达到重现历史意境的目的。前者旅游设计方法介入的程度不深，后者则可以有意识地渗透旅游发展的需求。还有一种是风貌设计，是较大范围的整体形态或形象设计，主要是历史风貌的还原、公共场所的文化再生以及园林景观的创意再造。

围绕乡村风景遗产旅游风貌设计，应把握三点原则：

（1）保持文化的延续性。乡村风景遗产所蕴含的文化，其演变过程是缓慢的，也就是渐进式的，变化的速度很慢，特别是在城市化推进平缓的年代。即使在快速城市化的今天，在法定圈地保护后，其演化速度相较于城市化的速度是比较慢的。由此，原有文化就可能得以延续下去，且能保持不被冲断的节奏。这方面主要体现在乡村各遗产点的保护成效上。

（2）保持场所特征的延续性。场所主要指一些重要地段的建筑物，如奎星楼、传统书院、公共祠堂等。这些特殊地段都应保留该场所应有的特征，以发挥凝集村民人心的作用。

（3）保持生活的延续性。乡村生产生活一般通过某种活动、技艺等非物质文化遗产的形式将人们带入，使人们感觉到文化历史的存在，或者传统民俗的氛围。风景遗产风貌设计师应通过设计引导活动，又通过活动启发设计。特别在传统民俗节日的设计中，既要考虑历史记忆的延续，又要考虑今人感情的维系。

四、案例分析

案例 7-4　山西大同古长城文化遗址走廊复兴①

大同古长城主要建于明朝（1368~1644 年），尽管经历了沧桑巨变，但其主要部分一直保存到了今天。出于种种原因，这处文化遗产一直在遭受着侵蚀和破坏，其周边区域也正面临着生态环境恶化、旅游产业迟滞不前和居民持续贫困等问题。总体规划建造一条长 258 千米、面积 186 平方千米的线性遗产走廊，可以实现遗址保护、生态修复、文化旅游恢复、乡村振兴等多重目标，将直接惠及其沿线聚落的 53 万人。项目规划策略如下：

1. 遗产保护

项目团队通过文化遗产评估方法来识别古长城遗址保护区的空间肌理。通过分析发现，高质量的遗址大多分布在距长城 1000 米的范围内。根据这种情况，团队确定了遗址走廊规划的空间格局。

（1）核心保护区。长城及其相关遗址之外 50 米内的区域将由专门的管理和保护机构实行最高级别的严格保护，并对有潜在倒塌危险的长城遗址进行保护性修复。

（2）生态修复区。在核心保护区以北 100~500 米的区域内进行生态修复，以保护长城遗址免遭生态灾害。

（3）旅游服务区。在核心保护区以南 500~1000 米的区域内进行生态修复，并在此基础上增加风景区娱乐系统和非全程的旅游基础设施，从而将人为活动对自然的影响降至最低。

（4）发展协调区。在确保与长城的景观和特色相协调的基础上，将旅游服务区以南 500~1000 米的区域作为发展协调区，以指导当地的农业升级和乡村旅游发展。

2. 生态修复

（1）确定生态敏感区。使用 GIS 信息模型确定生态敏感区，同时结合遗产保护的影响因素，进一步缩小补救范围。

---

① 冯潇 . 一次超大尺度风景园林实践——大同古长城文化遗产廊道 ［M］. 北京：中国建筑工业出版社，2019；该项目获 2019 年度美国风景园林师协会（American Society of Landscape Architects，ASLA）分析规划类荣誉奖，获 2019 年度国际风景园林师联合会亚太分会（IFLA—APR）分析规划类卓越奖。

（2）确定生态修复策略。总体规划以左云县的原生植被群落为蓝图，针对五类生态敏感区的自然特征制定了预定义的种植匹配模型，同时建立了低维护成本的植被群落，并为濒危物种提供了栖息地。

3. 方法的建立

（1）资源选择与风景名胜区的确定。团队对长城沿线的文化遗址和自然资源按照等级进行了评估，最终确定了 12 个资源优质且集中的地区作为建设风景名胜区的重点。

（2）旅游设施系统。总体规划计划建设一条全长 255 千米的观光路线和自行车道系统，将长城统一成一个有机的整体。绿色走廊将被布置在道路系统的外侧，不仅可以创建一个连续的休闲系统，还能够提供一个可以俯瞰长城的空间。沿途将设立 12 个风景名胜区的服务中心，以便建立连续的旅游服务设施系统。服务中心可以提供多种服务，如停车、餐饮、住宿和旅游信息查询等。在建筑设计上，项目团队则充分考虑了建筑空间与长城在视觉上的联系，以打造适宜的服务空间。

（3）风景名胜区的规划。在风景名胜区内，通过重建自然地形来恢复植被和建立旅游设施。建立包括观光步道、休闲娱乐设施和餐饮住宿空间等在内的景区服务和讲解系统，并配备导游人员和文化自然科学的科普设施。在对生态敏感性、遗址分布、建筑适宜性和其他因素进行综合分析的基础上，充分考虑景区设施的布局、材料、颜色和形式，从而让它们能够完美地融入到古长城遗址的环境中去。

为保护长城历史特色，项目团队认真考虑风景名胜区内植被的恢复和旅游设施的建立。在对生态敏感性、遗址分布、建筑适宜性等要素进行了综合分析后，制订出一套对环境影响最小的方案。

4. 发展乡村旅游

根据长城沿线村庄的评估结果，适度发展成熟的古村落，并引导村民创建家庭旅馆、开发乡村旅游和餐饮、生产和销售当地的特色产品，以及发展一系列其他的旅游服务，以提升当地居民的生活水平，从而让农村人民摆脱贫困，过上更好的生活。

该总体规划充分发挥了文化遗产的经济价值，在保护与发展、文化与旅游、工业与生态等各个方面之间都取得了收益的平衡。可以预见的是，得益于古长城的保护和灵活发展，该项目所覆盖的区域都将得到振兴。此外，该案例还充分证明了景观设计师在跨学科门类的大型复杂项目中的核心作用。

本章小结

本章对乡村旅游规划设计的理论与方法、乡村民宿规划与设计、休闲度假村规划与设计及风景遗产旅游规划与设计进行了详细论述。随着乡村振兴战略的深入实施以及贫困地区的退出，未来乡村旅游规划设计将成为乡村发展的重要驱动力。随着人们对美好生活向往的日益强烈，以及旅游在人们生活中的比重逐渐上升，未来的民宿经济将成为乡村经济发展的重要抓手，因此，对民宿的规划设计需要景观设计师的不断探索与研究。中国作为世界风景遗产十分丰富的国家，应更加重视风景遗产的规划设计在城乡总体规划中的地位与作用。

思考题

1. 乡村民宿规划与设计的要点有哪些？
2. 乡村风景遗产风貌设计的要点有哪些？
3. 结合实例讲述乡村度假区规划要点有哪些？
4. 谈谈乡村风景遗产旅游规划设计要点。

第八章 旅游规划与设计的可行性分析

可行性分析是在旅游规划执行之前，对与开发相关的市场、资源、技术、经济等方面的问题进行全面分析、论证、评价，以确定该规划是否具有可行性的技术方法。可行性分析对规划科学落地具有重要意义。可行性分析贯穿旅游规划与设计全过程，从最初的概念性规划到规划成果的最终落地，乃至之后的管理及效益评估，都需要可行性分析作为参考。

第一节 旅游规划的预算

一、旅游规划文本的收费情况

编制旅游规划，文本是收费的，之后的评审本身也是收费的。除此之外，做旅游规划需要考虑哪些资金呢？世界旅游组织认为，在发展旅游产业的过程中，应该考虑旅游规划的编制资金，具体包括总体规划、景区规划、可行性分析。其中，总体规划的费用一般由所在区域的政府部门来承担。景区规划及可行性分析的费用可由政府部门或私营部门承担，私营部门承担费用不得超过政府部门制定的规划收费标准。

在旅游规划内容中，基础设施建设需要资金投入，这部分一般由政府承担。发展旅游所产生的服务费用，一般由私营部门承担。目的地营销费用、文旅部门管理旅游业所需资金，由政府承担。国家对旅游规划的收费标准没有统一的规定，一般参照《城市规划设计收费标准》以及 2004 年中国城市规划协会发布的《城市规划设计计费指导意见》。公园、游乐场及园林规划收费标准和旅游风景区总体规划收费标准如表 8-1、表 8-2 所示。

表 8-1　公园、游乐场及园林规划收费标准

用地面积（公顷）	计价单位（元/公顷）	备注
1~10	12000	规划设计计费基价为 5 万元。委托单位如果要求制作效果图、模型等，则费用另计
10~20	9000	
20~30	8000	
30~50	7000	
50 以上	6000	

资料来源：贾云峰．60 分钟读懂中国旅游规划［M］．北京：中国旅游出版社，2012．下同。

表 8-2　旅游风景区总体规划收费标准

规模（平方千米）	计价单位（万元/平方千米）	备注
小于 10	1.6	规划设计计费基价为 15 万元。风景区总体规划的面积，应按实际规划用地面积计算。水面应按实际规划利用范围计算
10（含）~20	1.4	
20（含）~50	1.2	
50（含）~100	1.0	
100 以上	0.8	

旅游业规划收费按规划期末人数来收费，标准为 1500 元/万人。省域旅游发展规划基价为 120 万元。市域旅游发展规划基价为 120 万元。若增加旅游产业规划，则在原收费标准基础上增加 20%。旅游规划行业自定的基本收费水平如表 8-3、表 8-4 所示。

表 8-3　区域旅游总体规划收费标准

规划范围	费用（万元）	备注
乡镇级行政区界	40	最低收费 40 万元
县级或跨乡镇级行政区界	60	
地市级或跨县级行政区界	80	
副省级、省级或跨地级市行政区界	120	
跨省级行政区界	150	

表 8-4　旅游提升规划、总体规划修编收费标准

规范范围	费用（万元）	备注
乡镇级行政区界	30	
县级或跨乡镇级行政区界	50	
地市级或跨县级行政区界	70	最低收费30万元
副省级、省级或跨地级市行政区界	100	
跨省级行政区界	120	

场地旅游规划收费标准如表 8-5、表 8-6 所示。

表 8-5　旅游控制性详细规划收费标准

规模（公顷）	计费单位（万元/公顷）	总费用（万元）	备注
1000～5000	0.4	$30+(X-10)\times0.4$	
5000～10000	0.3	$46+(X-50)\times0.3$	最低收费30万元
10000～20000	0.2	$61+(X-100)\times0.2$	
超过20000	0.1	$81+(X-200)\times0.1$	

表 8-6　旅游研究策划可行性保护收费标准

项目估算投资额（亿元）	计费单价（万元）	备注
0.3～1.0	30～40	
1.0～5.0	40～60	
5.0～10.0	60～100	最低收费30万元
10.0～50.0	100～150	
超过50	150～200	

实际上，在实际执行中，旅游规划并不是按以上收费标准来操作的，但没有这些标准是不行的；标准至少可以减少盲目收费和恶性竞争。如果没有标准供参考，规划收费市场可能会出现混乱。旅游规划设计收费一般占旅游总投资的5%～8%。

二、旅游规划重点收费项目

除了编制规划文本收费外，旅游项目实施过程中需要制作成本预算，如旅游景区内部道路建设、停车场规划、通信、给排水规划、供电规划和住宿、餐饮、

娱乐等专项规划，以及部分额外的规划预算，如索道、购物中心或购物街道的规划。这些支撑设施都需要大量资金投入，再加上这些设施后期的维护，旅游规划确实要算一笔大账。

对于类似于基础设施这样比较稳定的投入是否科学，评价的前提是要做好旅游人数的预测，预测旅游人数应有时间细分，比如每天游客量、每月游客量、淡季旺季的游客量等。旅游预测成为旅游重点项目规划预算的重要依据。

要预测旅游未来需求量，还得从历史数据说起，而有些数据资料获取较容易，可以从旅游报纸、杂志、调研报告、统计年鉴、国际或区域旅游组织以及专业旅游市场调研机构年报等途径获取，这些资料一般是公开的。但同一类数据可能因调查目的、统计口径和计算方法的不同，产生区域间的不一致，因此在采用之前一般要做标准对接或转换评估。

基于现有历史数据对未来旅游需求进行预测是通常的做法，但其方法多样，既有定性的预测分析，也有定量的预测，以后者为多。每一种方法的专业技术要求都不一样，其主要决定因素有数据精确度、预测时段长短、计算机设施要求等。

较不易获取的资料通过调查法、观察法、实验法获取。调查法可以通过问卷、访谈进行抽样或重点调查；有条件可以尝试普查的方法。观察法有定点的直接观察和数字手段的全程监控两种。通过网络信息，采用大数据挖掘技术获取数据是当前较为流行的方法。

在国外，学者从 20 世纪 60 年代开始关注旅游流，包括旅游流模式、旅游流量定量分析和旅游流的影响等方面。国内关于旅游流的研究比较晚，开始于 20 世纪 80 年代，研究内容以定性为主，多借鉴国外的相关研究。随着现代数学统计方法的发展以及与地理学的结合，旅游流的研究发展为定性和定量相结合的模式，均取得了较多的成果，提升了旅游学研究的应用水平。

从研究空间尺度上来看，学者对旅游流时空分布特征的研究主要分为全国、省级、市级三类，均取得了一定的研究成果。从研究内容上看，主要包括对距离衰减规律和空间分布形态的研究。随着我国旅游业的快速发展，就全国范围来看，旅游流的时空分布呈现一种不均衡的状态，这种状态对旅游目的地的经济、社会文化和环境都带来了不同程度的影响。

有了旅游需求预测的结果，相关的预算就有了基础。以停车场的规划为例：

停车场面积＝[（高峰旅游人数×乘车率）/停车场利用率]×（单位规模/每台车容纳的游人数）

式中，乘车率、停车场利用率可取 60%～80%；单位规模即每台车占用停车场的面积。车型不同，单位规模及每台车容纳人数均不一样，如表 8-7 所示。

表 8-7　不同车型的单位规模和容纳的人数

车型	单位规模（平方米/车）	每台车容纳的人数（人/车）
小轿车	17~22	2
旅行车	24~32	10
大巴车	30~36	30
特大型大巴车	70~100	45

预测规划区域的用电量的方法有几种，综合预测方式如下：

总用电量=生活用电量+公建用电量+其他用电量

生活用电量=住宿游客用电量+居民和旅游区工作人员用电量

住宿游客用电量=住宿游客数量×2000W/（床·日）

居民和旅游区工作人员用电量=（旅游区居民数量+旅游区工作人员数量）×1000W（人·日）

公建用电量=生活用电量×200%

其他用电量=（生活用电量+公建用电量）×40%

每度电收费根据区域实际情况执行。

唐代剑于 2005 年对旅游区供水总量做了预测规划[1]（见表 8-8）：

表 8-8　旅游区主要用水类型及标准

用水类型	用水标准
住宿游客	$0.5m^3$/人次
一日游游客	$0.02m^3$/人次
常住人口	$0.35m^3$/人次
服务人员	$0.35m^3$/人次
绿地喷洒	$20m^3$/hm^2
道路喷洒	$10m^3$/hm^2
消防用水	$36m^3$/hm^2

根据上述标准，旅游区总用水量可使用以下公式预测：

旅游区总用水量 = $0.5m^3$/人次×住宿游客 + $0.02m^3$/人次×一日游游客 + $0.35m^3$/人次×常住人口 + $0.35m^3$/人次×服务人员 + $20m^3$/hm^2×绿地喷洒面积 +

---

[1]　唐代剑. 旅游规划原理［M］. 杭州：浙江大学出版社，2005.

$10m^3/hm^2×$道路喷洒面积$+36m^3/hm^2×$消防用水面积

还有旅游住宿的床位数、客房数以及旅游餐饮的餐位数也可以依据旅游需求预测来做进一步的预测。

除了基础设施建设投资估算，还有旅游服务设施和旅游项目建设投资估算。该项目主要包括旅游服务设施、办公设施、景区及景点项目建设投资估算，以山东泰山区旅游发展总体规划为例，如表8-9所示。

表8-9　泰山区旅游发展规划之服务设施与旅游项目投资估算　单位：万元

景区	工程性质	近期	中远期	估计投资
泰山灵石部落	开发	20000	8000	28000
泰山水街	开发	15000	35000	50000
大汉文化城	开发	2000	78000	80000
埠阳庄民俗村改造	改造		1000	1000
环岱庙景区	改造、植树		20000	20000
蓝莓庄园	开发	1000		1000
泰山溶洞漂流	开发	10000		10000

资料来源：王雷亭．泰安区旅游发展规划研究［M］．济南：山东人民出版社，2014．

其他的投资还有旅游招商与市场营销投资、人力资源培训、环境优化工程等。总体来说，泰山区旅游开发建设总投资约为308350万元，其中近期（2015年前）投资约为86650万元，中远期（至2020年）投资约为221800万元。

旅游市场推广投资费用占总投资的比例一般为5%~10%。旅游人力资源培训投资一般按总投资的3%~5%计算。旅游环境优化工程主要涉及绿化、城镇风貌改造、民居风貌改造等。生态环境保护涉及的投资项目包括环境保护和教育、病虫害防治、环境卫生、垃圾处理、污水处理、地质灾害防治等。

第二节　旅游规划效益分析

旅游规划的初衷是使目的地获得可持续发展的机会，从而给开发地经济社会发展以积极正面的影响。实际上，在开发过程中也出现了一些负面影响。有些负面影响甚至是致命的，直接导致当地原有的生态环境、社会稳定出现了实质性的恶化。在评价旅游规划对开发地环境的影响的同时，当地环境的反馈作用不能忽视。

一、社会经济效益

1. 旅游规划所期待的经济效益

（1）扩大国家外汇收入。这个主要是针对入境旅游来说的，我国改革开放初期，旅游服务外交的痕迹非常明显。当时，旅游业的发展是服务对外开放战略的。旅游规划项目比较少，主要是借用现成的自然风景区来接待外宾。随着部分旅游景区加入世界遗产名录，旅游规划才真正引起人们的重视。作为最早开放的三个领域之一，旅游业发挥了重要作用，创造了较多的外汇，直接服务于国家对外开放战略。20 世纪 80 年代，当国门打开，许多发达国家的旅游者对神秘的东方大国充满期待，纷涌而至，旅游创汇率持续上升。

旅游创汇率是指基本旅游收入与基本旅游商品收汇量的比值。旅游创汇率计算公式为：

旅游创汇率＝旅游者购买包价以外商品与服务的外汇收入/旅游包价收入×100%

由上面公式可知，旅游创汇率与基本旅游商品的外汇收入成反比，要扩大旅游创汇率必须扩大非基本旅游商品的外汇收入。

具体来说，国际旅游外汇收入是指来大陆旅游的境外游客（包括来大陆旅游的外国人、华侨和我国港澳台胞）在大陆（省、区、市）旅游过程中由游客或游客的代表交由宾馆支付的一切旅游支出。旅游支出包括境外旅游者和一日游游客在宾馆（酒店、饭店）居住期间，由宾馆组织的行程中行、游、住、吃、购、娱等方面的旅游支出，但不包括以商业为目的的购物和购买房、地、车、船等资本性或交易性的投资，馈赠亲友的现金，以及对公共机构的捐赠。国际旅游收入分为商品性收入和劳务性收入两种。

1）商品性收入，是指以实物形式为国际旅游者服务的收入，包括"商品销售"和"饮食销售"的收入。①商品销售收入，是指销售给国际旅游者的商品，如工艺品、文物、字画、文房四宝、书报杂志、烟酒、花、化妆品、药品、服装以及旅游纪念品等的收入。②饮食销售收入，是指为国际旅游者提供膳食、饮料等的收入。

2）劳务性收入，是指宾馆（酒店、饭店）为国际旅游者提供各种服务的收入，包括长途交通费、住宿费、市内交通费、文化娱乐费以及其他服务费的收入。①住宿费，是指为国际旅游者提供住宿宾馆（酒店、饭店）的客房住宿服务的收入。②市内交通费，是指为国际旅游者提供在市内交通服务及景点游览往返的收入。③文化娱乐费，是指用于健身、文化娱乐的费用。④其他服务费，指在劳务费收入中扣除住宿费、市内交通费和文化娱乐费以外的其他费用，如邮政费等。国际旅游收入统计调查工作由旅游主管部门负责组织实施。目前使用的国际旅游收入统计数据由旅游主管部门通过对海外旅游者的抽样和问卷调查取得。

旅游外汇收入与入境人数及国内出境人数有直接关系，这个数字在全球范围内基本上保持稳定增速，我国出境人数则持续增加。为了迎合中国旅游者的消费习惯，在国外支付时也可以采用国内移动支付方式，这大大刺激了我国旅游者外出的热情。除了创外汇的贡献之外，旅游业还有助于推动人民币国际化进程。

2019年的旅游统计数据具有特殊的意义和价值。文化和旅游部网站统计数据显示，2019年入境旅游人数1.45亿人次，比上年同期增长2.9%。其中：外国人3188万人次，增长4.4%；中国香港同胞8050万人次，增长1.4%；中国澳门同胞2679万人次，增长6.5%；中国台湾同胞613万人次，与上年同期基本持平。入境旅游人数按照入境方式分，船舶占2.9%，飞机占17.4%，火车占2.6%，汽车占21.2%，徒步占55.8%。

入境过夜旅游人数6573万人次，比上年同期增长4.5%。其中：外国人2493万人次，增长5.5%；中国香港同胞2917万人次，增长3.5%；中国澳门同胞611万人次，增长10.4%；中国台湾同胞552万人次，下降0.2%。

国际旅游收入1313亿美元，比上年同期增长3.3%。其中：外国人花费771亿美元，增长5.4%；中国香港同胞花费285亿美元，下降2.0%；中国澳门同胞花费95亿美元，增长9.4%；中国台湾同胞花费162亿美元，下降0.2%。中国公民出境旅游人数达到1.55亿人次，比上年同期增长3.3%。

（2）增加居民就业机会。就业是民生之本，是社会稳定的重要支撑。旅游业作为服务业最主要的组成部分，能够提供较多旅游岗位。随着旅游相关产业的不断增加，旅游业拉动就业的能力在不断提高。中国旅游研究院武汉分院发布的《2019中国旅游业发展报告》显示，旅游业贡献的就业岗位数为7991万个，与上一年度相比增加了1万个就业岗位，数量上近年来稳居世界第一。

旅游业带动就业的贡献表现在多个方面，在就业岗位总量的增加、就业结构的优化调整、扶助弱势群体就业、降低社会就业成本、减少城乡就业冲突、润滑就业环境、推进就业市场化和国际化等方面都发挥了重要作用[1]。有些以旅游产业为主要支柱的国家，旅游带动就业机会更为明显。只要旅游业受到外在不利因素的影响，就会对国家就业市场产生非常不好的影响。例如，2020~2022年，国际旅游市场受到较大的影响，部分旅游国家受到较大的冲击，特别是对就业市场产生较大的冲击，国家社会保障负担随之上升。

（3）有助于乡村振兴。在2020年决战决胜全面小康过程中，旅游业发挥了

---

[1]　石培华. 中国旅游业对就业贡献的数量测算与分析［J］. 旅游学刊，2003，18（6）：45-51.

非常明显的作用，其间涌现出一批旅游发展生力军，为全域旅游发展提供了区域大联动的良好基础。当前，随着乡村振兴战略的全面推进，发展旅游产业仍是非常关键的方向之一。

有人可能会提出疑问，为什么还要开辟这么多的景点，万一没人去怎么办？这个担心是多余的，旅游实际上已成为我们日常生活的重要组成部分，成为不可或缺的内容之一，加密旅游景点的布局势在必行，特别是广大的乡村地区大有发展潜力。

2. 旅游规划所期待的社会效益

（1）增进"民相亲"。由旅游带动的民间交往是正规外交关系的润滑剂，"民间外交"令人们津津乐道。当前，全球旅游市场大流通已成为常态，地球村的理念深入人心。即使有这样的基础，全球政治经济领域的斗争或争夺仍然没有停止，少数政客为了一己私利，不惜与全球为敌。因此，地区间的战乱时有发生，直接影响旅游业的发展。

引起冲突的重要原因是相互不了解，强制推行的战略决策如果没有民意基础，也难以长久推进。因此，合作方之间的"民相亲"落地十分重要。例如，"一带一路"经济带的推进，除了见效快的基础设施之外，旅游业的区域合作也应成为优先推进的内容。每个战略的组成部分优先项的选择都需要通盘考虑，统一规划，不能分散推进。

（2）增强民族认同。旅游规划过程也是不断挖掘旅游目的地特色文化的过程。区域特色文化是当地人引以为傲的资本。通过旅游开发，地方特色文化得到了充分的挖掘、提炼，也发挥了富民的作用，从而促成了当地人团结和谐的局面。这在旅游业发展比较好的少数民族区域更为明显。以最近兴起的文化实景演出为例，这类演出往往发动当地群众参与，来表演他们生活的自然状态，当然这也是当地文化最自然的展现，经过多次重复表演，除了能够使当地人获得报酬之外，也增强了当地人的文化自信。我国艺术团"走出去"，与国外对话，也能增进所到国家对中国文化的了解，进而产生文化共鸣。当然，能走出去的往往是高雅艺术，实际上，民间文化在多个层面精彩展示才能深耕民族文化自信的土壤。

（3）保护当地文化。当前，旅游目的地的开发往往挖掘其特色，特别是一些濒临灭绝的非物质文化遗产。于是，非遗旅游成为旅游开发新的方向，在非遗旅游开发中，非物质文化遗产得到了保护，一些技艺类的遗产也部分实现了有限传承或流水线生产。所以，我们不能一谈到旅游规划与开发就想到对当地文化产生诸多不利影响的评估，如商业化、绅士化等。实际上，发展旅游对目的地文化的保护、传承乃至创新，都起着非常重要的作用。

二、生态环境效益

（1）保护自然环境和历史遗产。旅游发展的结果就是把最美好的一面展现给旅游者，保护工作是开发的前提。没有原生态的自然环境和原真性的历史文化遗产，旅游者是不会来的。于是，旅游开发的前提保证就是环境的保护和遗产的保护应该有一个较好的状态。两者保护得越好，旅游开发效益就越明显。当前，绿水青山就是金山银山的理念已深入人心，不仅仅是开发者、经营者，还有旅游者、体验者。

（2）提高环境质量。桂林通过发展旅游，生态环境得到较大的改善，大量候鸟迁回。江西通过发展生态旅游，青山绿水处处可见。还有城市公园、湿地的大量开发，使得城市环境质量得到大幅提升，"热岛效应"出现的概率正在大大降低。

（3）改善基础设施。旅游景区若出现"养在深闺无人识"的局面，很令人遗憾。深藏不露的自然保护区以及偏远的历史文化名村因交通不便，旅游的可介入性受到较大影响。当然，开发得较好的地区，包括道路在内的基础设施得到了较大的改善，而且这个改善的进度随着开发的深入越来越快。除了景区内部的基础设施，景区外部的通道也相应得到了较大的改善，如风景道、旅游公路、旅游景区的高速出入口数量大大增加。景区内部随着景区发展的社区化，其他生活设施、教育设施、医疗设施都会得到极大的改善。例如，厦门鼓浪屿通过发展旅游，岛上的基础设施已非常完备。

三、旅游规划效益的评估

1. 经济效益的评估

旅游开发的利润是经济效益评估的主要内容。评价的方法主要有市场比较法、收益法、成本法等（见表8-10）。除了这些定量的方法，也有一些定性的指标，如旅游规划与开发对国民经济增长的贡献率、旅游规划与开发对国民经济产业结构调整的贡献率以及旅游产业在国民经济中的乘数效应与关联效应（马勇和李玺，2018）等。旅游效益的评估在不同时间结果并不相同。在不同尺度的空间领域，结果也不同。

表8-10 旅游项目经济效益评价方法一览

评估方法	评价主要流程	主要特点
市场比较法	搜集、选取可比较的实例；价格换算、修正与调整；评估项目、比较价格	选取一定数量、符合一定条件、进行过类似景区建设的项目，然后将两者评估比较，按照实际价格来评估收益

评估方法	评价主要流程	主要特点
收益法	测算净收益与收益期限；报酬率与资本化率；确定收益价格	在评估景区项目未来若干年预期净收益的基础上，以一定报酬率或资本化率，将评估对象在未来的纯收益折算为评价时的收益总和
成本法	项目价格的构成；测算重新构建项目价格；测算景区项目折旧；确定评估价格	以开发景区所耗费的各项费用之和为基础，再加上正常的利润、利息、应缴纳的税金，并扣除折旧来评价项目价格的方法

资料来源：叶盛东. 水利风景区规划与建设研究 ［M］. 北京：旅游教育出版社，2014.

旅游规划的经济效益评估往往不是立竿见影的，而是需要长期动态监测，若总的收效是正向的，那就可以继续推进，否则需要进行微调。逐利性是贯穿旅游开发全过程的，政府兜底保障的旅游景区另当别论，部分旅游景区承担的社会、教育功能往往大于经济效益。

经济效益分析主要是对旅游规划的投资进行可行性定量分析。任何投资活动都需要分析经济上的可行性，以便做出正确的投资决策。所谓旅游投资决策，是指在旅游经济活动中，依据一定的行为原则，为实现一定的目标，在资金投入方向上存在的多个方案的比较中，选择和确定一个最优方案。科学的旅游投资决策是建立在对旅游投资项目的财务评价基础上的。

财务评价具体表现在旅游产出估算、投资回收期、投资利润率、净现值、净现值率、利润指数及风险率上（杨晓霞和向旭，2013）。旅游产出估算主要估算规划区域开发的旅游产品一年的全部收入。投资回收期是计算投资返本年限。投资利润率反映的是每百元投资每年可创造的利润额。净现值是指投资项目的未来净现金流入量总现值减去现金流出量总现值的余额，现值是未来某一金额的现在价值。为了较好地反映每单位资金投资的效率，需要引入净现值率，即投资项目净现值与全部投资额之比。利润指数是用单位投资所获得的净现金效益来比较投资方案经济效果的方法。旅游投资回收期较长，旅游业受自然、经济、政治等各种因素影响较大，其风险较高。投资回收期较短，所承担的投资风险较小，方案可行。在进行经济可行性分析时，可计算其风险率。

2. 社会效益的评估

随着旅游的深度开发，目的地的闲置资源得到有效再利用，地方文化也得到重新整合、提炼，配套的基础设施及公共设施也得到完善。随着旅游者体验要求的不断提升，目的地旅游服务中的科技元素含量也得到提升。以上都是正面的效益，也会出现负面影响，比如随着旅游者的到来，当地社会的稳定及安全面临一定的挑战。

总的来说，社会效益评估的目标是优化现有的旅游发展绩效，使评价的正面影响超过负面作用。社会效益评价的内容主要有旅游开发带来的社会就业、对地方经济的贡献率、社区居民的支持率、旅游者的满意度以及从业人员的服务质量等。评价方法基本上是定量的方法，主要有统计方法和数学计量模型两种形式。

3. 生态效益的评估

生态效益的评估一般在旅游规划执行之后进行。评价的内容主要有生态环境、人文环境、环境的保护与整治措施等，相应的评价方法有历史比较评价法、经验评价法、加法评价法、连乘评价法、加乘评价法、加权评价法等。从功能来看，有辨识的方法、预测的方法、估价的方法（马勇和李玺，2018）。辨识的方法用于对现存环境系统进行描述，确定项目内容构成，根据项目情况对环境进行界定。预测的方法用于对已辨识出来的环境发生变化的程度和空间尺度进行预测，对某种环境影响发生概率进行预测。估价的方法用于对项目牵涉的集团和人口的成本和收益进行测算，对各备选方案进行比较选优。

第三节　旅游规划保障的可行性分析

有了前面的预算以及积极正面的效益分析，旅游规划的执行势在必行，但最后的保障才是最重要的，没有最后的保障支撑，很多规划落地的不确定性无疑将增加。

一、资金保障

资金的使用计划、资金的筹措、投资政策的激励等都是资金保障的重要方面。在编制旅游发展规划时，为了保证各项规划方案的顺利实施，需要制定相关投资政策和财务安全制度。旅游发展的资金筹措过程是执行旅游规划的重要环节，必须厘清所需资金的类别，并积极开拓渠道筹措资金。世界旅游组织认为，在发展旅游业时通常有四类资金需求需要考虑，即旅游规划编制的准备金、发展旅游必需的基础设施建设资金、用于发展旅游服务设施和服务的资金，以及目的地营销费用、国家旅游部门管理旅游业所需的资金。旅游规划中的经济投入大部分是政府投资或政府出台具体投资激励政策，鼓励私人资金进入旅游开发项目。

除了政府投资，还有银行贷款、自筹资金、利用外资等投资类型。一般来说，对国家、区域旅游发展产生重大影响的旅游项目选择国家和地方政府投资，大部分旅游规划项目选择银行贷款、利用外资等。旅游融资方式一般比较复杂。

旅游融资是指旅游投资者通过各种途径和相应的手段取得旅游开发建设资金的过程。我国现行的主要旅游融资模式有政策支持性融资、银行信贷、资本市场融资（发行股票、发行债券、股权置换、旅游产业投资基金、BOT 融资、TOT 融资、ABS 融资、PPP 融资）。不同的旅游建设项目，因其所需资金量、建设周期、风险性、收益大小和收益期长短不同，所选择的融资方式也是不同的。

二、法律保障

旅游规划能否顺利执行，关键看保障是否具有强制性。显然，旅游规划的强制性近来在逐渐增强。在日本，有旅游规划相关的法律，可见其执行力有多强。我国的旅游法律中也有相关的法律规定，比如 2013 年颁布实施的《中华人民共和国旅游法》第三章旅游规划与促进中，明确规定了旅游规划应纳入国民经济和社会发展规划，旅游发展规划编制主体及具体内容，还规定各级人民政府应当组织对本级政府编制的旅游发展规划的执行情况进行评估，并向社会公布。

2019 年文化和旅游部制定的《文化和旅游规划管理办法》明确，规划编制单位应对规划立项的必要性进行充分论证，应制订相应工作方案，对规划期、论证情况、编制方式、进度安排、人员保障、经费需求等进行必要说明，应深化重大问题研究论证，深入研究前瞻性、关键性、深层次重大问题，充分考虑要素支撑条件、资源环境约束和重大风险防范。文化和旅游部规划立项须报经部长和分管部领导批准。拟报请国务院批准的国家级专项规划，由文化和旅游部政策法规司会同相关司局，与国家发展改革部门进行立项衔接。规划立项后，规划编制单位要认真做好基础调查、资料搜集、课题研究等前期工作，科学测算目标指标，对需要纳入规划的工程和项目进行充分论证。坚持开门编制规划，提高规划编制的透明度和社会参与度。还有《旅游规划通则》（GB/T 18971-2003）对旅游规划具体内容作了全面的说明。

以上法律、办法及国家标准共同保证了旅游规划的顺利实施。

三、科学方法

总的来说，要用可持续方法、情景模拟方法来确保资金的有效使用。旅游规划的落地充满不确定性，情景分析法和决策树法是比较可行的方法。凡事预则立，不预则废，坚持科学的规划和科学的开发方法，规划制定的大方向就不会出现大的问题。科学的方法应贯彻可持续发展原则，坚持严格流程，减少主观性的偏差，实现确定的现实目标。旅游规划的可行性分析的主要步骤有：尽可能地收集和占有资料，对旅游地的资源和特色进行分析，分析目标市场的需求和竞争态势，分析旅游规划的环境可行性，研究旅游规划的技术可行性，研究旅游规划与开发的融资可行性，研究旅游规划的外部影响，研究旅游规划与开发的财务可行性，编写可行性研究报告。

可持续旅游规划要求旅游发展与当地社会经济的各方面共同发展，它的长期目标是在充分了解市场需求和动机的基础上实现综合发展，并支持一切利用和提升当地资源的产品开发（吴必虎和俞曦，2010）。1990 年在加拿大温哥华举行的全球持续发展大会旅游组行动策划委员会会议上提出了一个《旅游可持续发展行动战略》草案，明确了旅游业可持续发展规划的关键要素为综合、动态、系统、整体、面向社区、可更新、有目标、可操作。Eagles（2002）指出成功的可持续旅游规划过程具有下列特征：规划制定得清晰明确、实施导向、社会可接受、参与主体相互了解、责任和共同体发展、代表广泛的利益、关系建立导向。根据这些特征，他们编制了保护地区的可持续旅游规划指南。

处在不同发展阶段的旅游目的地应该采取不同的规划方法，旅游目的地对目的地旅游资源的依赖影响旅游规划方法的选择。

另外，旅游规划过程及开发过程中的人力资源保障也是规划是否可行的重要参考。

本章小结

本章对旅游规划流程中的三个环节做了可行性分析，前瞻性可行性分析主要倚重投入，开发后的收益评估多从正向展开。后期的管理规划多从底线保障来展开，法律、资金、方法及人才都是规划能顺利执行的基本保障。可行性分析一般包括资源、经济、政策、市场四个部分。可行性研究的依据主要有指导性、指令性、参考性、规范性四个方面①。

思考题

1. 旅游规划预算主要包括哪些部分？
2. 如何评价旅游开发后的效益？
3. 如何评价旅游规划后的管理？

案例 8-1 主题公园规划中的可行性分析

主题公园投资规模大、占地面积大、所涉产业链长、用工规模大，吸引的旅游者规模也是巨大的。这么大的投资，对于所在城市以及建设企业来说都需要认真考虑其社会经济价值。建造一个主题公园将动用城市大量的资金、技术、土地

---

① 毛蔚瀛，沈豪. 旅游地产投资与开发［M］. 上海：同济大学出版社，2015.

和人力资源，除了要对主题公园对游客的吸引力有基本判断之外，还需要认真研究可行性，确定投资规模，策划相应的项目活动，落实整体规划，实行精确的场地建设以及卓越的运营管理。

当前，主题公园同质化现象严重，导致大面积亏损。一方面，同质化价格战下难以获取竞争优势；另一方面，投资方过分重视对于经济带动的正向外部性而忽视可行性分析，盲目投建之后又无心持续进行更新维护和内容创新。

通常来讲，一个主题公园的正常运营离不开基本战略的策划和概念方案的可行性分析。在主题公园总体规划之前，应考虑两个问题，即运营模式的策划和运营效果的预测。在主题公园中，旅游者能获得不同的体验是其运营的基础。运营流程的设计对主题公园的空间布局及路线设计非常重要，运营流程可以定制化，也可以规模化。对运营效果进行预测，可建立财务可行性分析，以确保其投资能取得回报和利润。主题公园发展前应明确公司发展过程中的资金成本，并预测收入和成本的盈亏平衡。主题公园运营效果的预测主要看两个指标：一是门票决定游客量；二是园内的二次消费[1]。

一、丽江花卉博览园项目财务可行性分析[2]

根据项目组造价人员意见，项目投资成本预算如表 8-11 所示。

表 8-11 项目投资成本预算

成本项目	合价（万元）
前期费用	1118.38
网管工程费	542.00
景观造价	3736.88
建筑	10800.05
开发间接费	543.80
配套工程	700.00
总成本	17441.13

根据项目组财务专家意见，项目经营预算如表 8-12 所示。

---

① 梁增贤. 主题公园的开发与管理 [M]. 重庆：重庆大学出版社，2019.
② 何海燕. 主题公园项目投资可行性分析——以丽江花卉博览园为例 [D]. 云南财经大学硕士学位论文，2015.

表8-12 项目经营预算 单位：万元

项目	第一年	第二年	第三年	第四年	第五年	第六年
销售收入	6000.00	11305.00	12584.43	14398.54	16879.69	20200.13
商品流通	1500.00	1500.00	1500.00	1500.00	1500.00	1500.00
景观维护	1500.00	1500.00	1500.00	1500.00	1500.00	1500.00
薪资福利	2000.00	2000.00	2000.00	2000.00	2000.00	2000.00
水电、燃料费	50.00	50.00	50.00	50.00	50.00	50.00
维修费	50.00	50.00	50.00	50.00	50.00	50.00
物料耗费	50.00	50.00	50.00	50.00	50.00	50.00
行政办公费	50.00	50.00	50.00	50.00	50.00	50.00
财务手续费	50.00	50.00	50.00	50.00	50.00	50.00
广告费	100.00	100.00	100.00	100.00	100.00	100.00
低耗品摊销	80.00	80.00	80.00	80.00	80.00	80.00
洗涤费	60.00	60.00	60.00	60.00	60.00	60.00
利息支出	30.00	30.00	30.00	30.00	30.00	30.00
其他	60.00	60.00	60.00	60.00	60.00	60.00
直接费用合计	5850.00	5850.00	5850.00	5850.00	5850.00	5850.00

门票收益按国家级旅游景区门票设定价值的相关内容，由财务部核算出前六年运营期的门票收入情况，如表8-13所示。

表8-13 门票收入

周期	周期内人次（万）	人均门票（元）	经营收入（万元）
第一年	25	60.00	1500.00
第二年	50	46.74	2337.00
第三年	58	36.41	2093.60
第四年	66	28.36	1875.55
第五年	76	22.10	1680.21
第六年	87	17.21	1505.22

根据国家统计局2012年统计公布数据，项目财务部估算出前六年运营期的餐饮收入情况如表8-14所示。

表 8-14　餐饮收入

周期	周期内人次（万）	人均消费（元）	经营收入（万元）
第一年	25	40.00	1000.00
第二年	50	44.84	2442.00
第三年	58	34.93	2008.50
第四年	66	27.21	1799.31
第五年	76	21.20	1611.91
第六年	87	16.51	1444.03

根据现行丽江旅游酒店业 72.17% 的平均入住率，项目财务部估得前六年运营期的酒店收入见表 8-15。

表 8-15　酒店收入

周期	周期内人次（万）	人均消费（元）	经营收入（万元）
第一年	5	200.00	1000.00
第二年	5	224.50	1121.00
第三年	5	251.33	1256.64
第四年	5	281.74	1408.69
第五年	5	315.83	1579.15
第六年	5	354.04	1770.22

根据集团内部人均购物消费数据，以 100 元作为计算起点（同时包含服务收益），项目组财务部估算出的前六年运营期的商品销售收入见表 8-16。

表 8-16　商品销售收入

周期	周期内人次（万）	人均消费（元）	经营收入（万元）
第一年	25	100.00	2500.00
第二年	50	112.10	5605.00
第三年	58	125.66	7225.69
第四年	66	140.87	9314.99
第五年	76	157.91	12008.42
第六年	87	177.02	15480.66

二、项目建设期及成本预算

1. 项目建设期

公司项目开发部研究决定，将雪山花卉博览园项目建设期确定为两年。项目建设期需要分以下几个阶段进行：第一年前两个月完成博览园景区基本道路工程及电力工程，后十个月道路后期工程、景观造景工程、停车场工程、广场工程同时开展。第二年主要进行各园馆及酒店的房屋建筑工程以及后期消防、智能化系统、园馆装修工程。

2. 投资估算

由前一部分投资成本可以算出：第一年，项目成本主要包括前期费用、管网工程费中除去智能化系统的部分、景观造景费及开发间接费，共计 5741.06 万元。第二年，项目成本主要包括建筑费、智能化系统费以及配套工程费，共计 11700.05 万元。则项目总投资额为 17441.11 万元，假设全部资金在每年年末一次性投入。

三、折现率的确定

参考标准为：①以市场利率为标准；②以投资者希望获得的预期最低投资报酬率为标准；③以企业平均资本成本率为标准。项目组成员根据国家发展改革委、住房和城乡建设部联合发布的《建设项目经济评价方法与参数》并结合项目组专家意见确定丽江雪山花卉博览园项目的折现率为18%。项目现金流量如表8-17 所示。

表8-17　项目现金流量

计算期（万元）		现金净流量	累计净现金流量	现值系数	税前现值	税后现值（10%）
建设期	1	5741.06	5741.06	0.8475	4865.5485	—
	2	11700.05	17441.13	0.8475	8402.976	
运营期	3	150.00	17291.13	0.6086	91.290	82.1610
	4	5455.00	11836.13	0.5158	2813.689	2532.3201
	5	6734.43	5101.70	0.4371	2943.619	2649.2571
	6	8548.54	3446.84	0.3704	3166.379	2849.7411
	7	11029.69	14476.53	0.3139	3462.22	3115.998
	8	14350.13	28826.66	0.2660	3817.135	3435.4215

项目综合指标汇总如表8-18所示。

表8-18 项目综合指标汇总

指标名称	计算值（万元）	折现率（%）
税前静态投资回收期	5.6	—
税后静态投资回收期	5.82	—
税前净现值	3025.81	18
税后净现值	1369.38	18
税前动态投资回收期	7.21	18
税后动态投资回收期	7.6	18
税前年金净流量	737.15	18
税后年金净流量	337.55	18

根据基础数据和前文分析得出的项目综合财务指标，丽江花卉博览园项目税前指标中，NPV>0，ANCF>0，PP>n/2，基本具备财务可行性。税后指标中，NPV>0，ANCF>0，PP>n/2，基本具备财务可行性。

第九章　旅游规划的影响

旅游规划文本通过专家评审后，接下来就是如何顺利执行的问题了。在执行过程中，需要协调旅游区内部以及旅游区内外的各种利益关系，这种关系常常外溢到旅游区外或者旅游区所在的整个区域，于是很有必要在更大视野上对旅游规划实施过程进行全方位的评估，目标是推动可持续旅游开发的实现。

第一节　旅游规划的实施

旅游规划的研究与编制仅是旅游开发与发展前期工作的一部分。在旅游开发初期，前期规划编制内容是全面而细致的，从而给开发执行带来不小的压力。当规划文本获得评审委员会及委托方认可并公示后，加强对规划的监控与实施无疑是十分重要的。规划的关键在于实施，如同法律或政策的生命在于执行一样。事实上，规划又是政策的进一步细化。整个规划的实施过程应当有一套程序、方法以及后期的评估。

一、规划整合

旅游规划的执行过程就是诸多利益主体的多次协调过程。特别是当旅游地还涉及其他专题规划诉求时，这就要求文旅部门在主导发展的同时，也要兼顾与其他部门规划的衔接。这种对接更多是以融合的方式来推动的，例如，以"旅游+"的方式来推动，旅游规划整合其他比较接近的产业规划，进而推动旅游产业的大发展，最终实现旅游目的地的全面发展。在旅游规划实施过程中，公众担任监督者的角色，邀请社区居民参与是规划实现的必要保证。除了旅游业发展利益相关者的协调整合以及旅游产业与相近产业的融合整合，还有本次旅游规划与上一轮规划和未来旅游规划的整合问题，而且这方面的整合更具有战略性，在时间尺度方面的阶梯性整合也具有实战性，更利于规划成果的落地。

二、管理协同

由于旅游规划的综合性、复杂性，旅游规划的实施需要从部门管理机制走向联合管理机制，再从联合管理机制走向协同管理机制。当前，主要有两种管理机制模式：一是由政府部门牵头成立旅游度假区或风景区管理局来实施规划管理；二是成立旅游发展委员会，将园林、文物、旅游、宣传等直接相关的部门通过组织预算实质性联系统一起来。旅游规划在实施时，如果以旅游管理部门为牵头单位，那么要与其他公共部门以及私营部门相关规划进行必要的对接。当前，"多规合一"的刚性推动，加快了旅游规划与其他平级规划协调的步伐，特别在旅游用地方面，可能出现的利益纠纷将变得更加容易协调。但涉及具体开发经费的筹措，还是需要考虑旅游投融资的成本及方式。具体来说，许多以开发旅游为主要目的的风景区，很多区域不是文旅部门的管辖地。在实际开发过程中，文旅部门仅仅扮演行业监督者的角色，有时并不能直接参与进去。在旅游规划执行过程中，文旅部门更多起协调作用。文化和旅游部门合并以来，偏人文类的场馆、设施多归文旅部门管理，从而增加了管理的便捷性。

一般来说，旅游业的投资主体主要有政府部门、银行系统，以及少数可以自筹或利用外资的情况。政府投资一般是跨地区的公用事业、基础设施等建设投资。但政府财力有限，且建成项目具有公益性、公共性，盈利机会少，因此，绝大多数旅游项目应该选择银行贷款或利用外资。政府投资的项目一般采取 BOT（Build-Operate-Transfer）的融资方式，即建设—经营—转让，还有 PPP（Public-Private-Partnership）融资模式，是指政府和私营企业围绕某个项目展开的合作。

文旅管理部门可以尝试建立国际化标准，来加强目的地旅游综合管理。虽然很多偏重保护的旅游目的地也有相关规划标准，但多是保护方面的。实际上，目的地开发标准也多偏向限制性的。例如，国家公园、地质公园、沙漠公园、森林公园、重要湿地、水利风景区等游憩系统的规划执行，以文旅部门为龙头并制定一系列协调机制及管理标准，这也是自然保护地系统旅游规划能顺利执行的重要保障。

三、技术推动

在旅游发展规划中，一般在总体要求中提出推动规划执行的技术要点。比如《"十四五"旅游业发展规划》的指导思想是，以推动旅游业高质量发展为主题，以深化旅游业供给侧结构性改革为主线，注重需求侧管理，以改革创新为根本动力，以满足人民日益增长的美好生活需要为根本目的，坚持系统观念，统筹发展和安全，统筹保护和利用，立足构建新发展格局，创新提升国内旅游发展水平，分步有序促进入境旅游，稳步发展出境旅游，着力推动文化和旅游深度融合，着力完善现代旅游业体系，加快旅游强国建设，努力实现旅游业更高质量、更有效率、更加公平、更可持续、更为安全的发展。这些指导思想是旅游规划执行的具体技术要点。

实际上，旅游规划实施过程中，要降低成本、高效执行，其中起决定作用的是内部的支持系统；另外，还要监测外部主体的可能变化。内部支持系统就是规划内容中的保障支持内容，包括基础设施、政策法规、人才支持、资金保障等方面，外部主体的可能变化主要指以上内部支持系统中的外部联系突然中断，例如，推动旅游规划落地的主要负责人换人了，那么资金链面临随时断裂的风险，等等。

旅游保障支持系统是旅游发展的辅助性规划的重要内容，涉及旅游景区的各个关键环节，如基础设施规划、环保规划、人力资源规划以及投融资规划等。诸多方面的搭配是否合理有效直接关系到旅游产品是否能开发成功以及旅游活动是否能顺利开展。以旅游人力资源为例，首先，应明确人力资源的类型，世界旅游及旅行理事会（World Travel and Tourism Council，WTTC）将旅游从业人员划分为四类，即旅游服务人员、政府有关部门人员、旅游投资建设方面的人员、旅游商品生产销售人员。其次，在预测旅游人力资源需求时，往往聚焦规划区旅游从业人员、饭店从业人员以及旅行社从业人员。最后，具体制定旅游人力资源规划内容时，又聚焦旅游人力资源的数量、素质、教育培训等方面。

总之，旅游规划的实施是一个漫长而艰辛的过程，涉及多方组织、人员利益的协调，因而更应该建立体制机制保障框架。从法律层面，保障行政执行的基本效力；从政策方面，引导规划的有效实行；从财政视角，保障重要旅游设施及投资的顺利推进；在土地利用方面，确保旅游用地的批复，有偿出让国营设施的经营权等。也包括在学术层面，探索影响旅游规划实施的隐含机制，如社会机制，可监测社会参与规划的全过程，来探讨规划执行中的利益平衡点。

第二节　旅游规划影响评估

旅游规划系统是一个开放且复杂的系统，对外部环境的变化较为敏感。外部环境的任何变化都可能影响到旅游业的正常运转，影响严重时可能演变为一场灾难性危机。

一、影响旅游规划的因素

1. 官员任期的不确定性和不连续性

旅游项目从某种程度上来说，是一项民生工程、政绩工程，项目的实施结果既是亲民活动，也有利于进行旅游目的地的宣传。因此，各级政府非常重视旅游项目的落地，对主题公园更是如此。但项目与主政领导意志直接相关，新任领导能否接着前任继续推动还存在不确定性。对于一个需要长期投资建设的旅游项目，这种地方官员不连续的调换直接影响旅游目的地整体效益的实现。

2. 政府与规划专家的不同地位和角色

对规划执行来说，政府处于主导、强势地位，虽然规划文本是规划师根据政策及合同协议编制出来的，即使当时是科学的，但最终能否按这个规划文本执行还充满着未知因素。当然，专家对旅游规划的全过程考虑不一定全面，特别是旅游项目的投融资部分，可能会出现偏差。

3. 规划编制水平参差不齐

2000 年、2005 年出台的规划资质认定标准，对市场上规划团队的水平提出了要求，具体分三级；目前已取消了规划资质认定标准，可能出现既有相对规整的市场再次混乱的局面。相关管理部门也有这样的担心，于是旅游发展规划、总体规划多被政府下属的事业单位或政府部门所承接，通过"多规合一"来应对这个变化。当然，也有地方研究机构参与旅游发展规划的编制工作。有了总体发展规划，具体执行的详细规划就有了依据，但大的方向动不了，特别是涉及资源保护的事项，是没法撼动的。即使这样，诸多旅游规划作品依然有好坏之分，比如有些规划从一开始就很难推动，可见其科学性有多低。

4. 突发自然灾害

随着全球气候的变化和人类对环境的不断影响，自然灾害和异常气候在全球频发，其所造成的危害也越来越严重。例如，2022 年全球热浪和干旱给海岛旅游地以及海滨旅游城市造成了较大的影响。近年来，城市洪水给旅游接待造成了很大的影响。全球海平面的上升，使得一些主要依靠旅游发展的滨海国家面临巨大的危机。

5. 流行性疾病

随着全球一体化和信息多元化的发展，流行性疾病不仅传给旅游目的地当地居民，还传给在此地旅游的外地旅游者，世界上几乎没有哪个国家能幸免，这会给旅游业造成巨大的冲击。因此，相应的规划就难以继续推行，新的规划又充满风险。

二、旅游规划影响的评价及对策

避免旅游规划流产的办法就是对影响规划正常执行的不利因素进行全程监控，以最短的时间做出较为客观的评价，并建立相应的长效机制及应急对策。

1. 影响评价内容与程序

在诸多影响因素中，对规划环境评价的研究较为系统，也建立了较为完善的规范。以《规划环境影响评价条例》为例，该条例从规划前的评价预测、规划后的不良影响评价以及全过程动态跟踪评价方面展开，具体反映在第八条、第十一条、第二十五条。

第八条规定，对规划进行环境影响评价，应当分析、预测和评估以下内容：规划实施可能对相关区域、流域、海域生态系统产生的整体影响；规划实施可能对环境和人群健康产生的长远影响；规划实施的经济效益、社会效益与环境效益之间以及当前利益与长远利益之间的关系。

第十一条规定，环境影响篇章或者说明应当包括下列内容：规划实施对环境可能造成影响的分析、预测和评估，主要包括资源环境承载能力分析、不良环境影响的分析和预测以及与相关规划的环境协调性分析；预防或者减轻不良环境影响的对策和措施，主要包括预防或者减轻不良环境影响的政策、管理或者技术等措施。

第二十五条规定，规划环境影响的跟踪评价应当包括下列内容：规划实施后实际产生的环境影响与环境影响评价文件预测可能产生的环境影响之间的比较分析和评估；规划实施中所采取的预防或者减轻不良环境影响的对策和措施有效性的分析和评估；公众对规划实施所产生的环境影响的意见；跟踪评价的结论。

对规划进行环境影响评价，应当遵守有关环境保护标准以及环境影响评价技术导则和技术规范，如2003年的《规划环境影响评价技术导则（试行）》。该技术导则评价的基本程序及主要内容（见图9-1）如下：规划分析、环境现状调查与评价、环境影响预测与评价、提出不良环境影响减缓措施、公众参与、论证结论与建议等。

除了规划环境因素，还有某个旅游规划与相关规划的关系及衔接度的问题。比如庐山风景区的规划，除了和保护区协调之外，还应和九江市城市总体规划和庐山市城市规划衔接好，同时存在与大庐山旅游圈以及庐山市周边县域旅游区的衔接问题等。处理不好不同层次的规划关系，将直接影响规划的顺利执行。

当然，旅游规划还会对社会文化产生影响，社会文化因子反过来会影响旅游规划的顺利执行。社会文化的影响往往是隐形的、长期的。对于快速落地的规划来说，一般不能有效把握这种潜移默化的影响，因而会出现一些协调问题。有

规划编制机关　　　　　　　规划环境影响评价技术机构

```
┌─────────┐    委托   ┌─────────┬──────────────┬──────────────┐
│ 规划纲要 │ ─────────→│ 规划纲要 │ 收集相关法律法规、环境 │ 现场踏勘，初步调查 │
│ 编制阶段 │ ←─────────│ 初步分析 │ 政策及规划背景等资料   │ 资源环境状况       │
└─────────┘   成果反馈 └─────────┴──────────────┴──────────────┘
                        │ 识别主要环境影响和制约因素 │
                        └──────────────────────────┘

                        ┌──────────────────────────┐
                        │ 确定评价范围和评价重点      │
                        └──────────────────────────┘
                        ┌──────────────────────────┐
                        │ 确定环境目标，构建评价指标体系 │
                        └──────────────────────────┘
                        ┌──────────┐      ┌──────────────┐
                        │ 规划分析  │      │ 环境现状调查与评价 │
                        └──────────┘      └──────────────┘
                        ┌──────────────────────────┐
                        │ 环境影响预测与评价          │
                        └──────────────────────────┘

┌─────────┐  沟通交流  ┌────────┬────────┬────────┬────────┐
│ 规划     │ ─────────→│ 环境要素的影 │ 资源与环境承载 │ 清洁生产、 │ 人群健康、 │
│ 研究阶段 │ ←─────────│ 响预测与评价 │ 力分析与评价   │ 循环经济分析 │ 环境风险分析 │
└─────────┘  成果反馈  └────────┴────────┴────────┴────────┘

                        ┌──────────────┐
                        │ 规划方案综合论证 │
                        └──────────────┘
       规划方案调整        ◇ 论证结论与建议 ◇
       或修改
```

```
┌─────────┐            ◇ 推荐环境可行 ◇  规划未采纳  ┌──────────┐  公
│ 规划     │ ←─────────  的规划方案                │ 提出放弃规划 │  众
│ 编制阶段 │  成果反馈                              │ 方案的建议   │  参
└─────────┘            规划采纳        ┌──────────┐ └──────────┘  与
                                      │ 提出规划优化 │
                                      │ 调整建议    │
                                      └──────────┘
                        ┌──────────────────────┐
                        │ 提出不良环境影响减缓措施 │
                        └──────────────────────┘
                        ┌──────────────────────────┐
                        │ 编制跟踪评价方案，提出环境管理要求 │
                        └──────────────────────────┘

┌─────────┐   提交    ┌──────────────────┐
│ 规划     │ ←─────────│ 编写环境影响报告书  │
│ 报批阶段 │           └──────────────────┘
└─────────┘
```

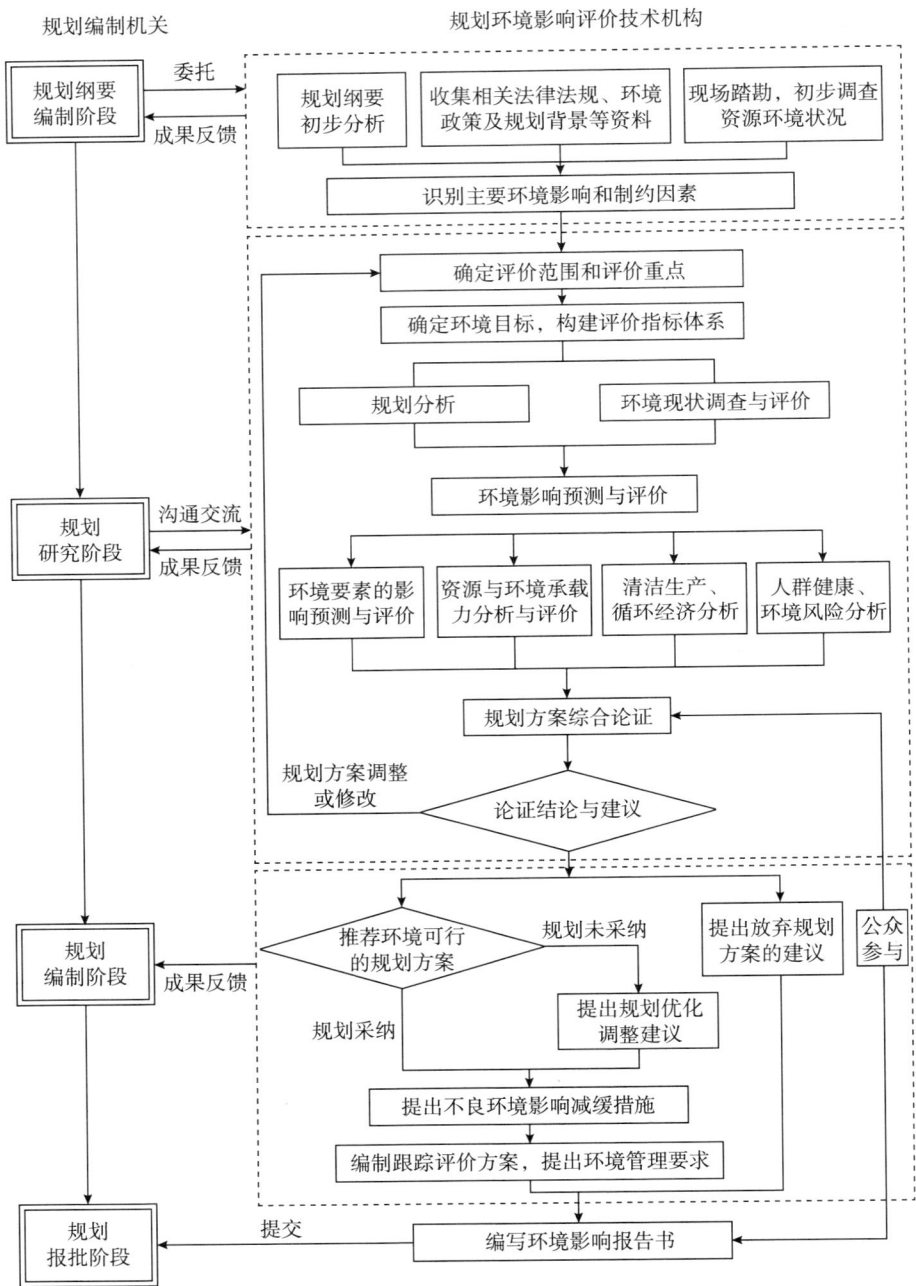

图 9-1　规划环境影响评价工作流程

资料来源：《规划环境影响评价技术导则（试行）》。

时，旅游规划的目的是利用当地文化资源来吸引旅游者。实际上，经过长期的旅游发展，出现旅游地被客源市场"涵化"的问题。"涵化"是指文化传统不同的社群遇到一起时所出现的种种变化。当一个社会与另一个经济文化比较强大的社会相遇时，会因两个社会的强弱关系而产生广泛的文化假借过程①。

2. 影响评价方法与对策

知道了影响评价的内容及程序，旅游规划影响评价的方法也非常重要，直接关系到应对影响的措施。评价旅游发展影响既有一套理论支撑，又有一套评价工具。例如，评价理论方面，有 Doxey 的愤怒指数理论、Allen 的居民态度"生命周期"理论。愤怒指数理论是 Doxey 以自己在巴巴多斯和尼亚加拉湖区调查所得的结果为基础，提出旅游发展社区居民态度变化的四个阶段，即兴高采烈、冷淡、愤怒、对抗，后来加了排外阶段。Allen 将旅游发展状况划分为旅游不发达、经济不发达，旅游不发达、经济发达，旅游发达、经济不发达，旅游发达、经济发达四个阶段，研究在不同阶段下居民的不同态度。

评价方法多体现在影响因素的识别方面。旅游外部因素对旅游规划的落地往往会造成一定的负面影响，如何及时确认就显得非常重要。Glaesser 总结了集中评估重要领域及负面事件的方法，比如交叉影响分析、交互矩阵、情景分析；还提出了早期预警的方法，比如不连续性调查、组合分析、结构趋势线等②。

由于旅游规划外部环境存在多样的不确定性，创新的旅游规划应建立旅游发展监测、预警和动态调节机制，从而能够根据规划环境的变化而不断更新调整，以解决时刻变化的新问题，使规划实施的不确定性降到较低水平。邹统钎提出创新规划理念，具体体现在过程弹性、目标弹性、结构弹性、方案弹性以及源头控制理念上③。旅游外部因素源头控制规划如表 9-1 所示。

表 9-1　旅游外部因素源头控制规划

危机源头	控制任务	规划方法	规划监控指标
目的地对相关产业的依赖性	旅游经济资源配置比例、旅游经济占 GDP 的比重、旅游发展速度与方式	综合性规划（强调政府协调、各相关部门参与）	旅游用地比例、旅游收入比例、旅游增长率
目的地对脆弱资源的依赖性	核心资源保护、旅游开发极限、社会压力	联络性规划（强调社会参与和专家参与）	环境承载力、游客增长率、社会承载力

---

① 邹统钎. 旅游学术思想流派（第二版）［M］. 天津：南开大学出版社，2013.
② 徐荣民. 旅游资源开发的可持续发展与规划理论探究［M］. 天津：天津科学技术出版社，2018.
③ 邹统钎. 旅游危机管理［M］. 北京：北京大学出版社，2005.

危机源头	控制任务	规划方法	规划监控指标
目的地的市场波动	稳定消费市场、稳定旅游价格、稳定汇率	综合性规划	社会消费指数、旅游价格指数、外汇兑换率
目的地的地区、民族和宗教纠纷	防止地区性危机、防止民族性危机、防止宗教性危机	区域性规划（强调上级机构协调功能、旅游行为规范、明确区域布局、贯彻民族和宗教政策）	地区纠纷的发生率、民族纠纷的发生率、宗教纠纷的发生率
游客与居民的社会文化冲突	公共基础社会建设、本地传统习俗保护、不同价值观相互包容	规范性规划（强调通用基础设施、旅游行为规范、需求控制和现场管理）	游客与居民人口比例、民俗保护投资额、游客与居民的满意度
游客对旅游风险的敏感性	风险预警、危机预防、危机控制	动态性规划（强调建立透明信息与网络沟通、旅游警告、通报制度）	有无预警机制、有无应急预案、危机物质储备
企业产权和经营权的国际化	产业结构平衡、防止外汇流失、防止形象扭曲	协调性规划（强调国际协调机制和合作伙伴关系，制定行业经营规范）	旅游产业地位、合资企业比例、政府形象推广费用
国际流动性	防止恐怖活动、防止流动疫情、防止走私贩毒	综合性规划	有无安全监控机制、有无疫情监控机制、有无走私贩毒监控机制

第三节 可持续旅游规划

一、可持续旅游规划的基础

旅游规划是旅游地一直推进的工作，不管其发展处在哪个阶段，规划工作始终在进行。特别是随着旅游业的快速发展，规划应对显得非常必要。不管哪个阶段的规划，都需要关注当时目的地的旅游市场及环境容量。

1. 旅游市场

从经济学视角来说，旅游市场就是旅游产品供需关系交换的总和，以及由此产生的社会、经济关系联系。在市场调研分析的基础上，可制定营销战略规划。旅游市场营销规划是旅游市场可持续发展的重要保障。

旅游市场是旅游规划中的一个主要纽带，旅游市场中的旅游者是一切规划与开发的出发点，也就是说，如果没有照顾到旅游市场主体的变化，那么规划最终就难以有效实现。因此，针对旅游目的地旅游市场的调查就显得十分重要。微观的调查结果比大规模预测结果在旅游开发实际中可能更有用。

（1）旅游接待情况调查。过去及现在的旅游接待情况是衡量当前旅游业总体发展水平的一个决定性指标，也是预测未来市场走向的一个重要依据。调查的内容主要有出游目的、逗留时间、消费习惯、个人年龄、性别及家庭成员组成，还有职业类型和收入水平，从群体来看，还有到访次数、游客的态度和满意度等①。游客的态度及满意度主要体现在对现有旅游设施及旅游服务体验后的评价结果。而通过旅行社则可以监测关联旅游诸多要素的企业之间的关系及联系，从而对旅游市场供需状况做一个基本的评价。

（2）旅游市场预测。旅游市场的精准预测结果与适当的营销规划同等重要。当前的预测方法一般选取两个分析结果，即基于大数据的群体旅游者行为分析、基于心理投射技术的个体旅游者行为分析。大数据支撑下的数据源主要是开放类的数据源，主要有网页数据、特定平台接口、公共数据、搜索引擎等。这类数据多且庞杂，以人工方式很难处理，需要通过特定的方式实现自动化、系统化的收集。一般采用爬虫技术搜集此类数据内容，对采集后的数据可以进行统计分析以及进一步的挖掘。在心理投射分析过程中，其投射测试包括词语联想法、句子和故事完型法、照片归类法、消费者绘图法等。对照片进行归类整理、测试比较常用，通常会用到可穿戴设备，有精确的数字记录，通过心理学相关理论进行可能的分析。

有了前面两个技术方法的分析结果，个体的人口市场细分、心理市场细分和群体的行为市场细分、地理市场细分就有了眉目。市场细分是从旅游者需求出发，根据不同的标准将客源市场划分为若干子市场，以从中选出目标市场的过程。有了这样一个细分的市场，针对现有的资源产品储量，选择合适的营销规划显得非常重要。针对个体旅游者的互联网营销和针对群体的会展旅游交易会是两个比较重要的营销渠道。

旅游网络营销是通过现代网络技术革新出来的一种新的旅游营销形式，主要通过网络和客户进行交流，这种方式成本低，能够给双方留下最终决策的时间。旅游网络营销工具主要包括：旅游企业网站、搜索引擎、电子邮件、网络论坛、即时通信工具、社交网络、手机移动客户端等。随着会展业的发展，当前的旅游交易会成为群体营销的重要平台。

---

① ［美］爱德华·因斯克普. 旅游规划：一种综合性的可持续的开发方法［M］. 张凌云，译. 北京：旅游教育出版社，2004.

2. 环境容量

环境容量是一个生态学的概念，是指某一区域环境可容纳的某种污染物的阈值。后来被专家引入到旅游业中，当时的名称叫旅游环境承载量。与国家公园和保护区相关的游憩环境容量的提法最早出现在 20 世纪 30 年代中期[①]。关于旅游容量，因斯克普认为是指在不破坏其形象和可持续发展的前提下，某个地区或某种资源能够承受的最大使用限度。世界旅游组织把旅游容量定义为：所能维持的不对周围自然环境造成损害，不对当地小区造成社会文化和经济问题的开发水平；保护和发展之间能达到的平衡；与旅游者所追求的旅游产品形象、环境类型和文化体验相兼容的游客人数。国内对旅游容量尚未形成统一的概念界定，对旅游容量的测算方法及等级划分也是研究者关注的对象[②]。

根据容量的属性特征，旅游容量可分为基本容量和非基本容量。

（1）基本容量。基本容量包括旅游资源容量、旅游生态容量、经济发展容量、社会地域容量、旅游感知容量。旅游资源容量：在保持旅游资源质量的前提下，一定时间内旅游资源所能容纳的旅游活动量。旅游生态容量：在保证生态系统不致退化的前提下，一定时间内旅游场所所能容纳的旅游活动量。经济发展容量：在一定时间、一定区域范围内，由其经济发展程度或水平所决定的能够接纳的旅游活动量。社会地域容量：由接待地区的人口构成、宗教信仰、民俗风俗、生活方式与习惯、社会开化程度以及国家政策等所决定的当地居民可以接纳和容忍的旅游者数量。旅游感知容量：旅游者在某一地域从事旅游活动时，在不降低活动质量的前提下，该地域所能容纳的旅游活动最大量。

（2）非基本容量。非基本容量是基本容量在时间上和空间上的具体化和外延。主要有旅游极限容量、旅游合理容量、实际旅游容量、期望旅游容量、旅游瞬间容量和旅游日容量。

《旅游规划通则》的旅游容量体系概念中包括旅游设施容量、旅游空间容量、旅游生态容量、旅游地社会心理容量（目的地居民心理容量、游客心理容量）。其中日设施容量是最基本的测算。

1）旅游设施容量。设施容量是指旅游地各种旅游设施所能容纳的游人数量。旅游地日设施容量可表示为：

$$C = \sum C_i = \sum X_i Y_i \tag{9-1}$$

① Cole D N, Stankey G H. Historical Development of Limits of Acceptable Change：Conceptual Clarifications and Possible Extensions [C]. Missoula, MT, 1997.

② 寇文波，李德云，秦愿，等. 国内旅游容量研究述评 [J]. 首都师范大学学报（自然科学版），2017, 38（5）：56-61.

· 222 ·

式（9-1）中，C 为旅游地日设施容量，X_i 为某一旅游设施容量的游人数量，Y_i 为某一旅游设施的周转率。周转率是指某一旅游区每日平均接待游客的批数，可表示为：

周转率＝旅游区每日可游时间/游客在该旅游区的平均逗留时间

周转率是旅游容量测算的重要数据，不同的地域不能简单套用上述公式。

2）旅游空间容量。旅游区空间容量是指在一定时期内，旅游区的空间面积所能容纳的最大旅游人数。

$$C = \sum C_i = \sum \frac{X_i}{Y_i} Z_i \qquad (9-2)$$

式（9-2）中，C 为旅游区日空间容量，C_i 为旅游区内某一分区的日空间容量。X_i 为某一分区的旅游空间面积；Y_i 为基本空间标准，Z_i 为周转率。基本空间标准是指单位利用者所需占用的空间规模或设施量。一般通过调查方法获得。

基本空间标准＝旅游区游览面积（游道长度）/合理的游览人数

主要旅游场所的基本空间标准如表9-2所示。

表 9-2　主要旅游场所的基本空间标准

场所	基本空间标准	备注
山地风景区	40~60m²/人	泰山 40m²/人；庐山 60m²/人
中国古典园林	20m²/人	苏州古典园林
动物园	25m²/人	
植物园	300m²/人	
高尔夫球场	0.2~0.3hm²/人	9~18 洞，日利用者数 228（18）洞
滑雪场	200m²/人	滑降斜面的最大日高峰为 75%~80%
溜冰场	5m²/人	城市室内溜冰场
郊游乐园	40~50m²/人	
牧场、果园	100m²/人	葡萄园
骑自行车场	30m²/人	

资料来源：刘振礼，王兵.新编中国旅游地理［M］.天津：南开大学出版社，2007.

3）旅游生态容量。通过测算旅游者所产生的污染物、环境自净能力与人工治理污染能力，算出生态环境保持健康的最大容量。

$$C_e = \frac{\sum_1^n N_i S + \sum_1^n Q_i}{\sum_1^n P_i}$$ (9-3)

式（9-3）中，C_e 为旅游目的地生态环境容量，N_i 为旅游目的地每天对第 i 种污染物的自然净化能力，S 为旅游目的地区域面积，Q_i 为旅游目的地每天人工处理第 i 种污染物的能力，P_i 为每位游客一天产生污染物的数量。

4）旅游地社会心理容量。孔博等（2011）提出了游客和旅游地居民心理承载量测算模型：

①游客心理承载量模型。

$$PEBC1 = A \times Pa \times VDI, \quad VDI = V/R$$ (9-4)

式（9-4）中，VDI 为游客密度指数，V 为游客人数，R 为当地居民人数，A 为旅游区面积，Pa 为当地居民不产生反感的游客密度最大值。

②当地居民心理承载量模型。

$$PEBC2 = A \times Pa, \quad Pa = \sum_1^n Pai = R_i/A_i$$ (9-5)

式（9-5）中，A 为旅游区面积，Pa 为当地居民不产生反感的游客密度最大值，R_i 为第 i 个景点实际旅游人数。

案例 9-1　基于环境脆弱性评价和情景分析的洞穴旅游容量测算[①]

位于重庆市武隆区的芙蓉洞是世界自然遗产、国家 AAAAA 级旅游景区。因洞穴沉积物类型多样，堪称"洞穴沉积博物馆"，旅游价值和科研价值巨大。旅游旺季时，大量游客涌入，使洞穴环境遭到一定程度的破坏，洞穴沉积物风化严重，景观价值和科研价值大打折扣。芙蓉洞旅游要实现可持续发展，应加强洞穴监测工作，关注环境脆弱性；在科学确定旅游容量的基础上，建立旅游环境监测预警机制；不断提高洞穴管理水平，健全绿色发展监管制度；重视生态与环境问题，完善政策和法律保障。

将最大脆弱性与平均脆弱性地图与芙蓉洞的理想旅游情景进行叠加，对表9-3 中的 3 种旅游场景进行分析，看其是否符合环境脆弱性对旅游发展提出的要求。进而对加剧洞穴环境脆弱性的旅游场景进行限制或剔除，最终得到适宜的理想旅游场景。

---

① 邱丽. 基于环境脆弱性评价和情景分析的洞穴旅游容量测算——以重庆市芙蓉洞为例［D］. 西南大学硕士学位论文，2017.

表9-3　洞穴环境脆弱下的旅游情景

场景	游览活动	游览项目及容纳规模	旅游人数（日开放时间为9小时）	备注
1	现有路线	观光、中等规模	洞内平均游览时间为1小时，间隔5分钟	工作日平均每小时有四组游客到来
2	现有路线	教育旅游、中高等规模	洞内平均游览时间为1.5小时，间隔15分钟	科教活动与教育部门合作
3	原有路线	科考旅游、低等规模	洞内平均游览时间为2小时，间隔2小时	深入接触洞穴，提前预定

由洞穴专家、环境专家及芙蓉洞管理人员组成的研究小组对表9-3提出的旅游情景进行了分析和评估，讨论达成一致后，根据每组游客的规模、洞内游览时间、洞穴每天可开放时间等因素，最终确定可接受的旅游容量，如表9-4所示。

表9-4　旅游场景及与之对应的旅游容量　　　　　　单位：人次

旅游场景	预测场景		日旅游容量
	每组游客人数	每天游客量	
1	15	540	550
2	20	900	900
3	5	20	20
每天游客总量			920

二、旅游地管理规划

旅游管理规划实际上主要围绕旅游项目的协调落地来展开。旅游协调发展是一个系统工程。在该系统工程中，既有旅游产业或部门内部的协调，也有文旅部门与其他部门、旅游企业与相关企业、旅游景区与景区外在环境的协调。如果把文旅部门及企业内外子系统协调好，那么旅游管理规划就能落地。

1. 上下级协调

上下级协调主要是旅游系统内部的协调，旨在提高系统功能、完善组织体系、优化运行机制、化解运行风险。从"旅游局"到"旅发委"的调整就是优化运行机制的例证。文化部和旅游局合并以来，文旅管理体制改革面临新的课题。旅游业是复合产业，要形成统一规划、统一管理的管理体制，各级文旅部门的协调健康发展是前提。

2. 运营过程协调

大的发展方向及配套政策到位后，关键在于落实和高效推进。在管理规划中需要考虑多层关系的协调。

（1）政府与企业。双方的合作一般在旅游公共服务设施、旅游道路交通建设方面，政府出政策，企业出资。

（2）企业与企业。在旅游项目建设上，要充分利用市场公平竞争原则，寻求最佳的投资经营者，提供景区开发的多方效益。

（3）企业与社区居民。这层关系是目的地开发管理中关系协调的重点。一般来说，企业对景区的开发，要兼顾当地居民的基本生计。由此就要制定社区居民参与旅游开发的一些准入原则，以及旅游企业开发中的限制性原则，后者内容比控制性规划标准更为翔实。原则是建立参与、互动的底线，以此为基础，还应建立具体的参与机制、限制措施，以推动管理规划的务实推进。当然，要推动旅游开发企业与社区居民的友好互动，相关的政策工具以及管理措施是基本约束条件，这是双方能友好协商并取得相应成果的政策和法律保障。

3. 旅游区域协调

我国区域间旅游发展水平存在较大差异，旅游组织架构参差不齐。在国内国际双循环的大背景下，做好国内旅游发展不平衡之间的协调是首要工作。要达到均衡发展，因地制宜地实现区域资源有序化建设与共享是关键。因此，可借助"一带一路"倡议将旅游区域发展推向新的高度，从而实现中国旅游的大发展。

总之，旅游的可持续发展关键在于旅游资源的保护与旅游开发相关利益者的协调，两者都能处理好，旅游的可持续发展就不成问题，特别是以此为原则的规划设计落地的可能性将大大提高。

本章小结

本章围绕旅游规划设计实施的影响因素及其相应机制进行讨论，并引出了可持续旅游规划的内容，又从规划的两阶段展开论述，即规划要素及开发后的管理规划。

思考题

1. 旅游规划的影响因素有哪些？
2. 旅游规划影响因素的响应机制有哪些？
3. 如何评价可持续旅游规划？

案例9-2　海南热带雨林七仙岭国家森林公园旅游综合容量评价①

海南省七仙岭国家森林公园（见图9-2）位于海南省保亭县，距离县城约9千米，总面积22平方千米，最高处海拔1126米，景观资源和动植物资源十分丰富，为岛内仅有的几处保存较好的热带原始雨林。自1998年国务院和国家林业局批准其为国家森林公园以来，有关方面不断地进行旅游开发，使其具有了一定的游憩活动基础，但是由于长期过度的人为开发和落后的管理方式，园区内的原始自然景观被不同程度地破坏，游憩体验也相对较差。处理好国家森林公园内的资源，并在其最大可能承受的范围内进行合理开发是当前急需解决的问题。

图9-2　海南七仙岭国家森林公园

可接受的改变极限（Limits of Acceptable Change，LAC）是从游客环境容量概念发展而来的，可将其用于解决资源保护和旅游发展之间的矛盾。LAC理论的概念与传统旅游容量的概念不同，传统旅游容量的主要研究对象是人，认为人是影响环境的主要因素，而LAC理论的研究对象为环境，它通过研究环境可接受的极限值来对旅游容量进行系统研究。

建立LAC的框架有九个基本的步骤：①确定划选的区域及其中的关注对象

---

① 唐泓凯，许先升，陈有锦．基于LAC理论的海南热带雨林七仙岭国家森林公园旅游综合容量研究[J]．海南大学学报（自然科学版），2020，38（2）：196-206．

和重点需要解决的问题；②确定并描述旅游活动的类型；③选择相关的状况作为研究对象，并确定相应的监测指标；④针对第③条所确定的监测指标进行现状调查，并在空间上对其进行标注；⑤为每一种旅游活动类型的研究对象确定标准；⑥根据第①条和第④条获得的信息制订旅游活动类型的替选方案；⑦为每一个方案进行行动代价分析并制订管理计划；⑧对方案进行评价并选出一个最优方案；⑨实施相应的计划并且监测第③条的指标。

结合研究对象的旅游发展特征进行因子分析并向相关专家寻求意见，接着针对研究对象的现状对指标进行进一步调整，将其分为一级、二级和三级指标，最后通过实地调研来确定指标，并进行验证和调整，最终筛选出 4 个一级指标、12 个二级指标和 33 个三级指标，将它们作为七仙岭国家森林公园旅游环境容量的指标。

根据现场实际调研和相关工具软件建立评价表，公式为：

$$Cr = (Ca + Cs)/2 \tag{9-6}$$

式（9-6）中，Ca 为判断系数，取值为 $[0.4, 1]$，数值与影响程度成正比，Cs 为熟悉度系数，取值为 $[0.1, 1]$，数值与熟悉度成正比，Cr 为专家权威程度。本次受访专家各项系数为：$Ca = 0.79$，$Cs = 0.83$，得出 Cr 大于 0.7，故专家咨询的结果具有权威性。

通过现场调研及发放问卷，共发放问卷 109 份，回收有效问卷 100 份，先根据《中华人民共和国森林法》、《建立国家公园体制总体方案》、《三江源国家公园条例（试行）》、《神农架国家公园保护条例》、《国家级森林公园管理办法》、《国家森林公园设计规范》（GB/T 51046-2014）、《国家公园功能分区规范》（LY/T 2933-2018）、《武夷山国家公园条例》、《旅游规划通则》（GB/T 18971-2003）、《国家森林公园设计规范》（GB/T 51046-2014）和《风景名胜区规划规范》（GB 50298-1999）进行综合概括后，然后根据《地表水环境质量评价办法（试行）》、《生态环境质量评价技术规范》、《环境空气质量标准》（GB 3095-2012）、《地表水环境质量标准》（GB 3838-2002）、《地下水水质标准》（DZ/T 0290-2015）和《景观娱乐用水水质标准》（GB 12941-1991）等相关条例设置初步评价标准，再向专家咨询应当选取的指标，最后根据园区的现状对选取的指标向专家咨询后进行相应的调整，并用李克特量表（Likert Scale）确定评价标准。

根据地下水检测报告，未出现超标情况，地表末梢水监测符合《地表水环境质量标准》（GB 3838-2002）。园区内仅有一处景观娱乐用水，位于主入口游客中心处，水质要求达不到 C 类标准，不符合《景观娱乐用水水质标准》（GB 12941-1991）的要求。根据 2019 年 3～9 月保亭县的环境质量月报，七仙岭测量点的监测显示，AQI 指数为 14～43；PM10 月平均值为 $14\mu g/m^3$；PM2.5 月平值为 8μg/m³。有效测量天数为 214 天，所有指标均达到优级，七仙岭站点空气负离子小时浓度均值为 1685~7457 个/cm³，月小时浓度均值为 5381 个/cm³。由于大气环境的净化依靠园区内植被的自身调节能力，所以大气环境容量指标与绿化覆盖率有直接的关系。植被覆盖率公式为：植被覆盖指数=Aveg×（0.5×林地面积+0.3×草地面积+0.2×农田面积）/区域面积。式中：Aveg 为植被覆盖指数的归一化系数。植被覆盖度为 78.52%。噪声评级指标主要是在景点、园区一级游览路线（石板路）、次级游览路线（木栈道）取点测量，平均值为 28db，园区情人树处平均值为 68db，噪声指标超标，但总体感觉安静。园区内建设用地为 19270 平方米，园区总面积为 22 平方千米。

对园区内自然景观资源的完整性进行基础资料整理、实地调研和问卷调查，原始自然景观依然保持原状，面积并未减少，景观保存较为完好，且后期没有新的自然景观被开发，有瀑布一处，其水位曾经较低，但在清淤工作完成之后恢复原有水位。共有自然景点九处，人工建设景点八处，人工建设景观面积约为 600平方米，景区内人为建设的干扰非常小。

采用面积估算法来计算空间容量，以此来评价主要景点——瀑布观景台，计算公式为：

$$C_i = X_i \times Z_i Ca（人），\ C = \min C_i \tag{9-7}$$

式（9-7）中，X_i 为景点游览空间总面积，Z_i 为景点的日周转率。日周转率的公式为：

$$Z_i =（T + T_{io} + T_o）/T_{io},\ Z = \min Z_i \tag{9-8}$$

式（9-8）中，T 为景点日开放时间，T_o 为景点平均游玩时间，T_{io} 为第 i 个景点的平均游玩时间，得出 $Z=20$，$C=320$。选取所有游客必去的天潭瀑布景点作为主要研究对象，空间容量指数=接待游客数量/空间容量，近五年的年平均入园人数约为 106000 人次，淡季单日入园人数约为 30 人次，旺季单日入园人数约为 400 人次，日峰值入园时间为早上 7：30~9：30，大约 80% 的游客选择在这个时间入园且在 12：30 前出园。算得年空间容量指数为 0.908；淡季日空间容量指数为 0.094；旺季日空间容量指数为 1.25；日峰值空间容量指数为 2.014。

第十章 旅游强国战略规划

本章从全球尺度审视国家旅游发展战略规划以及旅游强国战略，探寻我国旅游强国战略规划的可能路径。若脱离国际社会大背景，评价旅游强国并无实质意义。只有放在全球格局中，才能找到自己的位置，科学调整未来行进的方向。中国旅游强国战略是世界旅游事业发展的重要组成部分。国家在推进旅游战略规划时，应将旅游相关联合声明或协议约束统筹进来。

第一节 旅游强国发展路线图

在进行全球旅游目的地发展实力排序时，世界旅游组织主要采用接待入境旅游者数量、国际旅游收入两大总量性指标。实际上，旅游发展实力评价指标还应包括旅游资源的全球影响力、旅游企业的绩效或产值排名、旅游教育以及旅游科研等方面的表现。当然，对旅游强国的评价或认定有不同的方法和标准，指标遴选、组合的不同，其结果往往有差别。一般来说，世界旅游强国的认定与一个国家的整体社会经济发展水平有高度的相关性。旅游强国是国家旅游发展相关要素综合作用的结果，反映了国家旅游发展的综合实力，这种实力是由多种因素构成的[①]。

对旅游强国的影响也有全球普遍因素，比如新冠疫情，以 T20（旅游 20 强）为例，均受其影响。2020 年 T20 国家国内旅游总收入和国际旅游总收入占全球比重均呈下降趋势，其中国内旅游占比 74.7%，比 2019 年下降 4.8 个百分点，国际旅游占比 53.2%，比 2019 年下降 8.7 个百分点。2021 年，T20 国家国内旅

---

① 张凌云，乔向杰，黄晓波．世界旅游强国的科学内涵与评价体系构建研究［M］．北京：旅游教育出版社，2020．

游总收入占比预计继续下降至 72.3%。

总体来看，2020 年 T20 国家旅游总收入受到不同程度的影响。然而，报告显示 2021 年半数 T20 国家旅游经济将恢复至 2019 年八成以上。根据 2020 年国家旅游总收入降幅水平与 2021 年国家旅游总收入恢复到 2019 年水平的情况，T20 国家可大致分为以下几类：①2020 年国家旅游总收入降幅小于 50%，且 2021 年国家旅游总收入复苏到 2019 年 80% 以上，包括十个国家，即德国、瑞士、奥地利、土耳其、法国、加拿大、意大利、英国、中国、墨西哥；②2020 年国家旅游总收入降幅大于 50%，但是 2021 年国家旅游总收入复苏超过 80%，包括西班牙和日本两个国家；③2020 年国家旅游总收入降幅大于 50%，且 2021 年国家旅游总收入复苏小于 80%，包括美国、巴西、印度、韩国、俄罗斯、泰国六个国家；④2020 年国家旅游总收入降幅小于 50%，且 2021 年国家旅游总收入复苏小于 80%，包括澳大利亚和菲律宾两个国家。

世界旅游强国在世界旅游产业的发展中最有代表性，是其他国家旅游发展的主要参考。世界旅游强国主导世界旅游发展的潮流，也是世界旅游能否健康发展的晴雨表。当然，关于世界旅游强国的界定及评价有不同的标准，相应也有一些排名。旅游强国排名次序在近 20 年的变化，一定程度上反映了世界旅游发展格局的变动。接下来，以近十年排名较为稳定的旅游强国为例来阐释其成功之道，主要从旅游战略规划视角来梳理。

一、美国——依托现代服务业的旅游强国之路

美国作为世界旅游强国，其旅游收入已多年稳居世界第一，2016 年美国入境旅游收入达 2060 亿美元。究其原因，美国在联邦和州层面上都非常重视旅游景区规划，制定了可持续发展的旅游规划。其规划充分考虑了供给与需求、市场与可达性、住宿价格、基础设施、季节因素以及社区对旅游的支持等因素。美国的旅游地规划比较重视旅游地民众的意见，体现了公众的意见和建议，并认为只有当地人的经济状况得到改善，才能真正实现旅游的可持续发展。

美国的规划体系和统计口径也比较合理。美国国家公园的规划设计由国家公园管理局下设的丹佛规划设计中心全权负责，独家规划设计。另外，美国很多重要的景区规划设计、监理都由该中心负责，以确保规划的整体质量。事前监督与事后执行相呼应，使得规划设计更科学、合理①。

2012 年，由商务部、内政部牵头，国务院、财政部、农业部、劳动部、交

---

① 世界四大旅游强国的旅游创新发展模式 [EB/OL]. （2016-05-24）. https: //www.sohn.com/a/76804210_116897.

通部、国土安全部、总统办公室、美国进出口银行、小企业管理局等参加，共同制定了《全国旅行和旅游发展战略》。该战略列出了主要行动：积极营销美国、便利与改善到美国或美国国内的旅行与旅游条件，提升世界级顾客服务和旅游者体验，促进政府间的协调，开展研究与结果评估。为实施该战略，联邦政府专门成立了旅游政策委员会，由商务部部长担任委员会主任，成立四个由不同部门负责人担任主席的工作组，每个小组制订行动计划。

二、法国——文旅融合的旅游强国路径

法国在接待入境旅游者数量上长期雄踞世界首位。法国的文化资源比较有竞争力，文化是法国旅游发展的核心支撑，旅游是展示法国文化的重要载体。法国文化与旅游发展相互促进，通过发展文创产业、举办博览会、提供良好的交通设施与旅游服务基础设施等，促进文化与旅游的共振，构筑以文化为核心的旅游强国模式。

法国重视旅游规划工作，并且颁布了多项文化旅游发展的政策、法律予以保证。例如，2009年，法国文化部与负责旅游发展的国务秘书共同签署了《文化和旅游框架协议》，该协议进一步强化了文化对于旅游发展的重要作用，明确了文化旅游在法国旅游业的特殊地位。协议优先通过文化遗产的旅游开发来促进"法兰西名胜"的发展，促进具有文化内涵和创意的旅游产品的供给。

法国在2008年推出了一项新的旅游计划，题为"2020年目的地法国"。法国经济、财政与就业部发表公报说，法国政府将委托美国波士顿咨询集团对未来15年的旅游需求进行战略分析。其优先事项如下：提高接待能力，吸引新兴国家的新国际游客；使所有法国地区都能进入；使旅游系统现代化，以应对不断变化的期望；法国品牌的推广和沟通，新的、单一的、共享的品牌在不同地区的使用，在全世界宣传法国的单一形象。

在民俗与旅游融合方面，法国有其独特的切入点，在商业发展中找到了游客的需求和民俗的保护与发扬的巧妙平衡点。民俗与旅游通过体验、展示、参与互相结合起来。法国现存的民俗与旅游的融合兼顾其他的主题，如美食、美酒、旅行、住宿、出行等有机结合起来，并不作为一个单独的旅游项目，而是让游客在旅行中自然而然地体会到这些与生活息息相关的民俗。对于随着时代发展逐步消亡的民俗，则多会通过博物馆、民俗表演与主题文化活动等方式，将其舞台化、戏剧化，并尽可能真实、生动、直观地向游客展现。由于民俗是随着人们的生活方式不断变化而发展变化的，旅游机构在旅游开发中区别对待处于不同历史阶段的民俗，这一方面能保证游客体验到原汁原味的民风民俗，另一方面也保护了一

些已经消失或者行将消失的传统民俗①。

三、日本——融入国家战略的旅游强国路径

丰富的自然与文化资源是日本旅游发展的重要支撑，信息通信技术设备、发展旅游的优先次序和国际开放程度是日本成为旅游强国的核心动力。日本将旅游纳入国家发展战略，为旅游发展营造了良好的国内外环境，制定、实施旅游发展政策，以确保旅游业的长远发展，从而构筑了旅游作为国家战略体系中核心要素的旅游强国发展模式。

旅游作为国家战略性产业，国家在体制机制、经费投入等方面给予支持，从而推进产业结构调整，转变经济发展方式，切实有力地推进了观光立国战略的落实。日本观光立国战略分为对内战略和对外战略。对内战略的主要内容包括体制机制的构建、会展产品的开发、国内旅游促进与服务提升等。对外战略的主要内容包括对外推广与签证放宽等。

日本实施观光立国，让世界各国尤其是亚洲近邻国家旅游者访日旅游，以达到"立"日本国家形象的目的。日本通过观光立国战略、美化国土战略等，发展国内、国际旅游，使日本国民在旅游的过程中对自己的家乡产生自豪感，日本国民尤其年轻人在与世界各国游客的交流接触中，还能开阔视野，改变"大国抱负、小国心态"的国民性格，从而以积极进取的态度学习、生活、工作，达到观光立国、"立"日本国民之"心"的目的。

四、其他国家和地区的旅游发展战略

西班牙和意大利在入境接待人数和国际收入方面，长期排在中国之前。

1. 西班牙旅游发展路线

西班牙长期保持世界第二大入境旅游收入国的地位，其入境接待人数也排在世界前列。西班牙十分重视旅游品牌的建设，曾出台《国家旅游计划（2012-2015）》，并出台措施着力提升西班牙旅游企业及目的地竞争力，以及"西班牙品牌"的凝聚力和知名度。该计划设立了七个目标：促进旅游业和部门盈利，创造高质量就业，鼓励市场整合，提升西班牙旅游业的国际定位，提升西班牙品牌的凝聚力与知名度，鼓励公司部门共同承担责任，解决旅游季节性问题。

在德国、英国、法国、美国等基础客源市场重点打造西班牙旅游的知名度，提升各客源国市场群体对西班牙主要旅游产品的认知度，强化宣传西班牙旅游新

---

① 拓倩，李创新，蔡凤．典型发达国家入境旅游发展的经验模式：总结与启示——以西班牙、法国、德国、英国、日本为例［J］．中国旅游评论，2017（3）：115-127.

要素，不断更新旅游品牌定位。针对新兴经济体特别是中国市场，西班牙十分重视国家旅游品牌推广，提升新兴市场对西班牙旅游产品的市场认知，以求新兴市场客源群体在一想到欧洲游的时候首先就能想到西班牙。西班牙旅游推广局一度在全球布设 33 个驻外旅游办事处，包括欧洲 20 个、美洲 8 个、亚洲 5 个。依托驻外旅游推广体系，西班牙旅游推广局以旅游产品为核心，以品牌多样化为战略，以加快资源向产品转化为导向，在开拓国际旅游市场时不断丰富和拓展营销推广的方式手段。

在重点目的地开发方面，西班牙制订了 21 世纪海洋旅游计划，国家旅游秘书处发布"旅游计划 2020"，设法改变西班牙滨海旅游发展模式。政府规定海滨旅游资源全部为国家所有，使用权划给地方，由地方政府控制使用。三级政府都编制了海滨开发的控制性规划，在土地利用、分区原则、度假设施、进出通道、环境保护、会议设施、活动组合等方面做出明确规定，各类开发必须符合统一规划。

2. 意大利旅游发展路线

意大利十分重视区域整合，重点对卡拉布利亚、坎帕尼亚、西西里岛及普利亚四个区域进行了区域整合。具体通过"管理与技术援助国家运营计划（2007–2013）""文化、自然与旅游景观跨区域计划"等实现。意大利加强与其他国家和地区的旅游合作，积极参与各类国际组织是提升意大利旅游知名度和塑造意大利旅游品牌的主要经验，也是保持紧跟世界旅游发展趋势的重要举措。

3. 新加坡——构建枢纽的旅游强国路径

新加坡交通发达，是世界航运中心，国际航空客运周转量居世界第五位。新加坡加强会议旅游，为世界第六大会议中心、亚洲首位会议中心；新加坡有100 多座国际会议馆。注重降低旅游费用，争夺客源市场，同时注重开展优质服务。旅游产业推进过程中，不断发展和完善旧项目，增辟新项目。比较典型的景区有热带植物园、珊瑚馆、裕廊飞禽公园。旅游方面的法律法规健全，实施严格、科学的管理。另外，优质零售计划也是亮点。

4. 新西兰——基于乡村旅游发展的旅游强国路径

新西兰坚持将旅游业和优势产业农牧业整合的发展战略，将旅游业作为新西兰经济发展的重要支柱产业，并以开放的心态向世人推广新西兰旅游，以旅游先发展的思路以及良好的安全保障、商业环境来促进旅游业发展，以完善的航空运输基础设施来提高新西兰的可达性。同时，依托于乡村和旅游业的融合发展，打造百分之百纯净新西兰，体现最原生态的自然环境、最和谐的人地关系，进一步提升农牧业发展的质量与效益，也使农牧业旅游成为新西兰最具特色的品牌。

总之，旅游业将加速打破第二次世界大战后形成的以欧美为核心的区域产业格局，新兴国家将成为驱动旅游业增长的核心力量，不同国家在国际新经贸关系中的位置、在旅游业大规模技术应用中的位置、产业管制与创新的能力，以及旅游业和气候经济的相融程度，将决定其在世界旅游业网络中的新坐标。

五、旅游强国战略的健康监测

既然旅游强国是区域旅游发展能力的比较，那么有必要建立一个比较平台。显然，世界旅游组织是这个比较平台的组织者、协调者。在诸多比较指标里，健康指数或者可持续发展力是重要指标。当前，以世界遗产地发展的监测为例，中国文化遗产研究院建立了中国世界文化遗产监测预警总平台，并定期发布监测报告，为监测地的健康管理提供参考。

世界旅游组织成员之间的旅游发展存在不平衡现象，成员之间旅游的发展阶段也存在差异。旅游业处在中等水平的，可前后参照，给下一个赶超目标的实现提供参考。当然，旅游目的地的发展因其旅游资源的独一无二，在选择发展模式时往往具有自主性，这方面不可强求统一，更不能以亩产论英雄，即通过常规的接待人数、消费能力来评价产业的竞争力。应该说，适合本国旅游发展的路径才是合理的选择，也将是旅游强国的重要组成部分或主要推动力。

案例 10-1 多层级规划的阿尔卑斯地区
三国滑雪旅游产业发展模式①

阿尔卑斯山脉分布在欧洲 8 个国家的部分地区。以阿尔卑斯山脉高山滑雪为代表的阿尔卑斯地区是欧洲山区旅游业发展最为成功的地区。无疑，旅游规划在其中起了重要作用，代表性国家有三个，即法国、意大利、瑞士。

在政府层面，法国制定"冰雪规划"，开发山区资源，助推山区人民脱贫。例如，采取国家、地方政府、银行联合扶持的办法，解决滑雪基地建设的投资问题。在企业层面，通过专门机构来协调各大滑雪场的关系，并由政府出面进行招商，促使一家比较大的公司出面收购其他雪场，统一开发、运营。在营销层面，费用七成由国家拨付，其他三成由公司承担。

瑞士通过成立瑞士滑雪协会，与旅游局一起规范滑雪度假区，加强对滑雪场的总体规划与管理，进行合理规划开发，并推出多项管理认证，形成一套完善的体系。意大利通过成立多乐美地超级滑雪集团，吸引当地社区和股东参与，以索道和雪道系统将区域内各村庄与多乐美地峡谷连接起来。对内鼓励独立公司之间的良性竞争，对外以集团优势与法国、瑞士、奥地利等国进行滑雪旅游国际竞争，从而实现了区域内滑雪旅游产业的良性发展和旅游企业间的共同进步。

---

① 张凌云，王静，张雅坤. 世界著名旅游目的地开发与管理［M］. 北京：旅游教育出版社，2015.

阿尔卑斯地区之所以能够成为世界著名度假地，除了自身自然条件优越，各个国家支持该山区旅游业发展之外，也有国际跨国合作的原因。此处的跨国合作组织有官方的，也有非政府力量。官方层面主要表现在欧盟政策的转向上，即从保护补偿到多元发展引导。非政府的国际组织主要通过国家公约的形式对整个山区的可持续发展、环保问题予以关注，各种跨国工作团队和条款对涉及多国利益的具体问题进行协调，如《阿尔卑斯公约》。

第二节　中国旅游强国战略

改革开放 40 多年来，中国旅游业经历了起步、发展、壮大的历史过程，也走完了西方旅游发达国家 180 多年的路程。其中，前半程是从旅游弱国到亚洲旅游大国，再到世界旅游大国。旅游大国多是从规模上来说的，即旅游规模达到世界较高水平。旅游大国的规模通常体现在旅游资源数量、入境旅游人数、旅游外汇收入、国内旅游人数、国内旅游收入、出境旅游人数、出境旅游花费等。我国既是旅游资源大国，也是世界旅游出境大国和旅游接待大国。旅游大国是旅游强国发展建设的基础和支撑。

一、中国旅游强国的评价基础

我国旅游强国基础要素有基础建设、经济发展环境、成长阶段。应该说，我国旅游基础建设已具备一定的基本条件，经济发展环境间接支持了旅游业的发展。当前我国旅游发展正值爬坡过坎阶段，强旅之路还需进一步推进。我们现在的矛盾是广大人民日益增长的旅游需求和旅游供给不足的矛盾，比如，当前中国的酒店业供过于求，中国的景区数量基本能满足旅游者体验需求。另外，我们现在存在结构性短缺的问题，既包括区域性，也包括普遍性的短缺[①]。

有研究者认为旅游要强第一是强地方，第二是强企业，第三是强市场，第四是强文化。旅游竞争是市场之争、资源之争，更是品质之争。中国旅游要真正在世界旅游舞台上唱响中国声音，切实增强国际话语权和规则制定权，彰显中国旅游国际竞争力，一定要致力于发展优质旅游，做强中国旅游品牌质量。在服务第二个百年奋斗目标的进程中，旅游业的发展质量直接关系到其作为综合产业、战

---

① 魏小安，中国旅游强国正当时［EB/OL］.（2020-08-03）. https：//travel. cnr. cn/list/20200803/ t20200803_525191579. shtml.

略性支柱产业、幸福产业在国家现代经济建设中的作用体现，直接关系到人民美好生活的幸福感与获得感。

总体评估中国旅游发展，大而不强，有待转型。当前，中国应该是亚太板块旅游发展的核心国、新兴经济体中的领头羊①。成为世界旅游强国的标志主要有：国际旅游接待人数和创汇水平名列世界前茅，国内旅游的人次、出游率和消费居世界先进行列，出境旅游的规模居世界前列，旅游经济总量在国民经济中的比重接近世界平均水平，培育一批享誉世界的旅游名品、精品、绝品，拥有一批具有国际竞争力的骨干旅游企业集团，造就一支宏大的高素质产业队伍，建立现代科技教育支撑体系，形成与国际接轨的旅游经营管理机制，建立经济效益、社会效益和环境效益相互促进的旅游可持续发展体系。

二、中国旅游强国的规划与行动

那么，旅游强国需要规划吗？答案当然是肯定的。这个不需要别人认可，可以将当下和未来进行对比，制定发展规划。事实上，中国旅游业在之前已经制定过旅游强国"三步走"战略，即第一步，从粗放型旅游大国发展成为比较集约型旅游大国（2015~2020 年）；第二步，从比较集约型旅游大国发展成为较高集约型旅游大国（2021~2030 年）；第三步，从较高集约型旅游大国发展成为高度集约型的世界旅游强国（2031~2040 年）。当前，社会主义现代化强国建设达成期限已提至 2035 年，那么我国旅游强国战略目标的实现也应随之跟进。

以中国为主导的旅游研究非政府组织团体是中国旅游走向世界旅游强国的重要监测窗口，也是评价中国旅游世界地位的主要晴雨表。世界旅游联盟（WTA）是全球性、综合性、非政府、非营利性国际旅游组织，联盟总部和秘书处设在中国杭州，截至 2017 年 9 月 12 日，共有 89 个会员，来自中国、美国、法国、德国、日本、澳大利亚、马来西亚、巴西等 29 个国家和地区。

世界旅游城市联合会（WTCF）是世界上第一个以城市为主体的全球性旅游组织，始终秉承"旅游让城市生活更美好"的宗旨，积极促进旅游城市之间的合作与交流，全面提升旅游城市的竞争力和影响力，持续推动世界旅游经济的发展。世界旅游城市联合会由北京发起成立，联合会官方语言为中文和英文。2012 年成立以来，联合会会员数量已从最初的 58 个发展至当前的 237 个，覆盖全球 83 个国家和地区，其中城市会员 159 个、机构会员 78 个，6 个分会会员总计 288 个。联合会主持研究并发布了系列研究成果，为全球旅游业提供

---

① 金准，宋瑞，王莹. 世界旅游产业新格局与中国旅游强国之路［M］. 北京：经济管理出版社，2021.

智力支持。2021 年颁布了《世界旅游城市未来发展议程（2021-2030）》。

一般来说，旅游强国应有的国际影响力包括国际旅游发展事务中的话语权、规则制定权、协调国际事务中扮演的角色、旅游学术影响力、旅游发展对国际社会的贡献等。除了加强旅游非官方组织的建设之外，我国还应借助丝绸之路经济带和 21 世纪海上丝绸之路旅游合作发展战略规划机会，与相关国家共同制定合作协议，当我国把大多数国家旅游发展的强项都落实到位后，那旅游强国的确认就只是时间问题了。

我国旅游业一度受新冠疫情影响，贡献不如以往了，在 GDP 中的占比以及拉动就业、消费方面都在下降，入境市场更是受到较大的冲击。基于这样的发展大势，中国旅游发展路线也在调整，除了继续学习旅游发达国家的好做法之外，还提出了"中国式现代化"之路，这也是旅游业未来发展的指导思想。新的旅游规划应全面体现这个发展路径。在这个大背景下，中国旅游市场应该逐渐放开，以"旅游泡泡"的形式有限开放。同时，规划应坚持国内国际双循环，以国内市场为主。因此，我们的旅游规划在修订时就应考虑到原来出境市场的内部消化带来的新需求，那么，之前旅游发展中的短板现在正是补齐之时，如基础设施的更新与旅游软环境的营造。

近年来，数字技术对旅游业的影响逐渐增大，如门票预约、线上旅游、全程管控、闭环管理等，而且正走向深入和智能化。因此，制定旅游规划时，数字旅游专项就变得十分重要，而且应该成为必要内容。旅游规划的方向应随之转型，比如可围绕城市更新、乡村振兴主题做专项规划。原来的发展规划充满不确定性，但本地人游本地、城郊旅游、乡村旅游却是旅游主要的消费主题。这是中国旅游发展的特色及趋势，应长期坚持。此时，文旅融合加速，文化类场馆的虚拟旅游体验成为热点，数字旅游解说系统规划需求量将会大增。

总之，我国旅游强国目标的最终实现，不仅要靠总量来保证，还要靠世界知名旅游目的地整体实力的提升来推动。旅游强国规划的实现关键在地方，地方的推动关键在重要目的地的发展，重要目的地的发展关键在特色和可持续。

第三节　旅游强国战略规划

"战略"一词源于军事领域，后发展成战略学。战略学是研究带全局性的军事斗争指导规律的学科。后来，"战略"一词被引申至政治、社会、经济领域，泛指具有统领性、全局性的谋略、对策。全球旅游的发展经常受到机遇、威胁、竞争等外部环境的影响，也有自身发展的局限性。具体到每个国家，在外部环境和自身资源、技术、能力的约束下，如何实现旅游强国梦想，是需要认真谋划的。

旅游战略规划类似于总体发展规划，但两者又有区别。一般来说，总体规划在文本前面有对该区域发展战略的交待，但多是静态的，而战略规划多是动态的，以未来不确定性为导向。旅游战略规划一般是长时段的规划，而总体发展规划的时限则可长可短，比较灵活。旅游战略规划是一种强调协作的管理工具，可以用来确定一个目的地的愿景、使命宣言、目标、战略和策略，和其他规划一样，将利益相关者的关注、有效的管理、有效的开发、创新性营销及社区的利益整合起来。有研究者认为旅游战略规划的步骤应该是总目标、详细目标、战略和战术。战略规划的分析工具主要有 SWOT、SMART、情景分析法、头脑风暴法等①。

世界旅游城市联合会（WTCF）发布的历年《世界旅游经济趋势报告》，是世界旅游城市联合会针对世界旅游经济发展的动态趋势进行预测研究形成的专项报告。《世界旅游经济趋势报告（2021）》指出，2020 年全球旅游总人次（含国内旅游人次和国际旅游人次）降至 72.78 亿，同比下降 40.8%；2020 年全球旅游总收入下降至 2.92 万亿美元，相当于全球 GDP 的比例锐减至 3.6%，为第二次世界大战以来的最低水平。

新冠疫情对我国旅游强国战略的推进造成了一定的影响。但借用疫情，旅游业也可以补一些短板，不仅仅是具体的旅游设施、旅游交通等，还应有战略上的把握，比如深入推进旅游数字化，尤其是旅游服务的数字化、智能化，提高旅游消费的便捷化，提升旅游体验环境。这是个长期的过程，全面推进有难度，应先从 AAAA 级以上景区开始推进。当然，有条件的全域旅游示范区、优秀旅游城市也应该积极推进。这也是对国家发展数字经济和人工智能的积极响应。以上发力方向是旅游大国走向旅游强国的必选项，充分利用已处于世界领先的科技来推动旅游业的发展，无疑能对旅游强国的实现助一臂之力。

同时，继续推进文旅融合，擦亮中国旅游品牌。综观当今的旅游强国，都十分重视旅游文化品牌的建设，而且旅游强国的文化品牌具有相通性，自然受众较多。我国有丰富的高级别景区②，要获得超出评委及文件规定之外的大众旅游者的认可，还需要在旅游文化方面进行深挖，特别是对代表亚洲文化的儒家文化圈

---

① ［美］戴维·L. 埃杰尔，贾森·R. 斯旺森. 旅游政策与规划：昨天今天与明天（第二版）［M］. 谢彦君，孙佼佼，郭英，译. 北京：商务印书馆，2017.

② 吴殿廷，郭来喜，刘锋. 世界旅游强国建设：国际经验与中国方略［J］. 中国生态旅游，2022，12（4）：533-549.

进行挖掘与整合。同时，要与周边旅游大国或强国多交流、真联合，做大亚洲旅游特别是东亚旅游的"蛋糕"。

总之，我们对旅游强国战略的认识是不断发展的，由此旅游强国的指标也是动态变化的，现有旅游强国名次也是不断变化的，只要我们坚持旅游大国基础，在旅游发展的关键指标上取得阶段性突破，离旅游强国目标就不会很远。

一、战略规划思路

旅游业的发展有许多不确定性的外在因素，这些因素会影响政策的顺利实施，所以需要一种超级工具来预先化解这种常态化的被动局面。这样的超级工具就是战略思路，一般需要一个长时段的支持，且不能面面俱到；每一项内容之间均有联系，且呈前后相承的关系。有了这样一个大致的战略轮廓，还需要更为先进的技术来支持，推动宏观战略在微观层面的落地。

战略思路具有整体性和层次性。旅游强国战略规划要充分评估旅游业的系统性，并将其放在国家层面。对于幅员辽阔、人口众多的国家来说，要整体把握该国旅游系统是比较难的。正因为难，宏观的战略思维就显得非常重要。旅游发展战略一旦确定，铆足干劲、长期坚持就是了。一个国家的旅游业发展是有层次的，既有的强项一般处于高级别的层次，需要拓展的强项还处于发展阶段。既然是战略规划，每一个发展支持项就不能平均用力，而应有所区别。一般来说，战略规划应稳固强项、增强辐射、带动周边，同时拓展新的强项，培育潜力增长点，补齐短板。

二、战略规划目标

有了战略思路的大致框架，旅游规划还不具体，仅仅停留在系统思维层面。具体的目标需要在未来发展里逐渐实现，这就是年度目标。年度目标需要重点项目的支撑，重点项目就是具体的详细修建性项目，因此，一个清晰的旅游战略目标需要旅游项目或旅游产品来实现。这个目标是多元的，但从区域产业竞争角度来看，也不能全面开花、四面出击，依然需要突出重点目标。例如，多数旅游目的地的战略目标不外乎客源市场、旅游收入、旅游安全等方面。旅游业在"一带一路"倡议中，主要促进"民相亲"的目标。

战略目标是战略行动所要达到的预期结果，是制定和实施战略的出发点和归宿。战略目标一般根据区域旅游目的地发展形势和利益诉求来确定。不同利益诉求对应的战略目标往往不一样。战略目标的制定不能好高骛远，要与国家战略目标和国力相适应，符合国家路线、方针、政策，同时又有建设规模、发展方向及重点项目的支撑。

三、战略规划举措

战略举措是战略思路和战略目标的进一步细化，战略举措直面当前目的地发展的重要问题。战略举措是实现战略目标的重要保障，是战略决策机构根据战略需要，采取的各种全局性的、切实可行的方法和步骤。巴厘岛是印度尼西亚著名旅游胜地，旅游业产值占印度尼西亚的 1/4，一度因安保问题、交通问题、潜在火山喷发风险而受到影响。但当地非常重视旅游发展战略，引进先进管理理念，提高管理效能；重视保护岛屿的自然和人文旅游资源，重视旅游产品的多元化和地方化；在基础设施建设方面突出特色海岛环境优势；重视教育，提高从业人员服务质量①。

总之，旅游战略规划是一项充满实践性且汇集了各种创意的方法。通过适合的方法，精心规划、检验和评估来延伸多种资源。该方法通过内置的绩效评价指标来与竞争对手的战略进行对标。旅游战略规划以旅游目的地的优势为出发点，试图提出一个一以贯之的战略，既不忘过去，又展望未来，以提升旅游给组织和社区带来的积极效应。

案例10-2　"一带一路"倡议与文化和旅游发展②

2021 年 7 月，文化和旅游部正式印发《"十四五""一带一路"文化和旅游发展行动计划》（以下简称《行动计划》）。《行动计划》对"十四五""一带一路"文化和旅游交流与合作工作进行总体设计和任务谋划，部署了三大任务、十二个专栏，成为未来五年推进"一带一路"文化和旅游工作高质量发展的纲要指南。

《行动计划》坚持以习近平新时代中国特色社会主义思想为指导，深刻认识新矛盾、新挑战，准确把握新发展阶段，深入贯彻新发展理念，加快构建新发展格局，以推动高质量发展为主题，以绘制"工笔画"为主线，以推动构建人类命运共同体为目标，坚持共商共建共享，统筹发展和安全，深入开展文化和旅游领域更大范围、更宽领域、更深层次的务实合作，进一步夯实"一带一路"建设的民意基础。

《行动计划》提出，"十四五"要坚持统筹协调，全局谋划；开放包容，互学互鉴；融合创新，质量引领；优势互补，合作共赢等五大原则，聚焦健全合作

① 张凌云，王静，张雅坤. 世界著名旅游目的地开发与管理［M］. 北京：旅游教育出版社，2015.

② 资料来源：https：//www.mct.gov.cn/whzx/whyw/202107/t20210719_926507.htm? eqid = 9ec6dff00000151e00000003646c6cf7）；https：//baijiahao.baidu.com/s? id =1628708999741209284&wfr=spider&for=pc。

机制和交流平台，全面提升品牌建设水平；推动"一带一路"文化和旅游发展，构建全方位发展新格局；推动区域协同发展，实现对外交流上台阶等三大重点任务。国内政策支撑体系和国际协调机制建设水平不断提高，讲好中国故事的品牌活动影响力不断攀升，与共建"一带一路"国家合作的广度和深度不断拓展，共建"一带一路"文化和旅游高质量发展取得成效。

为进一步细化任务书、路线图，增强《行动计划》的针对性和可操作性，《行动计划》设置了十二个专栏，具体包括："一带一路"文化和旅游交流合作务实推进计划、"一带一路"文化和旅游交流合作平台巩固计划、"一带一路"文化和旅游交流合作品牌提升计划、"一带一路"文化和旅游丝路艺术精品创作行动、"一带一路"文物国际合作计划、"一带一路"公共文化服务提升计划、"一带一路"文化产业和旅游产业促进行动、"一带一路"旅游体系建设提升计划、"一带一路"文化和旅游科技成果推广计划、"一带一路"非遗合作计划、"一带一路"市场监管合作计划、"一带一路"区域发展重点推出计划。同时，从坚持党的领导、加强组织领导、抓好队伍建设、保障资金投入、加强风险防范、强化落地执行等方面，提出了实施保障措施，为各项目标任务落到实处提供有力支撑。

近年来，赴意旅游的中国游客规模不断增长，意大利已成为较受中国游客欢迎的欧洲国家之一。据意方统计，2017年赴意中国游客达150万人次。中国游客在意大利的消费越来越多元化，自由行、高端私人定制游日益受到青睐。两国间航班频次和运送旅客数量直线上升，为中意间的交流架起了空中走廊。

为进一步吸引中国游客赴意旅游，意大利政府推出了《2017-2022国家旅游战略规划》，鼓励地方政府挖掘自身旅游资源，开发更具特色和更适应中国游客消费习惯的旅游路线和旅游文化活动。

与此同时，更加开放和现代化的中国对意大利游客的吸引力也与日俱增。从事对华旅游业务多年的华亚旅行社总经理劳拉·格拉西在接受新华社记者采访时说，囊括了北京、西安、兰州、敦煌等地的"丝绸之路"旅游线路，是来华意大利游客钟情的经典线路之一。

劳拉·格拉西介绍说，近年来，随着中国经济社会的飞速发展和旅游配套设施的完善，越来越多的意大利年轻人爱上到中国旅行，其中喜爱中国历史或者有一定中文基础的青少年成为赴华旅游的新生力量。

2017年中国和意大利签署了关于加强经贸、文化和科技合作的行动计划。加强旅游合作是其中的重要内容。双方强调，进一步扩大双向游客往来，对促进经济增长、加强人民相互了解和加深传统友谊具有重要意义。

文明因互鉴而丰富，经贸因往来而互利。因丝绸之路而紧密相连的中意两国在"一带一路"框架下有望携手书写更多动人故事，旅游合作前景也将更为广阔。

本章小结

本章从世界主要旅游强国发展路径入手，探讨了中国由旅游大国向旅游强国发展的路径，特别是从战略规划视角分析了中国旅游强国的必由之路。

思考题

1. 世界旅游强国的发展经验对我国有什么启示？
2. 中国旅游强国路径应如何选？
3. 旅游战略规划的要点有哪些？

参考文献

［1］ Angelevska-Najdeska K, Rakicevik G. Planning of Sustainable Tourism Development ［J］. Procedia-Social and Behavioral Sciences, 2012, 44: 210-220.

［2］ Arbolino R, Boffardi R, De Simone L, et al. Multi-objective Optimization Technique: A Novel Approach in Tourism Sustainability Planning ［J］. Journal of Environmental Management, 2021, 285 (4): 112016.

［3］ Butler, R. W. The Concept of a Tourist Area Cycle of Evolution: Implications for Management of Resources ［J］. Canadian Geographer, 1980: 24 (1): 5-12.

［4］ Del Chiappa G, Atzeni M, Ghasemi V. Community-based Collaborative Tourism Planning in Islands: A Cluster Analysis in the Context of Costa Smeralda ［J］. Journal of Destination Marketing and Management, 2018, 8: 41-48.

［5］ Dredge D, Jamal T. Progress in Tourism Planning and Policy: A Post-structural Perspective on Knowledge Production ［J］. Tourism Management, 2015, 51: 285-297.

［6］ Eagles. Sustainable Tourism in Protected Areas: Guidelines for Planning and Management ［M］. Cambridge: Thanet Press, 2002.

［7］ Eshliki S A, Kaboudi M. Community Perception of Tourism Impacts and Their Participation in Tourism Planning: A Case Study of Ramsar, Iran ［J］. Procedia-Social and Behavioral Sciences, 2012, 36: 333-341.

［8］ Gunn C A. Tourism Planning ［M］. New York: Taylor & Francis, 1988.

［9］ Inskeep E. Tourism Planning: An Integrated and Sustainable Development Approach ［M］. New York: Van Nastrand Reinhold, 1991.

［10］ Kantola S, Uusitalo M, Nivala V, et al. Tourism Resort Users' Participation in Planning: Testing the Public Participation Geographic Information System Method in Levi, Finnish Lapland ［J］. Tourism Management Perspectives, 2018, 27: 22-32.

［11］ Leiper N. The Framework of Tourism: Towards a Definition of Tourism,

Tourist, and the Tourist Industry〔J〕. Annals of Tourism Research, 1979, 6（4）: 390-406.

〔12〕Maguigad V M. Tourism Planning in Archipelagic Philippines: A Case Review〔J〕. Tourism Management Perspectives, 2013, 7: 25-33.

〔13〕Rahmafitria, F. Pearce P L, Oktadiana H, et al. Tourism Planning and Planning Theory: Historical Roots and Contemporary Alignment〔J〕. Tourism Management Perspectives, 2020, 35（2）: 100703.

〔14〕Spencer D M. Facilitating Public Participation in Tourism Planning on American Indian Reservations: A Case Study Involving the Nominal Group Technique〔J〕. Tourism Management, 2010, 31（5）: 684-690.

〔15〕Séraphin H, Gowreesunkar V, Roselé-Chim P, et al. Tourism Planning and Innovation: The Caribbean under the Spotlight〔J〕. Journal of Destination Marketing and Management, 2018, 9: 384-388.

〔16〕Wan Y K P. A Comparison of the Governance of Tourism Planning in the Two Special Administrative Regions（SARs）of China-Hong Kong and Macao〔J〕. Tourism Management, 2013, 36: 164-177.

〔17〕WTO. International Tourism: A Global Perspective〔M〕. Madrid: WTO, 1997.

〔18〕〔美〕爱德华·因斯克谱. 旅游规划: 一种综合性的可持续的开发方法〔M〕. 张凌云, 译. 北京: 旅游教育出版社, 2004.

〔19〕Frank F Sabouri, 李吉来, 沈致柔. 快速城镇化进程中的生态旅游规划与设计〔J〕. 旅游学刊, 2013, 28（9）: 11-12.

〔20〕蔡万坤. 旅游战略规划研究中的几个理论问题〔J〕. 旅游学刊, 1987（2）: 13-17, 6.

〔21〕蔡子安. 浅谈抓好研究生教材建设〔J〕. 学位与研究生教育, 1991（4）: 44-46.

〔22〕陈琴, 张述林, 等. 旅游景观规划设计研究〔M〕. 北京: 科学出版社, 2014.

〔23〕陈腾, 杨开忠. 区域旅游战略规划研究〔J〕. 科技进步与对策, 2003, 20（17）: 84-86.

〔24〕〔美〕戴维·L. 埃杰尔, 贾森·R. 斯旺森. 旅游政策与规划: 昨天、今天与明天（第二版）〔M〕. 谢彦君, 孙佼佼, 郭英, 译. 北京: 商务印书馆, 2017.

〔25〕董莉莉, 温泉. 风景园林遗产保护与利用〔M〕. 北京: 中国农业大学

出版社，2017.

[26] 范业正．区域旅游规划与产品开发研究［D］．中国科学院地理科学与资源研究所博士学位论文，1998.

[27] 方家，吴承照．基于游憩理论的城市开放空间规划研究［M］．上海：同济大学出版社，2017.

[28] 国家旅游局人事劳动教育司．旅游规划原理［M］．北京：旅游教育出版社，1999.

[29] 黄细嘉，许庆勇．红色旅游产业发展若干重要问题研究［M］．北京：人民出版社，2018.

[30] 黄震方，黄睿，侯国林．新文科背景下旅游管理类专业本科课程改革与"金课"建设［J］．旅游学刊，2020，35（10）：83-95.

[31] 金准，宋瑞，王莹．世界旅游产业新格局与中国旅游强国之路［M］．北京：经济管理出版社，2021.

[32] 康勇卫．建筑遗迹类旅游资源研究——以江西省为例［M］．武汉：华中科技大学出版社，2021.

[33] 孔博，陶和平，刘邵权，等．西南贫困山区旅游环境容量测算——以贵州省六盘水市为例［J］．中国人口·资源与环境，2011，21（S1）：220-223.

[34] 黎兴强．协同性旅游规划——构筑职·住·游协同发展的旅游综合体［M］．北京：人民出版社，2016.

[35] 李季．新农村建设与田园综合体规划［M］．北京：中国建筑工业出版社，2019.

[36] 李铭辉，郭建兴．观光游憩资源规划［M］．中国台北：扬智文化事业公司，2015.

[37] 李文，吴妍．风景区规划［M］．北京：中国林业出版社，2018.

[38] 李云鹏．智慧旅游规划与行业实践［M］．北京：旅游教育出版社，2014.

[39] 梁增贤．主题公园开发与管理［M］．重庆：重庆大学出版社，2019.

[40] 林南枝，陶汉军．旅游经济学［M］．天津：南开大学出版社，2000.

[41] 刘德谦．旅游规划七议［M］．北京：中国建筑工业出版社，2018.

[42] 刘惠娟．田园综合体+乡村旅游发展新模式［M］．北京：中国农业科学技术出版社，2018.

[43] 罗光莲，李南洁，杨雪．旅游度假区总体规划研究——理论与实践［M］．北京：经济科学出版社，2016.

[44] 马耀峰．旅游规划［M］．北京：中国人民大学出版社，2011.

［45］马勇，李玺．旅游规划与开发［M］．北京：高等教育出版社，2018.

［46］马勇．旅游生态经济学［M］．武汉：华中科技大学出版社，2016.

［47］全华，王丽华．旅游规划学［M］．大连：东北财经大学出版社，2003.

［48］石培华．中国旅游业对就业贡献的数量测算与分析［J］．旅游学刊，2003，18（6）：45-51.

［49］世界旅游城市联合会，中国社会科学院旅游研究中心．世界旅游经济趋势报告（2020）［R］．2019.

［50］［英］斯蒂芬·威廉斯，［美］刘德龄．旅游地理学——地域、空间和体验的批判性解释（第三版）［M］．张凌云，译．北京：商务印书馆，2018.

［51］孙益，陈露茜，王晨．高校研究生教材建设的国际经验与中国路径［J］．学位与研究生教育，2018（2）：72-77.

［52］唐代剑．旅游区控制性详细规划［M］//旅游规划系统理论与实践专题研究．杭州：杭州出版社，2007.

［53］王春雷．关于区域旅游规划几个基本问题的思考［J］．地域研究与开发，2004，23（4）：82-84，99.

［54］王宏元．略论研究生教材建设［J］．学位与研究生教育，1995（6）：47-48.

［55］王艳平，王捷．温泉开发的策划与规划：构筑旅游与休闲的温泉世界［M］．沈阳：东北财经大学出版社，2009.

［56］王颖．乡村旅游理论与实务［M］．北京：中国农业科学技术出版社，2020.

［57］王钰．人居环境视野中的游憩理论与发展战略研究［M］．北京：中国建筑工业出版社，2009.

［58］王云才，郭焕成，徐辉林．乡村旅游规划原理与方法［M］．北京：科学出版社，2006.

［59］魏小安，魏诗华．旅游情景规划与项目体验设计［J］．旅游学刊，2004（4）：38-44.

［60］魏颖．智慧旅游战略规划与实践研究［M］．长春：吉林文史出版社，2017.

［61］吴必虎，黄潇婷．休闲度假城市旅游规划［M］．北京：中国旅游出版社，2010.

［62］吴必虎．区域（省市）旅游发展规划的1231工程［J］．旅游调研，1999（10）：19-22.

［63］吴必虎，俞曦，严琳．城市旅游规划研究与实施评估［M］．北京：中

国旅游出版社，2010.

[64] 吴必虎，俞曦. 旅游规划原理 [M]. 北京：中国旅游出版社，2010.

[65] 吴必虎. 区域旅游规划原理 [M]. 北京：中国旅游出版社，2001.

[66] 吴承照，王婧. 遗产保护性利用与旅游规划研究 [M]. 北京：中国建筑工业出版社，2019.

[67] 吴殿廷. 中国地学通鉴（旅游卷）[M]. 西安：陕西师范大学出版社，2018.

[68] 吴国清，吴瑶. 城市更新与旅游变迁 [M]. 上海：上海人民出版社，2018.

[69] 吴人韦. 旅游规划原理 [M]. 北京：旅游教育出版社，1999.

[70] 吴文智. 民宿概论 [M]. 上海：上海交通大学出版社，2018.

[71] 吴志强，吴承照. 城市旅游规划原理 [M]. 北京：中国建筑工业出版社，2005.

[72] 谢彦君. 基础旅游学（第二版）[M]. 北京：中国旅游出版社，2004.

[73] 徐尤龙. 基于"两性一度"的《旅游规划原理》"金课"建设 [J]. 品牌研究，2019（1）：143，159.

[74] 许刚. 论旅游地形象定位法 [J]. 北方经贸，2007（6）：119-121.

[75] 严国泰，等. 城市旅游发展规划案例研究——承德市旅游发展总体规划 [M]. 上海：同济大学出版社，2002.

[76] 杨晓霞，向旭. 旅游规划原理 [M]. 北京：科学出版社，2013.

[77] 尹俊，徐嘉. 中国式规划：从"一五"到"十四五" [M]. 北京：北京大学出版社，2021.

[78] 于书洁，曹薇. 研究生教材建设应以学科发展为中心 [J]. 中国农业大学学报（社会科学版），2000（1）：87-89，96.

[79] 袁书琪，郑耀星. 试论我国旅游规划的基本内容 [M]//张广瑞. 旅游规划的理论与实践. 北京：社会科学文献出版社，2004.

[80] [美] 约翰·A. 维佛卡. 旅游解说总体规划 [M]. 郭毓洁，吴必虎，于萍，译. 北京：中国旅游出版社，2008.

[81] 张凌云，乔向杰，黄晓波. 世界旅游强国的科学内涵与评价体系构建研究 [M]. 北京：旅游教育出版社，2020.

[82] 张述林，高鑫，等. 旅游发展规划研究 [M]. 北京：科学出版社，2014.

[83] 张小红. 研究生教材建设的三层次模式及实践 [J]. 高等理科教育，2009（5）：66-69.

［84］赵黎明，黄安民．旅游规划教程［M］．北京：科学出版社，2005.

［85］赵晟锌，王斌远，陈忠林．"双一流"视野下研究生实验课程的教材建设研究［J］．实验科学与技术，2020，18（5）：102-105.

［86］赵一青．意大利公布2017-2022年旅游战略规划［J］．国际城市规划，2017，32（5）：138.

［87］钟林生，赵士洞，向宝惠．生态旅游规划原理与方法［M］．北京：化学工业出版社，2003.

［88］周宏伟．城乡文化遗产保护基础［M］．北京：科学出版社，2021.

［89］邹统钎，等．旅游学术思想流派（第二版）［M］．天津：南开大学出版社，2013.

［90］邹统钎．旅游度假区发展规划——理论、方法与案例［M］．北京：旅游教育出版社，1996.

［91］邹统钎．旅游危机管理［M］．北京：北京大学出版社，2005.